U0128084

王俊彥氣論叢刊

「備包有無，本在於有」的氣論

——以由經學而理學為範圍

王俊彥　著

目次

緒言

　　本書名為《「備包有無，本在於有」的氣論——以由經學而理學為範圍》，取義自唐孔穎達《周易正義》卷一、第一論易之三義，有云「易理備包有無，而易象唯在於有者」一語。因孔疏以為「易之三義，唯在於有，然有從無出，理則包無」，其意以易有簡易、變易、不易三種形態，此三易的形態，出現在有境。而有從無而來，所以易理統包有與無兩間。而且有形生於無形，最初的無形為未見氣的太易，次為氣之始的太初，再次為形之始的太始，末為質之始的太素，氣形質具為所謂渾沌。本書即取此氣由無形凝化為有形，其過程與統體全在於卦爻及所擬象的有境中所顯現。所以氣由無而為有，無因有而顯，有因內在有無，而成其為「備包有無，本在於有」的重實然之氣的特色。本書小標題為「由經學而理學的氣論」的原因，在於收集了多年來，由理學中談氣論的數篇文章後，發現有許多宋明說氣論，有許多不可理解的地方，如引用天文地理的知識，談天地之運行，用陰陽五行偏於價值層面來說氣，此皆與實然層面距離甚遠。宋明初期如司馬光、王安石等多由實然層面討論氣，周敦頤的《太極圖說》，張載的「太虛即氣」說，開始將氣天道化，本體化，明道講圓融一體，從氣在宋明的發展角度看，許多語句，如「善固是性也，惡亦不可不謂之性也」，皆為主張氣本論者，如王廷相等引用，以為性有善惡，此性不是本體的性，而是氣化的性。伊川、朱子以氣為第二義，理為第一義。降低了氣的位階，從氣論發展的角度看，亦可說是將秦漢的天地之氣，轉化為由價值層說的第二義的天地之氣。至明代王廷

相進一步，推高氣至本體位階，道、理只是氣之道、理。可說是氣由宋司馬光、王安石等的宇宙論的範式，發展成本體論範式的氣論。降至明清，為改變朱、王重本體輕實然的學風，劉蕺山、王船山主張心本體、理本體，須與氣本體相融攝，以解決虛空學風之弊病。方法便在強調氣的實然功能，及回到秦漢重實然之氣的老傳統。如戴震全由氣化流行說孟子；焦循、郝敬等經學家亦多由秦漢實然的天地之氣註解孟子。

於是明清主氣論者，緣何而要復歸於秦漢的氣論？秦漢的氣論的內容為何？宋初主張的天地之氣，由何而來？等等問題，引發了本人的好奇，於是研究氣的重心，便由宋明上溯至秦漢及唐代。而能回溯至秦漢，在於發表漢許慎《說文解字》的段玉裁、桂馥、朱駿聲等清代文字學家的二篇論文，段玉裁等人對天地日月、神魂精魄、五行四時的解釋，主要皆採用氣化宇宙論流行的漢代書籍，作為文字訓詁的來源，而不採用宋明理學式的解釋。此固然可以說清代經學家訓解的漢代的《說文解字》，所以多採漢代書籍。而在採用漢代典籍時，接受並發揮漢代氣化宇宙論的思想，自然也是事實。氣論由秦漢的實然之氣，轉為宋明超越與實然兩面皆重的氣論，其能傳承與轉化的關鍵，可在唐孔穎達《周易正義》書中，找到線索。孔疏注《易》，是由卦爻變化來擬象陰陽二氣生成萬物。傳承的是漢代氣化宇宙論的範式。而孔疏同時引進魏王弼的貴無說，將無的觀念引進以氣化宇宙論為主的《周易正義》內。於是唐孔穎達維持了秦漢氣化宇宙論的傳統，復在傳統中，賦予氣化論有往氣本體論方向發展的體性。可以說，經學體系內的氣化宇宙論，經孔穎達的傳承與賦予新方向，逐步發展為重本體的宋明氣論，是有線索可循的。同時，明清的氣論，擺脫宋明理學式的超越面，回歸秦漢經學重實然面的氣論，在清代經學家的訓詁工夫下，證據亦班然可見。

　　本書所列的論文，發表時間最早的為「吳廷翰的格物致知論」，再次為徐三重的《信古餘論》，最近時間發表的論文為「清代《說文解字》一書的氣論」，這是由探討理學式的氣論，逐漸轉變為回溯至漢代經學式氣論的過程。而編目反過來，由「清代《說文解字》一書的氣論」置於第一篇，因為最近的時間發表。第二篇為「唐孔穎達《周易注疏》的氣論」，發表時間稍早於第一篇。第三篇發表時間又再早於第二篇。如此類推，發表時間最近的論文編排愈前面，發表時間愈早的論文編排愈後面，如此安排可以看出，對氣論的探討，由早期理學式的範式，逐漸將重心轉移到對漢唐經學式範式關注的過程。同時，也符合氣論由秦漢重實然之氣，至唐代既傳承秦漢氣論的傳統，又加入由無入有，有以顯無的觀念。發展至宋明，用理學的規模，重新賦予氣論在理氣、性命等論題上新的意義。（萬卷樓去年出版「元氣之外無太極──宋明清理學中的氣論研究」一書，作者有詳細的討論。）降至明清，主張氣論的學者，為面對朱學、王學偏虛的學風，復回歸到秦漢重實然之氣的老傳統。本書編目的次序，即順氣論由秦漢發展至明清的遞進次序做安排。本書無法全然顯現氣論在思想發展上的整體風貌與過程。但試圖以漢唐至宋明所討論到的幾篇論文做為基礎，提出初步的構想，希望能窺全貌之一二。以下概述諸篇的大義，分漢唐與宋明兩階段說明。《說文解字》一書，為漢代許慎所著的字書，其中包含漢代流行的氣化宇宙論的思想，如對天地、陰陽五行皆從實然的、材質的角度詮釋，對於介於天與地之間的中介，如日月星辰、風霜雨雲，即將時間與空間結合的四時與四方，皆從具體實存氣的角度說明。且此流行於天地之間的氣，亦流行貫注於人身的五臟與五官中，將大宇宙與小宇宙視為統體一氣的流行。而清代段玉裁、桂馥、朱駿聲等文字學家，對《說文解字》的訓詁，所採用的材料，與蘊涵其中的氣化思想，與許慎當代的本典籍與思想頗為一

致。可知漢代經學經過與隋唐佛學與宋明理學的對話後，於清代重新復歸回漢代經學的傳統，形成的原因頗多，氣論貫穿其中，本是不可思略的原因之一。《管子・內業》為秦漢時期，氣論尚未深化與成熟的素樸初期，對道、精神、心性等論題，主由氣化的人身加以擴展，如神魂流行於人身為精氣，仁義禮智信的倫常義，可與人身的五臟、五官有關連性等，精氣的體性雖素樸，與五常、五行關聯的架構，已然出現。《禮記・樂記》：「人生而靜，感於物而動」一語，漢唐皆由氣化角度說明，以為氣性本靜，氣心因感於外物而動，非性自體發用而使心動，有自感動與被感動的不同。此自語境到宋明，因「人生而靜」一語，若由朱子角度視之，則「靜」指純粹至善，為萬物具焉的形上之性。若由氣論角度視之，氣化不已為天，天命於人為性，此性當為氣為第一義的本體之性。至明清之際的王夫之，以為天命本身不已，所以性發亦不已。所謂靜，專指性尚未發動階段，非性本身是靜。可見「人生而靜」在歷代遞變其義的過程。「《周義正義》氣論」一文，藉用易之卦爻升降變化，擬象陰陽二氣生成萬物的各種樣態。其中對連結天與人之間的神魂精魄，有識與無識的感應，幾為離無八有，漸是物之徐動。有從無而生，形由道而立等易卦的論題，皆從氣化流行來解釋，因然傳承了秦漢氣化論的傳統，對有與無關係的討論，也開啟氣論至宋明往形上發展的方向。

宋明部分，因楊龜山曾致書伊川，以為西銘疑似墨家兼愛之說，故由張載「太虛無形」，氣之本體。其聚其散，變化之客形「爾」的立場分解其異同。此丈可做張載氣論開始受到討論的一個側面。「宋初性善論與善惡混說的演進過程與分別」一文，指出宋初理本論，心本論甚至氣本論皆未出現時，對道氣，心性的討論，仍承襲漢代氣化宇宙論的狀態。「吳廷翰的格物致知論」一文，為作者開始有以氣為本體觀念的早期之作。吳廷翰與王廷相為少見的人氣為形上本體的理

論建立者。故其論述格物致知等理學言議題，亦由氣本論的立場發言，如「若謂格理者在外，則萬物非我，而天下之物為出於性之外矣。求為一本，反為二本」所以主張心與物為一，反對心與物為二的說法。清代部分，「清代理學家魏象樞的學術思想」一文，指出清初理學已由朱子與陽明重視形上本體的理論，轉為強調躬行實踐的學風，如魏象樞云：「開口先講太極，便不是實學，只講五倫便好」，其所論之天道、心性，既不由理或心本體層論之，也不由氣本體論之。可見氣學至清初，離同形上理論的建立，走向實踐方為仁的路線。「徐三重《信古餘論》的氣論」一文，對道理、心性等議題的討論，亦不走朱、王重本體的路子，而主張由「本一氣也，由動靜而分陰陽，由陰陽變合而生五行」的思路，重新賦予道理、心性有氣化論的內涵。「郝敬《時習新知》的氣本論」一文，以「天虛人身一貫的素位之學」為小標題，此乃身為經學家的郝敬，對理學的議題，主張自覺以身與宇宙間天氣流通，不知身為宇宙，宇宙之為身，即此是仁」宇宙與人身因元氣流通而相貫為一體，既承襲了元氣的主體論，亦主張由人身來說宇宙，提高人身的地位，此亦清代論氣的特色。「程瑤田《論學小記》氣之性情觀」一文，程氏為清乾嘉時期著名的考據學者。主張「氣即道」如云：「天者積氣而已。有氣斯有道，有道斯有命，有命斯有性，有性復有道」以天為積氣為秦漢自然素樸氣論的承襲，「有氣斯有道」、「有性復有道」明顯將氣氣性提升道第一義，道降為第二義，此固為明清論所主張，亦藉由此種主張，做為回歸秦漢氣化論的理論根據。

　　以上諸文並不能全然展現氣論由秦漢、隋唐至宋明清演進的全貌，但亦可由看似彼此並無理論直接承襲的名篇。統體來看，仍可見出有一大概的演進方向與過程。囿於個人才疏學淺，如此立論是否成立與成熟，尚祈諸位方家的指正。

壹　清代《說文解字》一書的氣論
──以段玉裁、桂馥、朱駿聲三家注為範圍

一　前言

　　清段玉裁《說文解字注》一書，收集從漢許慎《說文解字》一書後，將近千餘年對各種字體的演變及詮釋的資料，背後亦富涵了當時的時代思潮。漢代流行氣化宇宙論，以二氣流行及變化來詮釋上至天文，下至山川及人倫的各種事物。至隋唐佛道興盛，高唱本體論之風盛行，再至宋明學者亦多由本體論來說天理、天道，降低了對宇宙論發展的種種實然事物的討論。後因宋明理學空疏之病，導致清代經學家復重新重視宇宙實然的研究，不再將本體論視為學術重心，回歸至漢代以氣化宇宙論為主的學風。本文即由清段玉裁的《說文解字注》一書為主，以桂馥《說文義證》、朱駿聲《說文通訓定聲》為輔，探討回歸漢代氣化宇宙論的清代學術風貌。本文以天為積陽之氣為主軸，說明元、氣、天、地做為宇宙發生根據之基礎，再由天氣下貫為金、木、水、火、土之五行，五行各有其偏陰或偏陽之不同，但本質皆為陰陽二氣，可知天氣下貫於地，由五行之分別，以返溯天氣之內容為何。而日、月、星、辰與風、雲、雨、雪，為偏陽之天氣，逐步下貫於地之陰的中介階段。有此中介，天地乃為陰陽二氣能通貫為一整體，非如理、氣分別為二者。再論實然之地氣，有東、南、西、北的方位不同，與春、夏、秋、冬時節的輪替。而四時與四方又互相搭配，共構為一立體的時空架構，萬物的生、長、收、藏皆在此架構中

反覆進行，如春去春又來，由東向西又可復返於東。時空能循環演化，在於陰陽二氣交錯，有徐疾不同，輕重有異等分別而形成。陽氣升揚之作用，普施於萬物為神，神流行於人身則為魂。陽氣之精靈為精，精與神對比，精偏於陽氣在身上的作用，魄為精氣在人身感官發生的作用。魂魄、精氣雖仍屬無形之氣的作用，但皆為根據人身而說的各種氣化作用。最後討論五藏與五官的功能，五藏為天地之氣貫注於人，所顯示的由無之天入於有之人後，人之五藏又各依其特性，表現天地之氣於實然界所顯現的各種功能。是由無入有後，有如何實現無的模式。五官是實然的，而陰陽二氣之流行，可透過實然的五官進行無形之氣與有形之氣之間的轉換。如此由天而地，最後集中於人，完成氣化宇宙論的完整且有機的架構。

二　元、氣、天、地

> 元，《說文》：「元，始也。」
>
> 段注：「《九家易》曰：『元者，氣之始也。』」（段注・一部）[1]
>
> 桂注：「《周易》大哉乾元，萬物資始，乃統天《漢書律歷志》太極元氣函三為一。《禮統》：天地者，元氣之所生萬物之祖也。徐整《三五歷紀》：未有天地之時，混沌狀如雞子，溟涬始牙濛鴻滋萌，歲在攝提，元氣肇始。」[2]

段注以元為氣之始。有形前為無形，無形內若無一物，不能生有形，故無形以似有似無的氣，為其體，如此似有似無的無形之氣便可作為

1　〔漢〕許慎撰，〔清〕段玉裁注：《說文解字注》（臺北：洪葉文化事業有限公司，1999年），頁1。

2　〔清〕桂馥：《說文解字義證》（濟南：齊魯書社，1987年），頁2。

生化有形的開始處。「大哉」形容，做為資始萬物的乾元，是沒有方
所時間限制的。太極和做為氣之始的太初，形之始的太始，質之始的
太素，三者為元氣內容。可知元除為氣的開始，元中具氣、形、質三
者。元氣亦是生天地萬物的根源，在未生天地之前，已有混沌之狀。
而後元氣濛鴻滋萌，遂生萬物。此種以氣做為萬物開始的元，是宇宙
論式的元，不是本體論式的元。

> 段注：「气，氣古今字。自以氣為雲气字。乃又作餼為廩氣字
> 矣。气本雲气，引伸為凡气之偁，象雲起之皃。」
> 桂注：「氣，天積之所成也。《春秋元命苞》陰陽聚為雲氣，
> 《禮統》：雲者，運氣布恩普博也。」[3]
> 朱注：「按雲者，地面之气，濕熱之气生而為雨，其色白；乾
> 熱之气散而為風，其色黑……此气象天地間氲氲之气也。……
> 《左‧昭元傳》天有六氣，曰陰陽風雨晦明也。」[4]

段注以氣本指雲氣，用氣擬象雲起之貌，亦可擬象廩氣之餼。桂注以
氣為天積之所成，天為包括天地萬物的總稱。所以為天所積成之氣，
並非空無一物的，反而天地山川皆在其中的。氣能生萬物，並函具萬
有，在因氣內有陽生與陰成兩種作用，交錯互動不已，所以雲氣有運
行與普施的作用。地面之氣，升騰為雲。地上顯熱之氣上升為雨，乾
熱之氣散而為風，可知氣濕生雨，氣熱為風。潤物以生的風雨，皆由
氣來。進而可說天地陰陽二氣交會，遂生陰陽風雨晦明六氣，萬物亦
由此六氣繁演而增多。

---

3 〔清〕桂馥：《說文解字義證》，頁43。
4 〔清〕朱駿聲《說文通訓定聲》（臺北：世界書局，1972年4月），〈履部第十二〉，頁
502。

段注：「顛者，人之頂也。以為凡高之稱。然則天亦可為凡顛
之稱。臣於君，子於父，妻於夫，民於食皆曰天是也。」（段
注・一部）[5]

桂注：「〈說卦・傳〉『乾為天』；《易乾鑿度》清輕者上為天；
《物理論》：『水土之氣昇而為天』⋯⋯《成公綏天地賦》天地
至神難以一言定其稱，故體而言之為兩儀，假而言之則曰乾
坤，氣而言之則曰陰陽；性而言之則曰柔剛；色而言之則曰玄
黃，名而言之則曰天地。」[6]

段注以人高處之頂為顛，比喻為處萬物最高處之天，此由天地架構之
高處說天。君、父、夫在臣、子、妻之高處，亦可曰天。乾為天，指
有行健不息之義。元氣生天地，其中清輕升為天，水土之氣上升亦可
為天，可知天有氣的上升之性。氣演生紛繁，出入有無上下之間，難
以一稱限制。若分而言之，則可在多元多面的分解中，體悟出天在其
中的統一性。如天地實體，可分為兩儀。由具元亨利貞四德之氣，可
分為乾坤。由氣化摩盪之因，可分為陰陽二氣。乾坤做為卦爻變化的
體性，可稱為剛柔。將乾坤、陰陽、剛柔在不同面向的實現，可以天
地為名，做一總稱。可知天有由人之頂，清氣上升，至於乾坤、陰陽
備函萬物的所有內容為其體。

段注：「《陰陽大論》曰：『岐伯曰，地為人之下，大虛之中者
也。大氣舉之也。』按地之重濁而包舉乎輕清之氣中，是以不
墜。」（段注・土部）[7]

---

5 〔漢〕許慎撰，〔清〕段玉裁注：《說文解字注》，頁1。
6 〔清〕桂馥：《說文解字義證》，頁2。
7 〔漢〕許慎撰，〔清〕段玉裁注：《說文解字注》，頁688。

桂注：「元氣初分，輕清昜為天，重濁侌為地者《纂要》：凡天
地元氣之所生。……大象無形，元氣為母，杳兮冥兮，陶冶眾
有。《廣雅》太初，氣之始也……清濁未分也。太始形之始
也。……清者為精，濁者為形也。太素，質之始也，已有素樸
而未散也。……剖判分離，輕清者上為天，重濁者下為地，中
和為萬物。」[8]

段注在天人地三才的架構中，以地在人之下。而地又處於太虛元氣之
中。所以地之下，尚有太虛大氣托舉之。此乃元氣包籠天、人、地三
才，三才皆在元氣大虛之中。亦即大虛內有天，天在人之上，地在人
之下，地仍在大虛中。而地所以仍在大虛中，乃因地之下，仍有大虛
清輕之氣，向上推舉地不往下墜。故大虛內下有天，天下有人，人下
有地，地下仍是大虛之氣。如此天之前有大虛，天下有人，人下有
地，地下仍是大虛，計分天之前、天、人、地、地之下五段，總為宇
宙的一無盡無窮的實體。天之前、地之下屬大虛無形的範圍，天、
人、地則屬大虛有形的範疇。由此可說元為氣之始，而氣又函具天之
前、天、人、地、地之下五個層次，萬物遷化即於此五層中錯然更迭
而展開一宇宙論式的世界。與由本體論思維說宇宙唯一大虛之氣流
行，不同點在此。桂注仍由元氣無形無狀，所以為萬物眾形之始祖，
續說元氣之輕清陽者為天，重濁陰者為地的元氣初分為天地，合為一
體的氣化宇宙整體的架構。又細分氣清濁未分時，為氣之始的太初。
氣清為精，氣濁成形，氣已有形的太始。及已有素樸體質，但素質尚
未成為萬物所以有固定體質的階段，此時為質之始的太素。此為太極
函氣之始、形之始、質之始三者為一的思維。氣之始為輕陽之氣升為

8　〔清〕桂馥：《說文解字義證》，頁1189。

天，形之始為重濁之氣降為有形之地，質之始乃中和天清地濁之氣而為萬物。唯孔穎達注《周易》則分為太易，未見氣。太初，氣之始。太始，形之始。太素，質之始四階段。在太初氣之始前，多了太易未見氣一段，蓋因孔疏引進王弼的貴無說，加強氣有本體的意味。作為清代訓詁實學的桂馥，或為避免宋明重本體而有的空疏之敝。故而不採用太易未見氣一段，將重心放在氣形質具的宇宙實然上說，亦可見清代學術之特色。

三　陰陽、五行

> 段注：「闇者，閉門也。閉門則為幽暗，故以為高明之反。《穀梁傳》曰：『水北為陽，山南為陽。』注云：『日之所照曰陽。然則水之南，山之北為陰可知矣。』……夫造化会易之气本不可象，故黔與陰昜與陽皆叚雲日山昌以見其意而已。」（段注·昌部）[9]
> 朱注：「按二在兌澤之中，艮山之下，故稱陰。……《春秋繁露·副天篇》：『陰，地氣也』……《釋名·釋天》：『陰，蔭也，氣在內奧蔭。』」[10]

段注用閉門則幽闇，不能高明，如此對比形容陰。又以日所照處為陽，來分別山之北無日照，水之南亦無日照，故為陰。此由日在南往北照，所以出現水北、山南皆為日所照為陽之故。此為由地理上，同時可由日照之有或沒有，進而擬象山南水北之陽，為造化施生之陽

9　〔漢〕許慎撰，〔清〕段玉裁注：《說文解字注》，頁738。

10　〔清〕朱駿聲《說文通訓定聲》，〈臨部第三〉，頁60。

氣，水南山北無日照，擬象為造化成物的陰氣。《易經》兌是擬象澤之卦，取澤潤生萬物之義。艮卦是擬象目只能見前，不能看見後面之義。「氣在內奧陰」指陽氣能施生，物能成就，必需有陰氣之輔助方能完成。可知，陰借與陽對反之義，而有地陰能成就諸義。

> 段注：「闇之反也。不言山南曰昜者，陰之解可錯見也。……《毛傳》曰：『山東曰朝陽，山西曰夕陽。』」（段注‧昌部）[11]
> 桂注：「高明也者，對陰言也。陰，闇也。《釋名》：『陽，揚也，氣在外發揚也。』又云：『明，陽也』，……《白虎通‧號篇》：『高陽者，陽猶明也，道德，高明也。』」[12]

段注以闇為陰，則闇之反面便是陽。山北無日照為陰，則有日照的山南自是陽。桂注以氣發揚在外為陽，則與陽相對共成氣化的陰，自有氣凝斂於內為陰的定義。由陰陽對照互相詮釋，知陰陽同為一元氣之兩種相生相成的作用。除由山川之照擬象陰陽外，陰陽又有道德高明與否之價值意識於內。蓋因太極生兩儀，除有物理之意義外，兩儀同時亦具有道德之意涵。

> 段注：「凡有五色，皆謂之金也。下文白金、青金、赤金、黑金、合黃金為五色。」「久薶不生衣，百鍊不輕」，段注：「此二句言黃金之德。」[13]
> 桂注：「《釋名》：『金，禁也，其氣剛嚴能禁制物也』。《孝經援神契》：『丹精生金』。……《白虎通‧五行》：『金在西方』，西

---

11 〔漢〕許慎撰，〔清〕段玉裁注：《說文解字注》，頁738。
12 〔清〕桂馥：《說文解字義證》，頁1268。
13 〔漢〕許慎撰，〔清〕段玉裁注：《說文解字注》，頁709。

> 方者，陰始起萬物禁止，金之為言禁也。《漢書‧五行志》：
> 『金，西方萬物既成，殺氣之始也。』」[14]

段注由金有白、青、赤、黑及黃金為五色，此五色蘊藏有五行，及東南西北中五方位之義，所以金可遍在五行、五位中，成為萬物所必有的五種條件之一。金經久埋而不生鏽，經錘鍊後也不變輕不變形，此種延展性，可喻為道德的普遍性與永恆性，金在方位中屬西方。氣由北方發出，冬時陰極盛陽潛伏，及氣至春時，陰氣漸少陽氣漸多，陰陽呈均等之勢，春為少陽。及氣至夏，陽極盛陰潛伏為太陽。陽氣再前行至秋時，陽又漸少陰又漸多，陰陽又均等同量，秋為少陰。氣復往冬前進，又到陰極盛陽潛伏的狀態，冬為太陰。金正在秋少陰之時，及西方之位。所以由生氣之春，到火氣之夏，萬物經少陽、太陽兩陽氣生長階段，到禁氣之秋時，生生之陽氣已趨緩，而收成之陰氣之功用已呈顯。及春生秋成之秩序完成後，氣復入萬物畢藏之冬，等待明年春氣之生發。在此過程中，屬秋氣之金，便具有由夏長轉為冬藏之作用，所以說金為嚴制之氣，成就萬物後，便停止生物。

> 朱注：「木，冒也。冒地而生，東方之行。《釋名》：『木，冒也』華葉自覆冒也《白虎通‧五行》：『木之言為觸也，陽氣動躍，觸地而出也』。」[15]

朱注用代表陽氣生發的東方，木會冒地而出。比喻代表陽氣生生之木，已突破代表陰氣凝聚的地表，木冒出頭來。木冒即代表陽氣已開

---

14 〔清〕桂馥：《說文解字義證》，頁1218。

15 〔清〕朱駿聲《說文通訓定聲》，〈需部第八〉頁322。

始漸多於陰氣。「觸」字有陽盛於陰，陽氣行健不息，只有發或藏兩種行進速度的快或慢。本質上，陽氣施生，永不止息。

> 「象眾水竝流，中有微陽之氣也」段注：「火，外陽內陰。水，外陰內陽，中畫象其陽。云微陽者，陽在內也，微猶隱也。」（段注・水部）[16]
>
> 桂注：「《春秋元命苞》：『水之為言演也，陰化淖濡，流施潛行也。』……《淮南天文訓》：『積陰之寒氣為水』……《管子・水地篇》『水者，地之血氣，如經脈之通流者也』……《物理論》：『所以立天地者，水也；吐元氣，發日月，經星辰皆由水而興。』……」[17]

段注以水為外陰內陽。因水有形，故外為陰，水能流動，則比喻水內有運動不息的陽氣。火炎上外無形體，而陽氣生生本質不變，故曰外陽內陰。陰陽對舉，因其為虛說的一氣之兩作用。水火對舉，二者為實然界兩種材質。陰陽為虛，水火為實，虛實相入成就一氣化宇宙。微陽指陰陽非截然二分對立者，一氣流行中，陽或多於陰，陰或多於陽，進而分少陽、太陽、少陰、太陰四種比例。亦可如卦爻，氣由初爻，上升至上爻有不同階段，旨在指出宇宙萬物之數量、質量及變化是無窮無盡的無限大的實體。水又如地之血氣，血氣可流通於經脈各處，推而廣之，水亦可流施潛行於萬物中，使物皆得地之血氣而得潤生。而水中又有微陽，所以水不僅以陰潤物。水潤物中，尚有陽行於潤物過程，使物被潤之時，同時亦在生物。所以說發日月、經星辰皆由水而興。若由虛無說生物，可由一氣陰陽相生來說生。若由實然

---

16 〔漢〕許慎撰，〔清〕段玉裁注：《說文解字注》，頁521。

17 〔清〕桂馥：《說文解字義證》，頁915。

說生物，則能由遍生遍潤的水來說生。此生物由氣生或由水生之二路也。

> 段注：「與木曰東方之行，金曰西方之行，水曰北方之行，相儷成文。」（段注・火部）[18]
>
> 桂注：《春秋考異郵》：『火者，陽之精也』。……《白虎通》：『火在南方，南方者，陽在上，萬物垂枝』火之言委隨也，言萬物布施，火之言化也。陽氣用事，萬物變化也。」[19]

段注以火與東方木、西方金、北方水相對成文，則火當為南方。陽氣行至東方，冬之陰漸少，春之陽漸多至與陰等量。陽氣續發展至夏時，陽氣極盛陰氣潛伏，陽氣炎上之精氣，具體的實物便是火。由時序輪替說，夏時陽火最盛，由方位說陽火位於南方，日照充足。於是南方之火，隨陽之極盛，及陽氣日照之充足，比喻為火隨物變化。陽火在時空又無處不在，無物不生，而萬物變化亦在此而趨至無窮。由原則說一氣流行無有止息，不會討論過程中的生死存亡。若由實然說流行，流行便有徐疾、生死、盛衰等過程，因此種種不同，萬物才成為具體可說可見可觸者。流行因而為實有的流行，非虛無之流行。

> 段注：「《釋名》曰：『土，吐也。』吐萬物也。」（段注・土部）[20]
>
> 桂注：「《子華子》：『陽中之陽者，火是也；陰中之陰者，水是也。陽中之陰者，木是也；陰中之陽者，金是也；土居二氣之

---

18 〔漢〕許慎撰，〔清〕段玉裁注：《說文解字注》，頁484。
19 〔清〕桂馥：《說文解字義證》，頁856。
20 〔漢〕許慎撰，〔清〕段玉裁注：《說文解字注》，頁688。

中間以治四維，在陰而陰，在陽而陽，故物非土不成，人非土不生。』……《物理論》：『地發氣黃泉，周伏迴轉，以生萬物。』」[21]

段注用能吐生萬物說土。土之所以能吐生，蓋土之陰氣源自涵藏萬有故能成萬物的元氣。而施生之陽化為火，成物之陰化為水。由二再分為四，陽中之陽的火，陰中之陰的水，陽中有陰的木，陰中有陽的金，亦皆含藏於與虛之天相對的實之地中。所以屬實之土，既能成就萬物之陰，亦能施生萬物之陽。可知金、木、水、火各為一氣流行的四種作用，而土則為具體含藏並發動完成此四者的承載實體。

四　日、月、星、辰，風、雲、雨、雪

段注：「《釋名》曰：『日、實也』，光明盛實也。」。（段注・日部）[22]

桂注：「《易通卦驗》：『日者，眾陽之精也』……《淮南天文訓》：『積陽之熱氣生火，火氣之精者為日。』」[23]

《說文》中以日為太陽之精氣，段注亦以光明盛實為日。日為陽之精氣，陽氣無所不在，故日亦光明遍照。陽為施生之氣，其精自能施生盛實。陽做為施生原則，只能謂為與陰相對的一陽。日為眾陽，則指五行、四時、四方成其為自身，皆陽氣為之，而成五行之陽，四時之陽，四方之陽。此諸般陽氣，皆來自於聚陽的日也。可知由元氣遞化

21　〔清〕桂馥：《說文解字義證》，頁1188。

22　〔漢〕許慎撰，〔清〕段玉裁注：《說文解字注》，頁305。

23　〔清〕桂馥：《說文解字義證》，頁571。

至萬物，日為轉虛之陽為實然之火的關鍵。亦即積聚陽之熱會成實然
之火，而實然火之精氣，便是普照施生萬物的日。

> 段注：「《釋名》曰：『月、缺也。』滿則缺也。」（段注·月
> 部）[24]
> 朱注：「太陰之精也，像上下弦缺形……《論衡》：『說日月
> 者，水之精也』……《易說》：『坎卦為月。』」[25]

段注以月滿則缺，比喻有上下弦缺形之狀的為月。有缺是因陽氣之精
的日，光明盛實無缺。而做為完成陽氣施生的陰，則有收斂的作用。
所以用有缺之形，象形太陰之精的月。坎卦之上下卦皆為坎，坎有險
陷之義，且中爻為陽，初、三爻為陰，有陽在內不外發之意。如月雖
為陰有缺，月中仍有陽氣之流動。

> 段注：「《管子》云：『凡物之精，此則為生。下生五穀，上為
> 列星，流於天地之閒謂之鬼神，藏於胷中謂之聖人。』星之言
> 散也，引伸為碎散之稱。」（段注·晶部）[26]
> 桂注：「《釋名》：『星散也』。《列子·元瑞篇》：『天，積氣耳。
> 日月星宿亦積氣，中有光耀者』……《抱朴子。辨問篇》：『人
> 初受氣，皆應列宿之精，值聖宿則聖，賢宿則賢。』」[27]

段注以星為碎散之名。天為眾陽之積氣，天總括五行、四時、四方、

---

24 〔漢〕許慎撰，〔清〕段玉裁注：《說文解字注》，頁316。
25 〔清〕朱駿聲《說文通訓定聲》，〈泰部第十三〉，頁619。
26 〔漢〕許慎撰，〔清〕段玉裁注：《說文解字注》，頁315。
27 〔清〕桂馥：《說文解字義證》，頁587。

五常之陽氣。反過來說日之陽精，亦發散在五行、四時中，以為五行、四時自身獨有的精氣。萬物即以來自於日之陽精，而成其為自身。所以陽精在天上發散為日月列星，在地上生為五穀，陽精流行於天地間即為生物不測的鬼神。可知日之陽精發散為天上之星，而做為陽精之星，亦會施生不已地，發散於人而為人之性。所以星餘之陽精與人受氣而有的星餘之精，體質是星、人彼此相貫通的，於是人受氣，遇聖星則為聖；遇賢星，人則為賢，此從一氣流行說星與人可相感應。

> 段注：「《釋名》曰：『辰，伸也。』物皆伸舒而出也。季春之月，生氣方盛，陽氣發泄。句者畢出，萌者盡達。二月靁發聲，始電至。三月而大振動。」（段注・辰部）[28]
>
> 桂注：「《通典》：『三月之辰名辰，辰者，震動之義，此月物皆震動而長，故謂之辰。』……春，物初生。」[29]

段注以辰為伸之義，如物皆順自身之陽氣伸舒而出。辰又有震動之義，如季春之月，陽氣於夬卦為下五爻皆陽，上六一爻為陰。此時陽氣方盛發泄不已，往上六將陰轉為陽方向前進。此時句芒神出動，萬物開始萌芽。皆因三月陽氣大震動而生。

> 段注：「《易通卦驗》曰：『立春，調風至。春分，明庶風至。立夏，清明風至。夏至，景風至。立秋，涼風至。秋分，閶闔風至。立冬，不周風至。冬至，廣莫風至。』《白虎通》調風作條風。條者，生也。明庶者，迎眾也。清明者，芒也。景者，大也。言陽氣長養也。涼，寒也，陰氣行也。閶闔者，咸

28　〔漢〕許慎撰，〔清〕段玉裁注：《說文解字注》，頁752。
29　〔清〕桂馥：《說文解字義證》（濟南：齊魯書社，1987），頁1289。

收藏也。不周者，不交也。言陰陽未合化矣。廣莫者，大莫也，開陽氣也。」（段注·風部）[30]

段注言風，由立春、春分、立夏、夏至、立秋、秋分、立冬、冬至。做為陽氣流行於二十四節氣，由盛而衰的時節秩序，所產生氣的流動為風。《白虎通》以立春之條風為陽氣開始生發。春分的明庶風，為陽氣迎眾。立夏的清明風，為已見陽氣之光芒。夏至之景風，為陽氣正盛大狀。由立春至夏至，皆陽氣長養萬物，由始而盛的秩序。立秋的涼風，寒冷的陰氣開始流行。秋分的閶闔風，陰氣使萬物斂藏。立冬的不周風，使陰陽二氣不相交，故萬物皆閉塞不動，此時的不動，指閉藏的陰氣極盛，陽氣極微，不易感受到。唯陽氣行健不已，所以陽氣又從重陰之下，漸漸發動起來，而陰陽二氣又開始相生相成。所以冬至的廣莫風，意指陽氣又開始發動，而冬去春就跟著來。此由陽盛而微，陰微而盛的陰陽二氣所引發的氣的流動來說風。陰陽二氣的諸多意義，亦由風引發的節氣變化，賦予在諸多的節氣中。

雲：「山川气也。」段注：「天降時雨，山川出雲。」段注：「象自下回轉而上也。……云，旋也。此其引伸之義也。」（段注·雲部）[31]

《說文》：「雲，山川气。」段注以天積陰气過度，便下降而為雨，此陰氣盛過陽之故。而雲則為陽氣由山川蒸騰而上，是陽氣自下反迴旋而向上。蓋以陽氣升陰氣降之原則，引伸為有形之陰為降為雨，無形之陽會升而為雲。

---

30 〔漢〕許慎撰，〔清〕段玉裁注：《說文解字注》，頁683-684。

31 〔漢〕許慎撰，〔清〕段玉裁注：《說文解字注》，頁580。

段注：「引申之凡自上而下者稱雨。」（段注・雨部）[32]

段注稱凡由上而下者為雨。《說文》雨「水從雲下」意指陽氣上升流動漸而有形為雲。雲中陰氣漸濁重，便下降為雨，知雨亦陰氣漸盛重濁而有的。可知陽氣上升為雲，陰氣下降為雨。天地陰陽能相交而生萬物，在於有升雲降雨，做為由天而地，由地升天的中介功用。

段注：「《釋名》曰：『雪，綏也。』水下遇寒氣而凝，綏綏然下也。……說，今之悅字，物無不喜雪者。」（段注・雨部）[33]

段注以雪為水遇寒氣凝結成固體，而垂落下來。此為物理學水遇冷凝結成冰的規則，自然無誤。而又言「物無不喜雪者」，在於天之陰氣凝而為雨，進而固形為雪而下降於地。此種過程亦可說是陰氣由微而著，進而固為有形質，潤生萬物，乃有氣而有形而有質的一氣流行的過程。如《易》以陰氣尚微為履霜，及陰氣盛實乃至堅冰。皆借自然界的變化，比喻陰陽交勝的各種變化。如《淮南天文訓》：「陽氣盛，則散為雨露。陰氣盛，則凝為霜雪。[34]」

五　春、夏、秋、冬與東、南、西、北

段注：「〈鄉飲酒義〉曰：『東方者春，春之為言蠢也。』《尚書大傳》曰：『春，出也，萬物之出也。』」（段注・艸部）[35]

32　〔漢〕許慎撰，〔清〕段玉裁注：《說文解字注》，頁577。
33　〔漢〕許慎撰，〔清〕段玉裁注：《說文解字注》，頁578。
34　〔清〕桂馥：《說文解字義證》，頁1001。
35　〔漢〕許慎撰，〔清〕段玉裁注：《說文解字注》，頁48。

段注以春為東方，東方為陽氣發生之地，萬物因而開始蠢動。桂注：
「冬至陽動於下，推陰而上之，故大寒於上。夏至陰動於下，推而上
之，故大熱於上。[36]」冬至陰極盛而陽動於下，漸推開陰氣，陽氣往
上升。夏至陽氣極盛，而陰亦動於陽之下，漸推開陽氣，陰氣亦漸顯
現。如《易》之剝卦上九為陽餘爻皆為陰，陰盛至坤卦，全為陰爻，
陽伏於陰下，後陽又漸推陰初爻為陽爻，而成初爻為陽，餘爻皆為陰
爻之復卦。此皆由陰陽交勝的階段，說明四季轉化之原因。

　　　段注：「夏，引伸之義為大也。」（段注・夂部）[37]

段注以可引伸為大說夏。朱注：「此一字本當訓大，萬物寬假之
時。……《春秋繁露》：『夏，火氣。又夏主養，夏氣樂。』[38]」夏本
指西夷之中的中國之人，以其四方皆有他族，故引伸夏為大之義。依
五行四方之位，夏屬火氣，火氣盛大，故主宰生養之事。能生養至於
喜怒哀樂四情，自然為樂。

　　　段注：「其時萬物皆老。而莫貴於禾穀。……《禮記》曰：『西
　　　方者秋』」（段注・禾部）[39]

段注以秋時陽氣微而少動，陰氣著而主收斂，所以萬物漸趨陰之收
斂。朱注：「《月令・章句》：『百穀各以初生為春，熟為秋。』……
《管子・形勢》：『解秋者，陰氣始下，故萬物收。』[40]」

36　〔清〕桂馥：《說文解字義證》，頁107。
37　〔漢〕許慎撰，〔清〕段玉裁注：《說文解字注》，頁235-236。
38　〔清〕朱駿聲《說文通訓定聲》，〈豫部第九〉，頁391。
39　〔漢〕許慎撰，〔清〕段玉裁注：《說文解字注》，頁330。
40　〔清〕朱駿聲《說文通訓定聲》，〈孚部第六〉，頁225。

　　段注：「冬之為言終也。〈考工記〉曰：『水有時而凝。有時而釋。』」（段注・仌部）[41]

段注以冬為事物之終結。如陰氣積而為雲，降而為雨，遇寒而凝結成冰。陽氣伏於陰氣中，及遇春時，陽氣復發動，則冬凝之冰，又釋化而為水，又開始春陽潤物之作用。桂注：「〈月令〉天氣上騰，地氣下降，天地不通，閉塞而成冬。……《三禮義宗》十月立冬為節者。冬，終也。立冬之時，萬物終成。」[42]如此冬有二義，一者一氣流行中，陰陽交勝，亦有陰陽不交，天地不通之時而為冬。二者陰陽交勝，疾徐不定，生成有時。如夏時，陽氣盛而主生長。及至冬時，陰氣盛而主收成也。

　　段注：「日在木中曰東。」（段注・東部）[43]

段注以火陽之精的日在木中升起為東。桂注：「《漢書律曆志》：『少陽者，東方。東，動也。陽氣動物於時為春。春，蠢也。物蠢生乃動運。』[44]」陰陽相生演為四季，少陽為春，太陽為夏，少陰為秋，太陰為冬。陰陽相生化為四方，春為東方，夏為南方，秋為西方，冬為北方，陰陽二氣交錯，組成時空共構的宇宙。二氣變化在其中無盡無窮的展開，在任一時空中實現自己，進而借著二氣流行，與另一時空之物，彼此感應與生化。可知時在少陽者為春，其方位為東，東因二氣變化而有，並與其他時位呼應。所以時位為東者，陽氣正在使蟲類開始在地下蠕動。

41　〔漢〕許慎撰，〔清〕段玉裁注：《說文解字注》，頁576。

42　〔清〕桂馥：《說文解字義證》，頁998。

43　〔漢〕許慎撰，〔清〕段玉裁注：《說文解字注》，頁273。

44　〔清〕桂馥：《說文解字義證》，頁529。

　　段注：「當云南任也，與東動也一例。《漢律曆志》曰：『大陽
　　者南方。南任也。陽氣任養物，於時為夏。』」（段注・禾部）[45]

段注以陽氣運行到南方，其時為太陽之夏季，施生養育萬物之陽氣極
盛。因時間由少陽春進至太陽夏，在空間上又與五行配合。北方為
水，東方為木，南方為火，西方為金，中間為土，所以南方在季節與
方位、五行上，屬性皆為陽精之火，陽火有任養萬物之作用。

　　西，《說文》：「鳥在巢上。日在西方而鳥西，故因以為東西之
　　西。」[46]

《說文》以鳥因日在西方故棲，引伸棲為西方之義。朱注：「《白虎
通・五行》：『西方者，遷方。萬物遷落。』[47]」以萬物衰落為西方。
此因陽氣由春而發，至夏極盛，到秋陽氣已衰，陰氣已漸盛。此時於
時節為秋，於方位為西。於萬物，陽已盡其施生之用，陰正收斂陽氣
而收成萬物。可知，西有方位義，秋季義及收斂義等。

　　段注：「乖者，戾也。……又引伸之為北方。《尚書大傳》、《白
　　虎通》皆言北方、伏方也。陽氣在下，萬物伏藏，亦乖之義
　　也。」（段注・北部）[48]

段注以乖戾不和諧說北，又因陽氣至此已極微，與陽氣施生之本質相

---

45 〔漢〕許慎撰，〔清〕段玉裁注：《說文解字注》，頁276。
46 〔漢〕許慎撰，〔清〕段玉裁注：《說文解字注》，頁591。
47 〔清〕朱駿聲《說文通訓定聲》，〈屯部第十五〉，頁734。
48 〔漢〕許慎撰，〔清〕段玉裁注：《說文解字注》，頁390。

違背，故以乖引伸為北方。段注所引書，亦指陽氣至此時位，伏藏在太陰之冬之下。故而不能發動萬物，與二氣變化生生不已之旨不符，故由乖說北。統言之，陰陽交勝不定，有徐有疾、有聚有散皆二氣流行自然而有者，徐疾、聚散之對立共成，亦如陰陽之相對而相成。所以有陽氣上升，地氣下降而天地交通者，如泰卦。亦有天氣上升，地氣下降，天地閉塞不通的否卦。二氣流行不已，所以北之乖是暫時，北後又為陽氣推至東之生。

六 神、魂、精、魄

神，《說文》：「天神，引出萬物者也。」（段注・示部）[49]

《說文》以「引出萬物者」為天神，朱注：『《大戴・曾子》天圓，陽之精氣曰神。』……《易・說卦》：『神也者，妙萬物而為言。』《易繫辭》：『利用出入，民咸用之，謂之神。』[50]可知普施於萬物的陽氣之精為神。神稟其來自陰陽二氣變化無盡的功用，做為其自身。則神之發用，便是二氣無窮盡的發用。故曰「神妙萬物」此在無形的、原則的層次上說。二氣相生從無入於有，所以不測之神妙，亦當由無入於有之萬物中。使萬物的利用出入，皆二氣生化在不同時位、人事上，無窮的實現。二氣流行於有無二間，神亦自由流行在日月星辰、山川草木、手足五臟間。日月星辰、山川草木即稟此來自二氣相交之神，展開自身神妙不測的活動。

魂，《說文》：「陽气也。」

---

49 〔漢〕許慎撰，〔清〕段玉裁注：《說文解字注》，頁3。
50 〔清〕朱駿聲《說文通訓定聲》，〈坤部第十六〉，頁746。

段注：「《淮南子》曰：『天气為魂。』《左傳》子產曰：『人生
始化曰魄，既生魄，陽曰魂，用物精多。則魂魄強。』（段
注・鬼部）[51]

段注以天氣為魂，天為陽氣，所於魂為陽氣。陽氣輕清無形無兆，所
以上浮於天，所以魂亦上浮發揚。「人始生化為魄，既生魄，陽曰
魂」其意為陽氣之魂，順氣凝為人身，人身以有陽氣為主而成形。陽
魂入於人身的發揚，在陰形的條件限制下，所發者便是魄。二氣流行
不已，其神用亦引生萬物，及氣化閉塞不通時，陰形之人身骨肉消
散，人身之魄，自然隨之消散返回發揚輕清的魂。可知，神魂皆二氣
自由之流行，唯神如陽氣，流行無間，而魂則為神受限於形時之狀
態。陽氣未凝為人形時為神，及凝入人形後為魂，人形消散後，魂即
離形復為神。

段注：「引伸為凡最好之稱。撥雲霧而見青天亦曰精。」（段
注・米部）[52]
朱注：「《淮南子・精神訓》注：『精者，人之氣』。……《荀
子》賦血氣之精注靈也。《白虎通・情性》：『精者，靜也，太
陰施化之氣也』」[53]

段注以擇米之好者為精，引伸為凡物之最好者為精。如雲霧重濁蔽
日，不見陽精之日，若撥雲復見陽精之普照萬物，則是最好，此亦為
精。神可妙萬物，有其遍在性。精則指二氣在人身上，呈現生生最好

---

51 〔漢〕許慎撰，〔清〕段玉裁注：《說文解字注》，頁439。
52 〔漢〕許慎撰，〔清〕段玉裁注：《說文解字注》，頁334。
53 〔清〕朱駿聲《說文通訓定聲》〈鼎部第十七〉，頁767。

的情況為精。精有其限制，如為肝之用為肝精，為心之用為心精等，皆血氣之精注於五臟也。精雖在人身發用，唯其本質，仍由二氣演化而來。精在有形上發用，故知其本質為偏形的太陽之精。

> 魄，《說文》：「陰神也。」
> 段注：「陽言气，陰言神者，陰中有陽也。〈祭義〉曰：『氣也者，神之盛也。魄也者，鬼之盛也。』鄭云：『氣謂噓吸出入者也。耳目之聰明為魄。』按魂魄皆生而有之，而字皆從鬼者，魂魄不離形質而非形質也。形質亡而魂魄存，是人所歸也。」（段注・鬼部）[54]
> 桂注：「《子華子》：『生之所自謂之精，兩精相薄謂之神，隨神往反謂之魂，并精出入謂之魄。』」[55]

段注用陰神說魄。因陽指氣能施生上揚，神能妙化萬物，故有陰之屬性。而魄即為形體之陰中，有陽氣在運動。魂是陽氣之神，屬無形層，魄是身體中的陽氣流動，屬有形層。具體從人身說，呼吸出入身體者為氣。此人呼吸之氣，可比喻為天地陰陽之氣。而陰陽之神，施用在耳目等感官上有聰明之功用，此即為魄。可知魂魄皆陰陽之神施於人，生而有之的，唯魂偏於天之氣而附著於人的。魄則偏於陰之氣，在感官上顯其功用。魂魄皆為無形之氣在有形人身中的狀態，不離形質而非形質。及骨肉消散，魂魄由形復歸於氣。桂注以稟生而有的氣為精，精分陰陽二者，兩精相薄，即陰陽交薄有不測之可能，是為神。神而入身，身散神歸者為魂。魂入人身，氣之精靈入於感官，而有聰明功用者為魄。

---

54 〔漢〕許慎撰，〔清〕段玉裁注：《說文解字注》，頁439。
55 〔清〕桂馥：《說文解字義證》，頁778。

七　心、肝、脾、肺、腎與耳、目、口、鼻

　　桂注：「《釋名》：『心，纖也』，所識纖微，無物不貫心。《文
　　子》：『心者，形之主也，神者，心之寶也』。《淮南子》：『夫心
　　者，五臟之主也，所以制使四支流行血氣』」[56]

桂注以藏於身中之心，能識識微，無物不貫。二氣流行於有無兩間，
若有若無、若虛若實，所以心既知覺有形事物，亦能知覺無形神魂，
以成就無物不貫之心氣流動。心氣能無物不貫，用於形體、五藏間，
心氣之神即為形物之主宰，可支使四肢血氣之流動。

　　桂注：《樂動聲儀》：『五臟，肝仁』肝所以仁者何？肝，木之
　　精也。仁者，好生東方者，陽也，萬物始生，故肝象木，……
　　肝之精為木，其氣為震，其色青」[57]

《說文》以木為肝，桂注將五藏與五常相配，蓋二氣流行，各正性
命，是將萬物之物理性，時間次序，方位方向，道德倫理統合在渾沌
元氣中。此統合元氣分解為四肢五藏各有其用，如東方與木與仁與
肝，可統為一體，同體而有異用。而肝為五常之仁的異用，本質仍偏
於陽氣，因東南陽氣多之故。

　　朱注：『《春秋元命苞》：『脾者，胃之主。』……《白虎通・性
　　情》：『脾之為言併也』所以積精稟氣也。』」[58]

56　〔清〕桂馥：《說文解字義證》，頁888。
57　〔清〕桂馥：《說文解字義證》，頁342。
58　〔清〕朱駿聲《說文通訓定聲》，〈解部第十一〉頁468。

朱注以脾為胃之主。胃主宰消化，脾則將胃消化之氣轉為四肢五藏的
動能。胃所消化之諸種食物，各具有專精之氣，而脾便是積諸物所稟
之精氣化為脾之氣者。

> 段注：「《今尚書》歐陽說：『肝，木也。心，火也。脾，土
> 也。肺，金也。腎，水也。』」（段注・肉部）[59]
> 桂注：「馥案：……肺之言敷也。……肺，金臟也。……《子
> 華子》：『肺之精為金，其氣為兌，其色白……其竅上通於
> 鼻』。」[60]

段注以肺屬性為金。五藏之肝配五行之木，因東方之木陽氣生起，配
合肝為仁始生陽氣的屬性。五藏之肺配合五行之金，因金有不改變之
性，而西方之秋處陰陽均等而陰氣漸多之時。所以用西方之金，比喻
肺在陰形之身中，作為外在之氣轉換為內在之氣的重要器官。

> 桂注：「《釋名》：『腎，引也。』腎屬水，主引水氣，灌注諸脈
> 也。……《難經》：『腎，北方水也。』」[61]

五行配五藏與方位，所以腎與水與北方相配合。言腎時，水與北之性
質亦在腎中，言北之時，腎與水之性質亦在北中。因二氣貫通於萬
物，各各萬物亦彼此可相感通。而腎主水，故可引導水氣貫注於諸經
脈中，使各經脈展現各自不同的功用。前已討論，能以一物貫於萬物
中者有二，一者氣可貫通有無兩間，一者為水，水亦能以有形之水，

59　〔漢〕許慎撰，〔清〕段玉裁注：《說文解字注》，頁170。
60　〔清〕桂馥：《說文解字義證》，頁342。
61　〔清〕桂馥：《說文解字義證》，頁341。

轉化蒸騰為無形之氣，後又凝固為有形之水。而腎亦二義兼有，器官之腎可引有形之水入經脈，化為經脈的無形之氣，以成各經脈之功用。各經脈之氣，又可使如有形之水之血氣流行。

　　朱注：「《白虎通・情性》：『耳者，腎之候也』。」[62]

《說文》以耳為主聽者。朱注以耳為腎之徵兆，因腎積陰陽之精於內，腎精發於耳目，耳自聰目自明。可知，耳為外在陰陽二氣通過耳之聽覺入於腎。腎又以其精氣注於耳，使耳在腎精之支援下，完成以聽覺通貫內外之功用。

　　桂注：「《禮・郊特牲》『目，氣之清明者也』。《春秋元命苞》：
　　『目，肝之所始也。』」[63]

《說文》以目為人眼。桂注氣之清明，如陽氣施生不已，陽施生於目，目稟清揚之陽氣，目之所視自然清澈明暢而無礙。目之所以清明在於陽氣發用，而陽氣又生於肝，故又曰：「目，肝之所始。」

　　段注：「言語、飲食者口之兩大耑。舌下亦曰口。所以言別味
　　也。」[64]
　　桂注：「《七修類稿》：『天食人以五氣，五氣由鼻入，鼻通天氣
　　也。地食人以五味，五味由口入，口通地氣也』」[65]

62　〔清〕朱駿聲《說文通訓定聲》，〈頤部第五〉，頁145。
63　〔清〕桂馥：《說文解字義證》，頁271。
64　〔漢〕許慎撰，〔清〕段玉裁注：《說文解字注》，頁54。
65　〔清〕桂馥：《說文解字義證》，頁119。

段注以口為言語與飲食，一出一入兩大端的器官。桂注則由天、地、人三才的角度檢視口的特性。天積諸陽之氣，諸陽氣分為金之白氣、木之青氣、火之赤氣，中之黃氣，北之黑氣等五氣，五氣又引伸出五食。而五行又相生相克不已，所可比喻之食物多如天上繁星。亦即所有諸多氣之精華的食物，皆由口入。入口等於天地所有諸物之精氣皆入於內，化為人身之氣，可知口是將五食之精轉換為人之精的關鍵。鼻亦如口般，將天地所有臭味之精氣，通過鼻之一呼一吸，一出一進，吸納諸味之精氣轉換為人之精氣。而人即將天地間之諸種精氣，借飲食則入，言語則出的方式，不已地進行天、地與人之間的通貫與感應。

　　　　段注：「《白虎通》引《元命苞》曰：『鼻者肺之使』按鼻一呼一吸相乘除，而引氣於無窮」[66]

《說文》以呼吸引氣的作用為鼻。段注以一呼一吸；一出一入相反的方向進行，為鼻之功能。蓋天地之氣通過口鼻進入人身，使人身具有天地之氣，言說動作皆以天地之氣為範式，唯天地之氣施生成化不已，已吸之氣已成過去如陰之收斂，未吸之氣如陽之新生。在萬物通體一氣的思維架構下，新新不已，故吸氣自不停息。生生相續，吐氣以完成呼吸之整全，亦是相續不已的。二氣流行不已，放在一呼一吸的鼻之上，鼻之引氣亦至於無窮。

66　〔漢〕許慎撰，〔清〕段玉裁注：《說文解字注》，頁139。

八　結語

筆者有幸參與2018年10月27日舉辦的《第四屆許慎文化國際研討會》，發表拙作〈許慎《說文解字》的氣論〉一文，該文主以許慎《說文解字》一書對氣的討論為主。本文庚續前文，以段玉裁的《說文解字注》為主，佐以桂馥《說文義證》、朱駿聲《說文通訓定聲》的資料，探討漢代與清代對《說文解字》一書，氣化思想有無異同。經上述資料的研討，發現許慎與段玉裁、桂馥、朱駿聲所採用的，仍多同為漢代的書籍，如《白虎通》、《春秋元命苞》等，此為其一。其二，則以上四家仍皆用陰陽五行，與《易經》陰陽二爻的升降，做為詮釋氣化宇宙論的主軸。所以說清代經學有回歸漢代經學的特色，本文由漢代與清代同樣重視氣化論的視角，可做為一佐證也。

（本文發表於2021年10月23日舉辦的《第五屆許慎文化國際研討會》）

貳　唐孔穎達《周易注疏》的氣論

一　前言

　　魏王弼、晉韓康伯注、唐孔穎達疏《周易正義》，《易》本卜筮之書，後流於讖緯，王弼攻其弊，排斥漢儒，自標新學。至孔穎達等奉詔作書，始專崇王注，而眾說皆廢，鄭學亦浸微。氣化宇宙論，在漢代為思想的主流，及至唐孔穎達仍用陰陽二氣來詮釋《周易》，同時亦採王弼有與無的概念，補足《周易》對本體論論述較少的部分。如「變易者，其氣也，天地不變，不能通氣，五行迭終，四時更廢，君臣取象，變節相移，能消者息，必專者敗，此其變易。[1]」將卦爻變化以示人吉凶的原因，由氣來解釋。因氣化流行，無方所限制，一氣在所有時間空間，及非時間空間的存有處流行。聖人作易，仰觀天俯察地，中觀萬物之宜，然後作八卦，了解氣化有不測之神用，及氣化萬物的各各真實的情況，亦即神用的無與形器的有，皆在八卦的變化中。云：「故易者，所以繼天地理人倫而明王道，是以畫八卦，建五氣，以立五常之行，象法乾坤，順陰陽。以正君臣父子夫婦之義，度時制宜，作為罔罟，以佃以漁，以贍民用。於是人民乃治，君親以尊，臣子以順，群生和洽，各安其性，此其作易垂教之本意也。[2]」本文為呈現孔穎達身處唐代傳承漢代氣化論解《易》，並採用反對漢

1　《周易注疏》：〔魏〕王弼、〔晉〕韓康伯注、〔唐〕孔穎達疏（台灣學生書局印行，1998年10月初版），頁27。

2　《周易注疏》，頁31。

《易》繁瑣，主張以一御萬，有由無生的王弼說法，不再採用鄭玄的注解，進而開始著重氣化由無而有，有中有無的思想模式。從孔穎達對漢《易》的氣化論，偏於形器、人事、吉凶於有境的詮釋，融進王弼無境的概念，於是形成孔穎達的氣化論，是由無而有，由無入有，有中有無，有無皆備包在易理中的新形態。孔穎達在漢《易》偏有的思潮中，提出了無的詮釋對易理的重要性。發展至宋明，順著無境的重要性提高，有境論述已趨式微的思潮發展下，宋明理學本身，或理學對易學的義理詮釋，主要都在建立無境的本體論。及至明清之際，戴震等人又開始，排斥宋明過度本體而有的空疏弊病，反而回過頭來，重新重視漢唐偏有境的氣化論。可見孔穎達《周易正義》的氣化論，傳承了漢代的有境，魏晉的無境，發展到宋明的重視無境，再一變為重視有中有無的明清。在中國思想有與無偏輕偏重的發展過程中，孔穎達居於承先啟後的樞紐位置。本文主要由氣的概念，由氣說易的概念、由無而有、有中有無的概念、漢唐氣論與宋明清氣論對照呼應的概念，這四條主線交相檢視，以定義與建構孔穎達《周易正義》氣論對易、氣、乾坤、剛柔、漸習、性命、心情的詮釋。及在氣化思想史上的特點與位階。

二 運機布度，其氣轉易

孔穎達注五經正義，對《易》所以稱經，有云《孝經緯》稱：「易建八卦，序六十四卦，轉成三百八十四爻，運機布度，其氣轉易，故稱經也。[3]」可知易卦爻的運機布度，可由氣的轉易來呈現。孔氏以氣的根源狀態為太極。

---

3 《周易注疏》，頁44。

> 太極謂天地未分之前，元氣混而為一，即是太初、太一也。故
> 《老子》云：「道生一。」即此太極是也。又謂混元既分，即有
> 天地，故曰「太極生兩儀」，即《老子》云：「一生二」也。[4]

太極為萬物最高最極至的根源，有形與無形的世界，皆由太極而來。
而孔氏的太極，明白界定在天地未分之前，意指有分有別之前，尚有
一無分無別的太極，而此太極是以元氣為內容，所以元氣是天地未分
之前，天地混而無別的狀態。有分別的如形器，無分別的如道，皆屬
元氣的範圍。此句由元氣說太極，而不由形上清空本體說太極，可知
孔氏的元氣備含天地前之無與天地後之有，而天地前之無是可化生天
地之有的無，非形上與形下對立有隔的無。又引《老子》：「道生
一。」來強化此種元氣同具有與無的概念。老子未明言道是形上空虛
的無，還是可生有的無。所以給後世二種說法各自發展的空間。《易
緯乾鑿度》：「九者，氣變之突也，乃復變而為一。」鄭康成注曰：
「此一則元氣，形見而未分者。夫陽氣內動，周流終始，然後化生，
一之形氣也。[5]」漢代鄭康成主張此「一」為元氣未分時狀態，其中
陽氣於終始間，內動不已，然後生出一之形氣。此亦由氣說由無而
有，而《易》曰：「太極生兩儀。」由重視氣化的視角看，太極是不
可直接生有的，必須藉著作為形下有限的氣的指導原則，在與形氣有
隔對立的情況下，說由無而有。《易》有云：「所以直者，言氣至即生
物，由是體正直之性。其運動生物之時，又能任其質性，直而且方。
[6]」此坤卦六二之辭，氣至即生物。則此氣乃可直接生物之氣，且此
直接生物之氣，在「氣至」於物時，即完成物且為物之體性。所以

4　《周易注疏》，頁636。

5　《四庫全書薈要》五百八，頁6。

6　《周易注疏》，頁95。

「氣至」既完成物，氣至也直接為器物自身之體性，非氣物另別有一種形上的性。「乾知大始者，以乾是天陽之氣，萬物皆始在於氣，故云知其大始也。坤作成物者，坤是地陰之形，坤能造作以成物也。初始無形，未有營作，故但云知也。已成之物，事可營為，故云作也。[7]」混元既分而有天地，氣有天陽之氣，做為始生萬物的乾，有造作成物的地陰的坤初始無形之氣。唯此無形非形上本體的無形，是元氣渾然未分時的無形，而有形的形器即由此無形而為有。易備包有無，其中的有與無，雖分有形與無形的不同，而實則是同一元氣的無形和有形的兩種面向。無與有非對立異層的兩者，而是元氣由無形而化為有形的兩階段。所以可說「初始無形」而後能有「已成之物」。氣初始無形為乾，氣造作已成形物，則是坤。乾坤皆易之所蘊，秩序上乾先坤後，本質上則同為一元氣，一易體。

> 乾元者，陽氣昊大，乾體廣遠。又以元大始生萬物，故曰大哉乾元。萬物資始者，釋其乾元稱大之義。以萬象之物，皆資取乾元，而各得始生，不失其宜，所以稱大也。[8]

乾是天陽之氣，也是卦名。元是乾德，元亨利貞之首。乾元合稱，意指陽氣是大如天，則乾體亦廣遠無邊。同時元大始生萬物，萬物皆取資於乾元而得始生，於是乾元創生範圍之大，自然以元氣包含有與無兩界的廣大為其大。而且乾有元亨利貞之德，所以乾元之大，亦有德性無所不在的意思。故云：「乾之元氣，其德廣大，故能遍通諸物之始。若餘卦元德，雖能始生萬物，德不周普，……其實坤元亦能通諸

7　《周易注疏》，頁586。

8　《周易注疏》，頁60。

物之始。[9]」所謂大既是氣遍通諸物的無所不在，亦是德業周普的無所不在。

> 至哉坤元！萬物資生，乃順承天，坤厚載物，德合無疆。此五句總明坤義及二德之首也。但元是坤德之首，故連言之。坤厚載物，德合無疆者，以其廣厚，故能載物，有此生長之德，合會無疆。凡言無疆者，其有二義，一是廣傳無疆，二是長久無疆也。自此已上，論坤元之氣也。[10]

乾坤皆易之蘊，乾元為陽氣始生不已，坤元之氣則為載物成物無疆。陽氣為元氣之始發，既而成物則為陰氣，一生一成實是同體成物之先後而已。坤元之氣順承乾元之氣而生成萬物，乾元是始生的，無限的廣大，坤元承順乾元是有形的成物的廣大。坤元順其自身乾元生德而成物載物，乾元生德的作用不已，則坤元成物成德的完成，自亦博厚無疆。無疆有廣傳、長久二義。廣傳有普遍義，長久有永恆義。唯此普遍，永恆非指形上本體的永恆，普遍。而是從易卦變化無窮的經驗層面，從有形推論到無形的永恆普遍。簡言之，不是由形上本體說無，而是由有無一體的立場說，在生成秩序上，先於有的無。

> 子夏傳云：「元，始也。亨，通也。利，和也。貞，正也。」言此卦之德，有純陽之性，自然能以陽氣始生萬物而得元始亨通。能使物性和諧，各有其利，又能使物堅固貞正。[11]

9　《周易注疏》，頁91。

10　《周易注疏》，頁91。

11　《周易注疏》，頁50。

元始、亨通、利和、貞正，乃乾之四德。乾為天陽之氣，則天陽之氣
稟此四德始生，萬物自能以此為自體之性，而得以元始、亨通、利和、
貞正。既能成就萬物，萬物本身亦是四德之實現。此種德業的實現，
亦非由形上的、價值上說的實現，而是就形器上、成物上說的實現。

> 乾元乃統天之義，言乾之為德，以依時乘駕六爻之陽氣，以控
> 御於天體。六龍，即六位之龍也。以所居上下言之，謂之六位
> 也；陽氣升降，謂之六龍也。[12]

乾元統天，言其始生之德之廣大，坤元之氣則指載物成物無疆。用在
順陰陽，法易乾坤之卦爻升降上。做為始生的陽氣，便是依時乘駕六
爻之陽氣。陽氣有六個不同的爻位，可上下升降，不論是升是降皆為
陽氣發動之作用。「龍者，變化之物。言天之自然之氣起於建子之
月，陰氣始盛，陽氣潛在地下，故言初九潛龍也。[13]」自然之氣，由
建子之月陽氣潛伏而漸盛，如能變化之龍，所以用龍來擬象陽氣在六
爻的升降。陽氣除自然氣化義外，亦有成德之義。所以陽氣在爻位上
的升降，亦擬議聖人雖有龍德，亦宜依時位或潛藏或龍飛，而曲盡成
德之業，在有限中實現其無限的自由。

上述主要由說明乾元、坤元之氣的內容，與通貫有無之特性，如
云：「易理，備包有无，而易象唯在於有。蓋以聖人作易，本以垂
教，教之所備，本備於有。[14]」聖人作易垂教，本備於有。所以氣之
運動生成，可見於卦爻之中。如：「雷出地奮豫者，雷是陽氣之聲，

---

12 《周易注疏》，頁60。
13 《周易注疏》，頁50。
14 《周易注疏》，頁30。

奮是震動之狀。雷既出地，震動萬物，被陽氣而生，各皆逸豫。[15]」指陽氣震動，萬物以之而得生，自然各皆逸豫。如：「九二。陽氣發見，故曰見龍。田是地上可營為有益之處，陽氣發在地上，故曰在田。[16]」指陽氣發在地上，可具體營為有益於萬物。如：「此乾之陽氣漸生，似聖人漸出。[17]」言陽氣之漸生，亦可擬喻聖人德業之漸成。將生生之陽氣貫於聖人中，聖人自亦行健不已以成德。聖人行健本即乾陽之氣自身的運動，非外在一形上天命令於聖人，手足必須違逆氣質自身的清濁傾向，而聽命於天命。又「言九四陽氣漸進，似若龍體欲飛，猶疑或也。躍於在淵，未即飛也。此自然之象。[18]」此由自然界中的進退變化中，指出陽氣之進，有進、未進、或退等各種可能。所以進非指有限意義的進，而是自然界中所有運動變化，皆為陽氣之進，進在有限中具有無限的性質。又「言九五陽氣盛至於天。[19]」陽氣之進是原則性的說，進至極盛而「飛龍在天」聖人德備天下，則是將進之原則，落實在形氣世界中說。人事雖極盡進之原則，仍有形氣限制。但龍德雖受限於形質或物極必反等實然限制，但仍能與乾陽之氣一體同步的行健。則是有中有無的實然陽氣，非虛無的、原則性的陽氣而已。

> 陽氣始剝盡。謂陽氣始於剝盡之後，至陽氣來復時，凡經七日。觀《注》之意，陽氣從剝盡之後，至於反覆，凡經七日。……剝卦陽氣之盡在於九月之末，十月當純坤用事。坤卦

15　《周易注疏》，頁208。
16　《周易注疏》，頁52。
17　《周易注疏》，頁54。
18　《周易注疏》，頁56。
19　《周易注疏》，頁58。

> 有六日七分。坤卦之盡，則復卦陽來，是從剝盡至陽氣來復，
> 隔坤之一卦六日七分，舉成數言之，故輔嗣言凡七日也。反覆
> 者，則出入之義。反謂入而倒反，覆謂既反之後，復而向上
> 也。[20]

剝卦在十二消息卦中，為九月，五陰一陽。坤卦為十月，六爻皆陰，
復卦為十一月，初爻復為陽，餘五卦為陰。剝卦上九為陽，上九陽氣
再進便成六爻皆陰。亦即「剝卦陽氣盡於九月之末，十月當純坤用
事」。而坤卦有六日七分，十月坤卦盡後。隔坤之六日七分，舉成數
曰七日。亦即隔坤卦七日後，陽氣又在十一月復卦的初九出現。而反
覆是指剝卦上六陽氣再前進，便倒反而為復卦的初九。復指陽氣潛藏
於坤卦後，再反入復卦為初九。初九之陽氣，會繼續往九二、九三上
升。可知陽氣在卦爻的變化上，可由一卦的時空爻位推進到另一卦的
時空位階。由上九進而潛藏，再進而又復入另一卦的初爻時空位階。
如此由剝卦盡，進而隱於坤卦，再復反於復卦，可見陽氣是在具體時
空中實存的能力，非只是原則性的虛設。「以陽謂之龍，上六是陰之
至極，陰盛似陽，故稱『龍』焉。『盛而不已，固陽之地，陽所不
堪』，故陽氣之龍與之交戰。[21]」坤卦上六云「龍戰於野」，陰陽二氣
在爻中遞相更迭，陰去則陽來，陽去則陰來。而此上六陰極盛而不
去，不與陽更換，故陽氣與陰氣交戰。亦即陽氣發動於自然界中，所
謂的動亦具有陰陽互求更迭的規律。

> 初六陰氣之微，似若初寒之始，但履踐其霜，微而積漸，故堅
> 冰乃至。義所謂陰道，初雖柔順，漸漸積著，乃至堅剛。凡易

20　《周易注疏》，頁268。

21　《周易注疏》，頁98。

> 者象也，以物象而明人事，若《詩》之比喻也。或取天地陰陽
> 之象以明義者。[22]

此言坤卦初六陰氣尚微，如初寒之始。而陰氣雖柔順，若漸漸積著，
亦可凝固乃至堅剛。前段有言「變易者，氣也。」、「混元既分，即有
天地。」已確立氣有發展，變易的特性，所以氣會分陰與陽。陽氣固
然行進不已，陰氣亦稟氣發展之特質，自然亦柔而積漸。唯氣有變
易，所以陽氣會盛極而衰，陰氣亦會柔極而轉剛。及到陰氣開始凝
結，自然結為堅固之霜。如：「履霜者，從初六至六三。堅冰者，從
六四至上六。陰陽之氣無為，故積馴履霜，必至於堅冰。[23]」因陰陽
二氣無心，故能無所不為。初六至六三的履霜，六四至上六的至堅
冰，皆陰陽之氣在自然界中的無所不為。此種無所不為，是在天地實
然中，指出氣化有無限的可能。及至宋明後，專提形上的無限，少言
由實然中說無限。

> 所以廣其繼嗣，以象天地以少陰少陽、長陰長陽之氣共相交
> 接，所以蕃興萬物也。……天地以陰陽相合而得生物不已，人
> 倫以長少相交而得繼嗣不絕。[24]

此句為歸妹的孔疏。人物所以能廣其繼嗣，在於少陰少陽、長陰長陽
之氣共相交接。元氣即分天地，天地以陰陽二氣變易生生，而有少陰
少陽、長陰長陽，再推至於無窮變化。皆元氣於存在上的流行，於實
然上的生物不已，所以人倫以長少相交而繼嗣不絕。今不論歸妹習俗

22　《周易注疏》，頁93。

23　《周易注疏》，頁94。

24　《周易注疏》，頁483。

合理否，專言陰陽相交有少與少、長與長的相交，亦有少與長，長與少的相交。指陰陽相交是自然而然，無所限制的。如：「天地變化，謂二氣交通，生養萬物，故草木蕃滋。「天地閉，賢人隱」者，謂二氣不相交通。[25]」二氣交通生養萬物，此天地必然有的變化，亦是陰陽相交自然如此者。如：「陽氣往而陰氣來，故云大往小來。陽主生息，故稱「大」；陰主消耗，故稱小。[26]」陽主生息故稱大，陰主消耗故稱小。陽氣生生故為往，陰氣成形故為來。如此由陽氣往而陰氣來的往來交替不已，是二氣交通的另一種模式。

> 陰陽變化而相裁節之，謂之變也，是得以理之變也。猶若陽氣之化不可久長，而裁節之以陰雨也，是得理之變也。陰陽之化，自然相裁，聖人亦法此而裁節也。[27]

陰陽二氣除交通生物外，又有互相裁節以成物的規律。猶若陽氣之化過於長久，亢極占固而不移易，則違反陰陽更迭以生的原則。所以自然無為的陰陽二氣，本身即有陽氣過久，而裁節之以陰雨，以緩和陽亢的調節能力。而此陰陽相裁，固是自然之理，亦為聖人所取法。所以陰陽二氣相裁在自然界、自然之理、聖人取法三者上是同體而異相的。又「密雲不雨者，若陽之上升，陰能畜止，兩氣相薄則為雨也。今唯能畜止，九三其氣被畜，但為密雲。初九、九二，猶自上通，所以不能為雨也。……初九、九二，猶得上進，陰陽氣通，所以不雨。[28]」元氣生生有無限可能，所以有陰陽相裁節之情狀，自然亦有陰陽

---

25 《周易注疏》，頁101。
26 《周易注疏》，頁184。
27 《周易注疏》，頁643。
28 《周易注疏》，頁165。

相薄不調和的情狀。如小畜卦，陽氣在初九，九二猶得上進，陰陽二氣相通，所以不能為雨。而九三上為六四，陽氣被畜止，不能前進，所以只能成密雲。若陽氣上升，陰氣能畜止，兩氣相薄，則為雨。此由不雨、密雲以至為雨三階段，說明陰陽二氣交通在自然界中，有其實然的各種狀況，而各種實然的發生，即無在有中展現其無的特色。

> 龍者，變化之物。言天之自然之氣起於建子之月，陰氣始盛，陽氣潛在地下，故言初九潛龍也。[29]經言龍而象言陽者，明經之稱龍，則陽氣也。此一爻之象，專明天之自然之氣也。[30]

由自然言氣，是由宇宙論非本體論層次說氣化流行。氣是無形的，然非形上本體的流行，是在於有境的不可見但實存的流行。無法用言語說明，作易者遂取象於天地萬物之移易，以移易不可見的作用，名為天地自然元氣。如觀自然之屬陽之氣起於建子（十一月），如復卦，初爻為陽，以上五爻皆陰，陽氣潛藏於地下，陽氣升降不已。如變化之龍，故合言「初九潛龍」，藉龍取象自然之氣的生成流行。

> 明天之德也，而配四時。元是物始，於時配春，春為發生，故下云體仁，仁則春也。亨是通暢萬物，於時配夏，故下云合禮，禮則夏也。利為和義，於時配秋，秋既物成，各合其宜。貞為事幹，於時配冬，冬既收藏，事皆幹了也。於五行之氣，唯少土也。土則分王四季，四氣之行，非土不載。[31]

29　《周易注疏》，頁50。

30　《周易注疏》，頁66。

31　《周易注疏》，頁69。

自然之氣用四時五行分解說明，表示自然之氣通貫於物質、方位、時序的實存宇宙中，萬物因自然之氣，而真實存在與生化。用偶數的四氣之行，氣只能流行於偶數的世界，用奇數的五行之氣，使氣備涵偶數與奇數，完整一奇偶同具，可言說理會的世界。同時天地生生大德，是自然之氣流行於春為元為始，其德為體仁。於夏為亨為通，其德為合禮。於秋為成為利，其德為和善。於冬為藏，其德為貞信。可被分解言說的德，是根據時序四季之氣自身各自不同屬性，所呈現的四季之德，而成元亨利貞之四德，此非形上全體通徹的德。唯元亨利貞四德，統歸於一乾德，亦可說四德歸於一無形之德。而本體之德與宇宙論無形乾德，兩者差別在本體之德是相對於宇宙論之上，是一超越的本體，是無與有相對，無為有的指導原則。乾德之無雖無形，與有形可說的四德，是一氣有形與無形的四種狀態，是無在有中，有中有無，有與無皆為一氣之流行。「神道者，微妙無方，理不可知，目不可見，不知所以然而然，謂之神道。而四時之節氣見矣，豈見天之所為，不知從何而來邪？蓋四時流行，不有差忒。[32]」此句言四時之節在氣化宇宙中，除流行不已外，又有四季流行方向與速度的不同。此「理不可知」的不同，雖說神妙無方，就其根本，應是元氣中本有無限生生之可能。此各各可能的自身，既以氣為本身，同時此氣自身可由無形化為有形，有形可復歸於無形，可說是一種素樸的氣貫有與無的說法。及至唐佛道興起，宋明重本體的氛圍，氣被淪為形下有限，理則相對為形上的無限。如此理上氣下，固然成就儒學本體論的高峰，也忽略氣化實質的重要性，所以明清如戴震等，又恢復漢唐一氣通貫備包有無的本質。由明清消化理氣二分後，再回復漢唐的氣包有無的傳統，此氣包有無的概念，可看出素樸中本蘊有發展成熟的能

---

32 《周易注疏》，頁249。

力。「卦則雷風相薄，山澤通氣，擬象陰陽變化之體。[33]」自然之氣的各種變化，有密雲、有雨等陰陽互動的狀況外，亦有震雷巽風的相薄生風，艮山兌澤的氣相通貫的狀態。此皆陰陽變化所顯現的各種自然之氣。如「雷雨二氣，初相交動，以生養萬物，故得滿盈，即是亨之義也。……皆剛柔始交之所為者，雷雨之動，亦陰陽始交也。[34]」八卦擬象陰陽氣化的四種條件，八分不足以窮盡萬物，所以八卦再相交錯，表示陰陽始交而往未來無盡交錯，發展到理不可推知神妙不測的地步。是無在有中，盡其所可能的，將有境推展至有無限可能的狀態。所以雷風、山澤是陰陽氣交外，又具體指出天地中間的雷雨二氣，也是陰陽氣交的另一種狀態。由此推知，天地山川、雲行雨施，及至「目不可見」的自然萬物，皆擬象陰陽變化之實體。「天行謂逐時消息盈虛，乃天道之所行也。春夏始生之時，天氣盛大，秋冬嚴殺之時，天氣消滅。[35]」陰陽是氣化變易的自身，非氣化的他者。氣化在天地間的流行，便是逐時消息盈虛的元氣的流行。言天便與地相對，天便有四時，始生嚴殺不同時序的分別。此時序流行雖微妙不測，實則流行在才質、時序、方向上都是可分而又有分，分分以至於無盡，才是所謂流行神妙不測。若直說天地變化莫測，沒有卦爻以擬議，是無以得知何謂微妙無盡，而卦爻變化雖可至一萬一千多爻，而萬物實不止一萬一千多種而已。所以易卦盡其能詮釋之可能，鋪設萬物至於最多可極之範圍。意圖在有限界中，得出有限的萬物，自身仍有繼續發到無可推測的地步。亦即在有中，推其有自身中的無，使有在有境中往無限發現。所以易卦基本是陰陽氣交，及變化達到詮釋氣交最大可能限度時。搖身一轉，氣交化入無境，使陰陽繼續順其自身

---

33 《周易注疏》，頁736。

34 《周易注疏》，頁104。

35 《周易注疏》，頁264。

的變化不已，在氣之無境中繼續實現自身的生生之性。這是漢唐氣論
天地、君臣、人倫、日月星辰、山川草木類別彌繁的原因。意在從極
眾的萬有中，體悟萬有中還有比可說的萬有，更無限大的無境，此無
也是萬有所從來的同體根源。孔疏既詳釋易卦經言，也引進魏王弼的
以簡御繁，以無為主的思想，成為漢代由無而有，孔疏吸收王弼以無
為體的說法，轉為無在有中，顯有至無的階段，「天施地生，其益無
方者，此就天地廣明益之大義也。天施氣於地，地受氣而化生，亦是
損上益下義也。其施化之益，無有方所。[36]」氣行於天，分而為春夏
生之氣，秋冬殺之氣，乃因陰陽有盈虛消息的變化。同樣陰陽之氣亦
普遍施予於天為天氣，天氣之消息盈虛施於地為地氣。所以一氣施為
天氣，天氣復施為地氣，地氣復化生萬物。如同益卦，損上益下，使
天氣下施於地之意。知天地之氣亦有由上貫下的情況。「貞者事之幹
者，言天能以中正之氣，成就萬物，使物皆得幹濟。[37]」聖人作易，
主為法象天地生德為人倫準則。所以貞幹成事，固然是氣化發展在物
理上的必然，氣化生德生物成物不已，亦是道德上的應然。所以說天
以「中正之氣，成就萬物」，物之生成，是物理性與道德性二者同體
之一氣二義，非不相屬異體的理氣二分的二者。

> 天地交而萬物通者，釋此卦小往大來吉亨名為泰也。所以得名
> 為泰者，止由天地氣交而生養萬物，物得大通。[38]

泰卦下卦為三陽爻的乾卦，上卦為三陰爻的坤卦。陰去是小往，陽長
是大來，是以亨通而吉為泰。陰氣來而陽氣往，正是陰往求陽，陽往

---

36 《周易注疏》，頁396。

37 《周易注疏》，頁68。

38 《周易注疏》，頁178。

求陰，以圓成一氣的生成變化。天地之陰陽二氣相交普存於萬物中，萬物即依其自身的陰陽二氣相交而存在，二氣滿盈於天地間，萬物自亦滿盈於天地間。可見與形上對比而被視為屬於有限的天地，藉著天地氣交生萬物的有境，彰顯有境中有無限遍在的無境。「冬寒、夏暑、春生、秋殺之道。若氣相交通，則物失其節。物失其節，則冬溫、夏寒、秋生、春殺。君當裁節成就，使寒暑得其常，生殺依其節，此天地自然之氣。[39]」前言天地氣交指二氣相交圓成生物之德。此句「若氣相交通，物失其節」則指時序上冬該寒氣盛，卻因二氣相交有任何可能的發生，結果冬該寒之陰氣，竟與陽氣相通，而成為冬溫。夏該暑熱之陽氣，竟與陰氣相通，而成為夏寒。此雖順著陰陽往來更迭的原則進行，但既入天或地的有境，陰陽相交之原則自然會受限該季當寒或當暑之囿限，而有當寒不當暑，當暑不當寒的常規之時與位。若生當寒而暑，當暑而寒的變異，反顯天地氣交有常有變，在有境中指出有無限的意義。聖人作易，本為教化之本，知道天地之氣有變。故主張裁節變異以復於常，以斷天地理人倫。

> 剛柔相推而生變化者，八純之卦，卦之與爻，其象既定，變化猶少；若剛柔二氣相推，陰爻陽爻交變，分為六十四卦，有三百八十四爻。委曲變化，事非一體，是而生變化也。[40]

天地之氣有常有變，不可知其所以然。卦爻擬象二氣移易，故八卦為天地八種基礎，每卦有六爻。陰陽化為陰爻陽爻而為剛柔二氣，陰陽二爻交變，分為六十四卦，三百八十四爻，比喻剛柔二氣交變有三百

39　《周易注疏》，頁748。

40　《周易注疏》，頁589。

八十四可能，已委曲極盡變化，可以被理解的最大限度。於是陰陽二氣藉著卦爻化為易被理解的剛柔二氣。「以剛柔二氣始欲相交，未相通感，情意未得，故難生也。若剛柔已交之後，物皆通泰，非復難也。[41]」在可被運用的卦爻上，言剛柔二氣有始交未相感通，及剛柔已交，物皆通泰的二種情形。未感是在預設陽爻之剛與陰爻之柔，必然會交感的原則下。在現實上或有暫時停滯未感的可能，在常態下，剛柔二氣必然如陰爻陽爻之升降而相感通。有未感與有感的分說，也可視為有境未始之前，與有境始生之後的分別。

> 言卦之根本，皆由剛柔陰陽往來。「變通者，趣時者也」，其剛柔之氣，所以改變會通，趣向於時也。若乾之初九，趣向勿用之時，乾之上九，趣向亢極之時。[42]

孔疏有云：「剛柔即陰陽也。論其氣即謂之陰陽，語其體即謂之剛柔也。[43]」此句明言陰陽為卦內在運動之氣，氣在卦體陰爻陽爻的移易謂為剛柔，所以說「卦之根本，皆由剛柔陰陽往來」。剛柔的時位既明確，剛柔依自身陰陽二氣交錯的質性，自然在有境中實現，二氣生生不已地發動時間、空間的不斷位移。時有四季，位有四方，二氣在時位中不已地改變會通，皆依當下時位而前行。故當勿用時即勿用，如乾之初九，當發為亢極之時，即趣向亢極。知卦爻能委曲變化，剛柔二氣自然有勿用或亢極等可能。

　　本意將此易卦，以順從天地生成萬物性命之理也。其天地生成

---

41 《周易注疏》，頁103。
42 《周易注疏》，頁669。
43 《周易注疏》，頁668。

萬物之理，須在陰陽必備。是以造化闓設之時，其立天之道，
有二種之氣，曰成物之陰與施生之陽也。其立地之道，有二種
之形，曰順承之柔與持載之剛也。……在形而言陰陽者，即
《坤‧象辭》云履霜堅冰，陰始凝是也。在氣而言柔剛者，即
《尚書》云高明柔克。[44]

易卦生成天地萬物，本在天地自身內在陰陽之理，此為由氣說易的總
綱。八卦本三畫象天地人三才，於三才中再復給予陰陽，而成六畫，
於是三才各具陰陽，陰陽生成萬物之理，乃完備於卦爻中。天為積諸
陽而有者，而所謂天為陽，指陽氣盛而不廢有陰氣。所以「立天之
道，有二種氣，曰成物之陰與施生之陽」二氣中陽氣盛時主施生，陰
氣盛時主成物。「立地之道，有二種形，曰順承之柔與持載之剛」陽
氣在卦象上顯為物形之剛，陰氣在卦象上顯為物形之柔。陰陽在無境
是虛的說，陰陽在物形上則為有境的剛柔。此為易包有無，氣通有無
的基本原則。唯亦有立於有境，言形物為陰陽者，如「陰始凝」。亦
有由氣而言物之剛柔者，如「高明柔克」。可知陰陽屬無之氣，剛柔
屬物之形。實究之，氣亦可說有剛柔之狀，剛柔之形亦可具顯氣之陰
陽。陰陽剛柔所以能或立於有，或立於無相互詮釋，皆為「易包有
無」的一體。

一闔一闢謂之變者，開閉相循，陰陽遞至。或陽變為陰，或開
而更閉，或陰變為陽，或閉而還開，是謂之變也。……見乃謂
之象者，前往來不窮，據其氣也。氣漸積聚，露見萌兆，乃謂
之象。[45]

---

44 《周易注疏》，頁738。
45 《周易注疏》，頁635。

陰陽遞至是氣藉陰陽開閉相循環，施生成物互相成就的常態。陰陽二
氣若比例各半不動，則只能生成一物。元氣備包有無，無形氣中有無
限生生之能力，無所不生便在相對紛然的有境中出現。所以能紛然繁
複是因無中之無限，會在有境中有繁多至極的萬物體悟此無限。所以
陰陽二氣須透過開閉相循，陰陽遞至，陽變陰開而又閉，陰變陽閉而
又開。如此變化移易在卦爻上，顯示至極的陰陽比例各不同的作用，
即所謂變。前段已言能陰陽往來不已的氣，氣在卦爻上擬議為剛柔之
氣，剛柔二氣依自身陰陽更遞變化的規則，逐漸發用累積，露現或剛
或柔之萌兆，即是卦爻的象。氣是陰陽遞至，卦是二氣移易的有機體，
象是剛柔露見的萌兆，亦即陰陽藉卦象具象化無限多的可能發展。

> 天地絪縕，萬物化醇者，絪縕，相附著之義。言天地無心，自
> 然得一。唯二氣絪縕，共相和會，萬物感之變化而精醇也。天
> 地若有心為二，則不能使萬物化醇也。男女構精，萬物化生
> 者，構，合也。言男女陰陽相感，任其自然，得一之性，故合
> 其精則萬物化生。[46]

二氣絪縕意為陰陽二氣相附著，從字義說二氣相附著，由實體看，實
為一氣內在兩種相生相成的條件。而二氣絪縕，共相合會能使感動變
化，並以絪縕和會為萬物生成的精醇之得一之性。萬物順任此精醇得
一之性，便能感生萬物。此性雖說為一，但此一是天地無心的一。因
為無心，所以以萬物為心，而無所不生。若此心是天地有心的心，則
心會專注於生某物，而不生他物。天地無以展現其無所不包的廣大
性。「精氣為物者，謂陰陽精靈之氣，氤氳積聚而為萬物也。游魂為

---

46 《周易注疏》，頁694。

變者，物既積聚，極則分散，將散之時，浮游精魂，去離物形，而為改變。則生變為死，成變為敗，或未死之間，變為異類也。[47]」前言萬物任精醇之性，相感化生。而陰陽二氣所以氤氳積聚為萬物，在於陰陽有交錯、移易、生成等特性，陰陽依此特性而曰精靈之氣。神明屬無境的生生流行，凝於有境，微妙不測作用，被囿限在形物內，便是精靈之氣，精靈之氣再凝聚便為形物。而形物成其各種樣態，為精靈之氣所主導完成。可知一氣非直接由無而為有，中間尚有二氣之絪縕，再凝為精靈之氣，再積聚氤氳為有形之萬物。目的在詮釋由無而有，是有其邏輯上的發展，與形物氤氳成形有其始終相通的條件。「游魂為變」意指陰陽相生不已，卦爻可擬為剛柔之象，借陰爻陽爻之升降，擬喻萬物生成互動的種種情況。唯陰陽二氣生生不已，生由二氣相生而有，生而不已，在陰陽遞至的原則下，亦會發展到死或移易為另一物。另一物再依自身精醇得一之性，再重新生成以至另一次新生的到來，所以氣聚而有，極則分散浮游精魂，於離形後，其陰陽精靈之氣仍在不同時位中流行。稟其生成之性，又有生死成敗的變化。如此將二氣生成對某一物的詮釋，擴大到對所有氣有聚散的萬物。「未死之間，變為異類」，更推闊二氣變化，不只在同類中進行，亦可在異類中進行。在意義上，極大擴張了有境可呈顯無境的範疇。王廷相云：

　　眾形皆化於氣，氣純一則不化，氣偏勝則一化而盡，交勝則交化，雜揉則屢化而轉，精靈則化神矣，不得已之道也。鷹化為鳩，鳩復化鷹；田鼠化駕，駕復化鼠。陰陽以時相勝，故交化也。雀入海為蛤，雉入淮為蜃，男化為女，女化為男，陰陽偏

---

47 《周易注疏》，頁598。

勝，故一化而滅，不復再化。[48]

明中葉的王廷相主張以氣為本，所以主張眾形皆化於氣，而氣有純一不化與偏勝不化、交勝交化、雜揉屢化等面向。甚至有鷹鳩互化，雀蛤互化等異類間的互化。此承接孔疏氣化在同類與異類，同樣可進行，藉著有境之萬物，彼此可互換，盡量擴大有的概念，實可等同，或趨近於無。孔疏有云：「艮剛而兌柔，若剛自在上，柔自在下，則不相交感，無由得通。今兌柔在上而艮剛在下，是二氣感應以相授與，所以為亨。[49]」此為咸卦解釋，若艮剛在上，兌柔在下，剛柔便不得交感，因不合剛向上柔向下的原則。若兌柔在上卦而往下通，艮剛在下而往上通，則符合剛柔相交感通生成萬物的普遍性原則。上段孔疏有云：「變為異類」，明代王廷相亦云氣化的異類，亦可以時變化。順此異類亦可依氣而交感互化的思路。孔疏亦有有識與無識，在氣化同體流行中，亦有相感應的面向。

> 同聲相應者，若彈宮而宮應，彈角而角動是也。同氣相求者，若天欲雨而柱礎潤是也。此二者聲氣相感也。水流濕，火就燥者，此二者以形象相感。水流於地，先就濕處；火焚其薪，先就燥處。此同氣水火，皆無識而相感，先明自然之物，故發初言之也。雲從龍，風從虎者，龍是水畜，云是水氣。故龍吟則景雲出，是雲從龍也。虎是威猛之獸，風是震動之氣，此亦是同類相感。故虎嘯則谷風生，是風從虎也。此二句明有識之物感無識，故以次言之，漸就有識而言也。……聖人作則飛龍在天也，萬物睹則利見大人也。陳上數事之名，本明於此，是有

---

48 〔明〕王廷相：《王廷相集》（北京：中華書局），頁870。
49 《周易注疏》，頁338。

識感有識也。此亦同類相感，聖人有生養之德，萬物有生養之情，故相感應也。[50]

孔疏解乾卦九五「同聲相應，同氣相求」一語，將氣類相應，分為有識與無識兩大類。如彈宮而宮應，彈角而角動，是聲氣相感。天欲雨而柱礎潤，亦是聲氣相感。以宮聲角聲同類故能相應，天雨與礎，因同為水氣故能相應。水流濕，因水有往濕處流之特質，火有先從燥處燒起的特質。水與濕，火與燥，皆是有形之物彼此相應，所以是「形象相感」。不論是聲氣或形象相感，皆屬物質的，無神靈知覺的相感應。可知陰陽相循生物有其發展階段，先是無再為有，有又先為無識無知的，再為有識有知。氣之精神本不知其所以然，融至有境，能知其所以然之易理的能力，自然日漸積聚而出。亦即無在有中後，無之作用也在有中，日漸彰著。以上聲氣與形象相應，屬「無識而相感」。孔疏先由自然之物說起，再提高至有識的層次說。「雲從龍」雲是水氣自然的流動，龍是能發動水氣變化之獸，所以龍吟可發動雲氣的流動。「風從虎」虎是威猛之獸，虎嘯能震動空氣而生風。雲與風是二氣無識無知的流動。而無識之流動，是由有識有知龍與虎所發動。可知同為二氣相感，而有識者能引發無識者的感應。無識與有識所以能感應互動，原因在二者皆同以陰陽二氣為同體。有識能感無識，因陰陽交感所生成之物，有知覺偏多者，亦有知覺能力偏少者，知覺或偏多或偏少，正顯示生生有無限多不同的情狀。就在此處，試圖引出二氣相生有其無限可能，不宜因在有境，遂判定有境皆為有限之存在，「雲從龍，風從虎」乃進一步說「有識之物感無識」。「聖人作則飛龍在天」聖人法易理設卦，目的在斷天地理人倫，所有潛龍、

---

50 《周易注疏》，頁77。

見龍、乾龍、淵龍以至飛龍的陽氣在不同人事時位的運動，皆有當下可為、不為、應為恰當的表現。然後可以度時制宜，正人倫、贍民用，以各安其性，聖人以神明之生德，以生養同為有識的百姓。此乃「有識感有識」此是聖人與萬物的感應，已由物質的感應，提升到以「生生之易」為核心層次的感應。亦可說無之神用，與各各不同萬物的無或神用，在不同的有境中，因同體而共感。

> 莊氏云：天地絪緼，和合二氣，共生萬物。然萬物之體，有感於天氣偏多者，有感於地氣偏多者，故《周禮・大宗伯》有天產、地產。《大司徒》云動物、植物，本受氣於天者，是動物含靈之屬。天體運動，含靈之物亦運動，是親附於上也。本受氣於地者，是植物無識之屬。地體凝滯，植物亦不移動，是親附於下也。則各從其類者，言天地之間，共相感應，各從其氣類。此類因聖人感萬物以同類，故以同類言之。其造化之性，陶甄之器，非唯同類相感，亦有異類相感者。若磁石引針，……皆冥理自然，不知其所以然也。感者動也，應者報也。皆先者為感，後者為應，非唯近事則相感，亦有遠事遙相感者。若周時獲麟，乃為漢高之應。[51]

孔疏上段由無識相感，有識感無識，再提高到有識感有識，完整建構氣類相感應的層次架構。此段疏解，另從天氣與地的立場，分說氣類感應的分別，進而由同類相感發展到異類，遠近亦有感應。萬物有感於天氣偏多者，是動物含靈之屬，以陽氣偏多，能知能識的能力較明顯。萬物有感於地氣偏多者，是植物無識之屬，以陰氣偏多，地體亦

---

51 《周易注疏》，頁78。

凝滯，陰氣主在成物載物之功能，故能知能識的能力較弱。陽氣施生
陰氣成物，所以萬物亦有倚陽倚陰的不同，而各隨其氣類相應，如聖
人與萬物相感應。而相感應，除有識或無識間相感，亦有磁石引針的
異類相感。及周時獲麟為漢高之應的遠近相感。在有境雖有同異遠近
不同的感應，實則各類皆為陰陽二氣在備包有無的同體中，依不同時
位而有不同感應的面向。孔疏「鶴鳴於陰，其子和之」一語，云：
「若擬議於善，則善來應之；若擬於惡，則惡亦隨之。故引鳴鶴在
陰，取同類相應以證之。……鳴鶴在幽陰之處，雖在幽陰而鳴，其子
則在遠而和之，以其同類相感召故也。[52]」善與善，惡與惡可以相
應，原因在於氣同則和。亦即陰陽比例多寡相近者，易引起同步共
鳴。如陽在初九、九三、上九的陽位是為正。陰在六二、六四、上六
的陰位是為正。陽當陽位，為得位，陰當陰位為得位，得位故能氣同
則和。如鶴鳴於幽陰處，其子能遠而和之，在於同類能相應和，此亦
氣類雖有遠近之別，仍能相應和。

三 易理備包有無，本在於有

> 夫易者，變化之總名，改換之殊稱。自天地開闢，陰陽運行，
> 寒暑迭來，日月更出，孚萌庶類，亭毒群品，新新不停，生生
> 相續，莫非資變化之力，換代之功。然變化運行，在陰陽二
> 氣，故聖人初畫八卦，設剛柔兩畫，象二氣也。[53]

易名為易，總括所有的變化，及任一時位的改換。其中陰陽二氣是所
有變化運行的然及所以然。自天地開闢以來，所有的寒暑更迭，孚萌

---

52 《周易注疏》，頁613。
53 《周易注疏》，頁26。

庶類，亭毒群品，新新不停，生生相續的然，皆以陰陽二氣的變化運行為萬物化生的所以然。而群品新續的然，從過去至現在至未來，皆以陰陽相生為其所以然。此可以見然之無限廣遠，做為然自身的所以然，自亦廣遠沒有界限。同時然與所以然非形物，與形物之上的相對立而相依存者，然與所以然，同為陰陽二氣之理與用，二者非不同層次的。聖人畫八卦，設剛柔兩畫，以之擬象二氣，剛柔兩畫所呈現的是然，運動剛柔二畫的所以然，則是陰陽二氣。

> 蓋易之三義，唯在於有，然有從无出，理則包无，故《乾鑿度》云：夫有形者生於无形，則乾坤安從而生。故有太易，有太初，有太始，有太素。太易者未見氣也，太初者氣之始也，太始者形之始也，太素者質之始也。氣形質具，而未相離，謂之渾沌。渾沌者，言萬物相渾沌而未相離也，視之不見，聽之不聞，循之不得，故曰易也。是知易理，備包有无，而易象唯在於有。蓋以聖人作易，本以垂教，教之所備，本備於有。[54]

易有不易、簡易、變易三義。孔疏由「有從無出，理則包無」來釋易。邏輯上有最先之本體根源，再凝化有形的繁紛萬物。而為生物之始的乾，及成物之終的坤，便是由無而能有的根據。而展現陰陽變化的卦爻，又是由乾坤而來。可知乾坤介於無與有之間，能通貫於有無兩間。而由無而有的過程，先有未見氣的太易，此時最為根源的太易，是由未見氣，雖曰未見氣，亦明確表示主體是氣，指氣是萬物之本。再化為氣之始的太初，此時氣由無形的根源處，開始有流行生生的作用。再次化為形之始的太始，氣已凝結為有形之物。最終氣由形

---

54 《周易注疏》，頁29。

體尚可改變的狀態，凝固為更具體可指涉陰陽二氣體質固定，不再改變的狀態。此乃氣由根源處，因陽氣多陰氣少而發為氣之始。再由陰氣漸盛陽氣日少，而化為形凝為質的過程。而且氣形質具統一在備包有無的氣中。鄭康成注太易、太初、太始、太素一段有云：「太易之始，漠然無氣可見者。太初者，氣寒溫始生也。太始有兆始萌也。太素者，質始形也。諸所為物，皆成包裹，元未分別[55]」此說是將由無而有的四階段，皆包裹在氣之整體中。在「萬物相渾沌，未相離」概念的主導下，所謂視之不見，聽之不聞的氣，並非超越在形下之上的本體。而是在氣包有無概念裏，屬於無形的根源義的氣。聖人作易以垂教，所以易理所演示的陰陽氣化，重點在於有境，而無是為有境而立的根據。順著「易理備包有無，而易象唯在於有」的主旨。孔疏續云：

> 故《繫辭》云：形而上者謂之道，道即无也。形而下者謂之
> 器，器即有也。故以无言之，存乎道體；以有言之，存乎器
> 用；以變化言之，存乎其神；以生成言之，存乎其易；以真言
> 之，存乎其性；以邪言之，存乎其情；以氣言之，存乎陰陽；
> 以質言之，存乎爻象；以教言之，存乎精義；以人言之，存乎
> 景行，此等是也。且易者象也，物无不可象也。[56]

前段言易，言乾坤主由備包有無的氣說，而此可說是孔疏「教本備於有」的主張所建構完整的宇宙人生及教化架構。此時氣放在卦爻與教化的架構，便是有境的氣。而無境的氣則是此架構的根源與根據。孔疏對宇宙架構的建立是以形上之道為無，形下之器為有。所以道為器的根源，無亦為有之根源。由無說，道體即是氣。由有說，器用便屬

55　《四庫全書薈要》卷五百八，《易緯乾鑿度》卷下，頁2。
56　《周易注疏》，頁30。

有。而無的變化生生是不測的神，有生物成物的功能，是變化總名的易。無在萬物真實的存在是其性，有的圍限便是萬物的情。無形之氣的流行是因陰陽交錯，具體之質的條件則存在爻象的升降中。教化是無境的精義，無形的景行，在屬有的人身。因「易者象，物無不可象」所以屬無的道、神、性、氣、教化皆可擬象為屬有的器、易、情、質、人等。無能生有，有可象無。此即「易理備包有無，而易象唯在於有」的完整進程與結構。

> 言此其一不用者，是易之太極之虛無也。無形，即無數也。凡有皆從無而來，故易從太一為始也。言夫無不可以無明，必因於有者，言虛無之體，處處皆虛，何可以無說之，明其虛無也。若欲明虛無之理，必因於有物之境，可以無本虛無。猶若春生秋殺之事，於虛無之時，不見生殺之象，是不可以無明也。就有境之中，見其生殺，卻推於無，始知無中有生殺之理，是明無必因於有也。……若易由太，有由於無，變化由於神，皆是所由之宗也。言有且何因如此，皆由於虛無自然而來也。[57]

孔疏以無為體有為用為其思想主軸，所以對「大衍之數五十，其用四十有九」一句，解釋不用的一，即是無形體的虛無的易之太極。而有用的四十有九由此一易而來，所謂「凡有皆從無而來」無是虛無，不可言說與理解。而且此無是做有之根源的，是處處都在的無，所以不由形上的超越的意義說無。亦即「夫無不可以無明，必因於有」之意，因有由無來，所以欲說明無，可由有反推回無以明無。蓋無與有

---

57 《周易注疏》，頁621。

為同氣之兩層，兩者皆以氣為體，故可反推。若無與有體質不同，則不能反推。易者無物不可象，所以易之無，可擬為有的易象。於是在無境時，不見春生秋殺之事。在易象的有處，則可見春生秋殺之事。事在有中顯現，事之理則在無中即已有之。所以由太虛而為易，由無而為有，由神而有變化等種種面向，皆由虛無而來。孔疏有云：「賢人事業。行天地之道，總天地之功，唯聖人能。然今云賢人者，聖人則隱跡藏用，事在無境。今云可久可大，則是離無入有，賢人則事在有境。故可久可大。……聖人顯仁藏用，唯見生養之功，不見其何以生養，猶若日月見其照臨之力，不知何以照臨，是聖人用無為以及天下。[58]」此段說賢人之業可大，賢人之德可久。在有境，可大可久已屬極至，唯畢竟仍囿限於有境不能達於無境。而行天地之道，總天地之功，於有境中能達至無境，唯聖人為能。聖人隱跡藏用，已在無境，此云可大可久，指聖人已離德業可大可久的有境，進入以無為用的無境。然因無不能以無明其無，須因於有而明之。所以聖人的無境，仍需藉著顯諸仁藏諸用的生養之功，在有境顯其無境。而在有境中的可大可久之德業，便在聖人的無為下，成為無境的可大可久。

四　神：有之用極，無之功顯

神則寂然虛無，陰陽深遠，不可求難，是無一方可明也。易則隨物改變，應變而往，無一體可定也。……神者，微妙玄通，不可測量，故能知鬼神之情狀，與天地相似。知周萬物，樂天知命，安土敦仁，範圍天地，曲成萬物，通乎晝夜，此皆神之功用也。……云方體者，皆係於形器者，方是處所之名，體是

形質之稱。凡處所形質，非是虛無，皆係著於器物。……云神則陰陽不測者，既幽微不可測度，不可測，則何有處所，是神無方也。云易則唯變所適者，既是變易，唯變之適，不有定往，何可有體，是易無體也。云不可以一方一體明者，解無方無體也。凡無方無體，各有二義。一者神則不見其處所云為，是無方也；二則周游運動，不常在一處，亦是無方也。無體者，一是自然而變，而不知變之所由，是無形體也；二則隨變而往，無定在一體，亦是無體也。[59]

孔疏前有言「以變化言之存乎其神，以生存言之存乎其易」將神歸為屬於無的道一邊，將易歸為屬於有的易一邊。所以神如道一樣寂然虛無，做為根源作用的陰陽，自亦深遠難求。虛無深遠皆由無說的，自然非為有處所能知覺理解。相對於虛無的神，易處在有這一邊。而存乎易的生成，仍是神妙變化為其體性，所以易雖在有境，仍能隨物改變，應變而往。可知神無方，是在無境說神無方可明。易無體，是在有境說，易無一體可明。生生難測是無境的神，應變移易是有境的易。神、易皆陰陽交錯不已，而一在無境，一在有境，仍是「易理備包有無」的主張。而神之陰陽深遠難測非單純就形上層來說，而是在有境之天地，能知周萬物、樂土、敦仁、曲成萬物，通乎晝夜等處，展現其妙化萬物的神用。此亦無不能以無明，無須因於有而顯無。「凡處所形質，非是虛無，皆係著於器物」有境之處所，形質即有限，非虛無者。「神則陰陽不測」神是幽微難測，沒有處所的。「易則唯變所適」易是唯變之適，不有定往的。神與易既皆無方無體，又皆能應變而往，曲成萬物，自由流行在形質處所中，而不受處所形質處

---

59 《周易注疏》，頁600。

所囿限，能出入有境中。關鍵在有與無皆一氣的兩個層次，所以上下可以相通相感應。而能相通相應的過程，未見氣、氣之始、形之始、質之始，最後氣形質具，而萬物渾沌不相離。此由神、易與器物可通貫說，亦可由無在有中以顯無一路來說。如「神則不見其處所云為」、「周游運動，不常在一處」可知神不可見，卻到處顯其生生之功，此乃「神無方」。又如「自然而變，而不知變之所由」、「隨變而往，無定一體」易亦變易難知，卻無一事無一體非易所變易，故云「易無體」可說任一方任一體的有境器物，皆因無境的神、易而有。

> 猶若風雨是有之所用，當用之時，以無為心。風雨既極之後，萬物賴此風雨而得生育，是生育之功，由風雨無心而成。是有之用極，而無之功顯，是神之發作動用，以生萬物，其功成就，乃在於無形。應機變化，雖有功用，本其用之所以，亦在於無也。故至乎神無方，而《易》無體，自然無為之道，可顯見矣。當其有用之時，道未見也。[60]

上段是由無方無體說神與易的無的特色，此段重在說神與易在有境的作用與能力。如以有境的風雨為例，風雨是有之所用，風雨無心而為，無所不施，所以萬物得以生育。沒有因風雨分別施用，導致萬物生育不齊有差別的狀況，風雨能無心施用，在於神之生化亦遍在無別也。所以說「有之用極，而無之功顯」易能隨機應化，其功用亦因易本身無形體限制。可以任何一體為其體，所以有唯變所適的功用。「當其有用之時，道未見也。」道雖無方體可見，但在易理備包有無的範疇內，虛無之道即為物內在之自體。所以道之施用可見，而道因

60　《周易注疏》，頁602。

虛無而不可見。可知在氣備有無的範疇裏，無為有之體，無之用在有中顯。

> 以此易道決斷天下之疑，用其蓍龜占卜，定天下疑危也。「是故蓍之德圓而神，卦之德方以知」者，神以知來，是來無方也；知以藏往，是往有常也。物既有常，猶方之有止；數無恆體，猶圓之不窮。故蓍之變通則無窮，神之象也；卦列爻分有定體，知之象也。知可以識前言往行，神可以逆知將來之事，故蓍以圓象神，卦以方象知也。[61]

孔疏「蓍之德圓而神，卦之德方以知」此句，易道示天下之疑，用蓍龜占卜的方式。陰陽交錯以妙化萬物的作用，推至極盡以生成萬物的作用為神。圓是運而不窮，如團圓之物，運轉無窮。因此用圓轉不息的圓形容神。知神既生化無極，其生化又非直線性的，是始終圓轉不已的。方是處所，是止而有分的物。合說，任一方皆有其限定，而任一方又與其他任一方又彼此圓成一既方且圓的整體。亦即「數無恆體，猶圓之不窮」神運轉不已，是前進的，可以推知未來。卦爻分列，可以知蓍象所聚積的往事。故謂「神以知來，知以藏往」。卦爻既可依圓轉不已的神妙推知未來，亦可積聚已有定分的過去。所以知來藏往的前後貫通，亦在易理備包有無的範圍內，而來往即在有境中。「聖人所以深明神明之道，便能生用蓍之意，以神道與用蓍相協之故也。神之為道，陰陽不測，妙而無方，生成變化，不知所以然而然者也。蓍則受人命令，告人吉凶，應人如響，亦不知所以然而然，與神道為一。[62]」神是陰陽不測，生化無方，是不知其所以然而然

---

61 《周易注疏》，頁633。

62 《周易注疏》，頁734。

的。而蓍則為人用來顯示藏往以知來作用，神是不測的道妙，蓍則是
藉卦蓍占卜來推測道妙，示人以吉凶的。神與蓍看似皆不知其所以
然，實則神是不知其所以然的自身，蓍則為顯示不知其所以然的工
具。就統體言，只有一不知其所以然即神即道，蓍只演示神妙之工
具。然易就蓍卦說不知其所以然，乃因無不能以無明，明無必因於有
之故。

五 有從無而生，形由道而立

> 乾道變化，……道體無形，自然使物開通，謂之為道。……變
> 謂後來改前，以漸移改，謂之變也。化謂一有一無，忽然而
> 改，謂之為化。言乾之為道，使物漸變者，使物卒化者，各能
> 正定物之性命。[63]

「道體無形，自然使物開通」，由無形說道，道可以是形上的、超越
的，也可說陰陽交錯，自然開通的由氣說的道。前段討論氣與易，孔
疏皆持氣與易備包有無，而本於有的立場。所以此處「道體無形」的
道，是根據有說的無形，是在備包有無的立場說無形，非由形上超越
說無形。乾道的變化，亦是在有境中說前後，有無相對的視角說「變
化」。如「後來改前，以漸改移」為變，知變為同一事物因內在、外
在的剛柔二氣的比例的升降有改變，所以順剛柔二氣的升降而逐步改
變。亦即在一卦中的爻位有升降，是為變。「一有一無，忽然而改」
指本有之物，突然改成另一物，或本當為陽位，忽然改為陰爻謂之
化。不論是漸變者，或是卒化者，皆為道自然使物開通的方式。以見
道在有境中，不受快慢等物之限制。

---

63 《周易注疏》，頁61。

> 道是無體之名，形是有質之稱。凡有從無而生，形由道而立，
> 是先道而後形，是道在形之上，形在道之下。故自形外已上者
> 謂之道也，自形內而下者謂之器也。形雖處道器兩畔之際，形
> 在器，不在道也。[64]

孔疏主張世界的有從無而生，所以無體之名的道與有質之形，雖有無
與有的分別。而有從無生的「從」，已設定彼此是同體的根源與發
展，發展亦以根源為其自身。故云「形」由道而立是先道而後形，先
後是生成邏輯上的先後。而「道在形之上，形在道之下」此上下由形
體的有無分上下。道的無名體性，不在超越層說，是在相對的有境的
先後、上下處說。其中可注意者，乃「形雖處道器兩畔之際，形在
器，不在道」一語，形外以上為道，形內而下者為器，道器之分的判
準在於形。從由無而有的思路看，由道而形而器，形居於道無而器有
的轉換關鍵。亦即能自然開通的道，以其陰陽交錯之氣，由未見氣的
階段發展到氣之始階段，此二段仍屬於無境。及發展到形之始，質之
始的地步方為有境。所以可說形雖在道器之際，但形與器同為有者。
可知「形在器不在道」固然將道與器分為二，其中亦富蘊無在有中，
道為形器之自體的意義。

> 言陰之與陽，雖有兩氣，恆用虛無之一，以擬待之。言在陽之
> 時，亦以為虛無，無此陽也。在陰之時，亦以為虛無，無此陰
> 也。……謂道雖在於陰，而無於陰，言道所生皆無陰也。雖無
> 於陰，陰終由道而生，故言陰以之生也。在陽為無陽，陽以之
> 成者，謂道雖在陽，陽中必無道也。雖無於陽，陽必由道而

---

64 《周易注疏》，頁643。

成，故言陽以成之也。道雖無於陰陽，然亦不離於陰陽，陰陽
雖由道成，即陰陽亦非道，故曰一陰一陽也。[65]

在概念上，可分為陰陽兩氣。但由整體來看，陰陽二氣分說，是便於
說明虛無之體所以能開通萬物，是藉自身內在陰陽交錯不已的作用而
來的。道之虛無，因有陰陽相生不已而有其之用。所以在陽之時，道
有陽的同時仍有陰。「無此陽」指具陰陽二作用的虛無，不是只有
陽。「無此陰」亦是說同具陰陽的虛無之體，不會只有陽而無陰。蓋
孤陽不生，孤陰不成。陰陽同具於虛無互相作用，才能生成任何可能
的萬物。虛無不是沒有，虛無因沒有條件、觀念限制，而無所不有，
自身之陰陽亦無所不生成。虛的陰陽能生萬有，所以虛無不只是陰或
陽，但生生作用之陽，與成就作用的陰，仍由虛無之陰陽而有。所以
「雖無於陰，陰終由道而生」、「雖無於陽，陽必由道而成。可知陰陽
皆由虛無之道而成。道含陰與陽，而屬於有的單是陰或單是陽，則不
足以為以虛無而備包有無的道。又如「一謂無也，無陰無陽，乃謂之
道。一得為無者，無是虛無，虛無是大虛，不可分別，唯一而已，故
以一為無也。若其有境，則彼此相形，有二有不得為一。故在陰之
時，而不見為陰之功；在陽之時，而不見為陽之力，自然而有陰陽，
自然無所營為，此則道之謂也。[66]」此段釋「一陰一陽之謂道」一
語，不以「一」為有數目分別的一，而將「一」釋為無陰無陽的道。
以「一」為無，因虛無無可分別，所以為「一」，此一有相對界的最
後根源為無分別之義。做為最後根源義的一，放在有相對義的陰時，
仍維持其含具有無之虛無之體，故不見其有相對義的陰之功用。在陽
之時，亦顯現虛無同具陰陽交錯之作用，不會只有施生之陽的作用。

65　《周易注疏》，頁602。
66　《周易注疏》，頁601。

此乃以一為虛無，而虛無包有與無為一體為道。又有云「言仁知雖賢猶有偏，見仁者觀道謂道為仁，知者觀道謂道為知，不能遍曉，是滯於所見也。……若能寂然無心無欲，觀其道之妙趣，謂不為所為，得道之妙理也。[67]」道是虛無，含藏仁知。而性仁者觀道，即滯於道中之仁，忽略道中之知。性知者觀道，即滯於道中之知，忽略道中之仁。此亦強調道以虛無，所以可以含具有無、仁知等相對者。

六　乾是陽剛，坤是陰柔

> 易之變化，從乾坤而起，猶人之興動，從門而出，故乾坤是易之門邪。乾，陽物也。坤，陰物也。陰陽合德而剛柔有體者，若陰陽不合，則剛柔之體無從而生。以陰陽相合，乃生萬物，或剛或柔，各有其體。陽多為剛，陰多為柔也。……天地之內，萬物之象，非剛則柔，或以剛柔體象天地之數也。[68]
> 乾之為體，是天之用。凡天地運化，自然而爾，因無而生有也，無為而自為。天本無心，豈造「元亨利貞」之德也？天本無名，豈造「元亨利貞」之名也？[69]

乾是天之陽氣，行健不息，凡天地運化，皆陽氣自然而爾。陽氣亦能始生萬物，使各物亨通，各得其利且貞正堅固。由元亨而利貞，是由無而有，無所營為自然而然者。坤是陰物，以地為體，亦能始生萬物，各得亨通。乾坤相合，乃生萬物。陰陽交錯無盡，易之變化亦無窮。易者象也，易以乾坤擬象陰陽。故曰「易之變化，從乾坤而起」。

67　《周易注疏》，頁604。
68　《周易注疏》，頁696。
69　《周易注疏》，頁68。

> 坤是陰柔，閉藏翕斂，故其靜也翕；動則開生萬物，故其動也
> 闢。以其如此，故能廣生於物焉。天體高遠，故乾云大生；地
> 體廣博，故坤云廣生。對則乾為物始，坤為物生，散則始亦為
> 生，故總云生也。[70]

坤是陰柔，靜則翕斂，動則開生。坤能動能靜，故能廣生萬物。此單
就坤言其能廣生。若乾與坤相對相成而言，則乾為萬物之始，坤為萬
物之生。乾云大生象天體高遠。坤云廣生，象地體廣博。而乾坤合
體，萬物乃生。王船山有云：「乾坤者，在天地為自然之德，而天之
氣在人，氣暢而知通，氣餒而知亦無覺。[71]」此句亦由乾坤為天地之
德，透過天地之氣，能始終知覺萬物以為生。「陰陽合德而剛柔有
體」言陰陽交錯，陽多者為剛，陰多者為柔。或剛或柔，各以陰多或
陽多為其體性。陽多之剛為乾，陰多之柔為坤。可知易之變化，由陽
之乾與陰之坤相相合而起，而萬物或偏陽之剛，或偏陰之柔的體性亦
因之而有，萬物皆得以剛柔擬象其天地之數。所謂乾者，指有元亨利
貞之德的陽氣，坤者，指有元亨利牝馬之貞的陰氣。乾坤在卦爻之象
中，陽氣多者為剛，陰氣多者為柔。而萬物之象，非剛即柔，故云
「乾坤易之門戶」

> 以其至柔，當待唱而後和。凡有所為，若在物之先即迷惑，若
> 在物之後即得主利，以陰不可先唱，猶臣不可先君，……西南
> 坤位，是陰也，今以陰詣陰乃得朋，俱是陰類，不獲吉也。……
> 西南既為陰，東北反西南，即為陽也。以柔順之道，往詣於
> 陽，是喪失陰朋，故得安靜貞正之吉，以陰而兼有陽。……

70　《周易注疏》，頁609。
71　〔明〕王夫之：《船山全書·周易內傳》（湖南：嶽麓書社，1992年6月），頁510。

《說卦》云：「坤也者，地也，萬物皆致養焉。」「坤」既養物，若向西南，「與坤同道」也。「陰之為物，必離其黨，之於反類，而後獲安貞吉」者，若二女同居，其志不同，必之於陽，是之於反類，乃得吉也。凡言朋者，非唯人為其黨，性行相同，亦為其黨。假令人是陰柔而之剛正，亦是離其黨。[72]

孔疏釋坤卦「西南得朋，東北喪朋」一句，以陰詣陰為得朋，不獲吉，陰往詣陽為喪朋，反獲吉，以喻陰陽相生之重要。在乾本氣初，而坤據以成形的基礎下，陽氣先唱，而陰氣待陽氣先唱而後附和，即得主利。若違反陽先陰後的原則即為迷惑，如臣不可先於君，此在人倫上言之。陽先陰後的次序，亦可用於方位上，以見此原則有普遍性。面南為坤位是陰，若以陰詣陰位，同為陰類故為得朋。此則違反陰陽交錯的規定，故不獲吉。若西南為陰，則相反方位的東北即為陽。以陰而往詣陽，是陰離開陰類，可謂喪同屬陰類之朋。而陰詣陽，則合於陰陽相互兼有的原則，所以雖喪朋卻可得安靜貞正之吉。坤能養物，若無乾之生物，物亦不成其為養。必須乾先坤次，陽先唱陰後和，萬物始得生成。「必離其黨，之於反類」意指陽為生物之始，陰必隨後和之以成物。故陽必詣陰，生後成必隨之，不應有陽詣陽為得朋之情形。而坤為陰柔有隨順之意，能成物之陰必隨順能生物之陽，以完成其隨順之性。亦即陰若離其同黨之陰，反詣於陽類，合於「當待唱而後和」的原則，自然獲吉。如女之於男乃得吉，人由陰柔而之剛正，亦其離其黨而獲吉。

天陽為動，地陰為靜，各有常度，則剛柔斷定矣。動而有常則成剛，靜而有常則成柔，所以剛柔可斷定矣。……此雖天地動

靜，亦並兼萬物也。萬物稟於陽氣多而為動也，稟於陰氣多而為靜也。[73]

孔疏釋「動靜有常，剛柔斷矣」一句，以天之陽氣為動，地之陰氣為靜，天陽動而有常度，地陰靜而有常度，常度意指動靜各有其為動靜的規則與作用。動之規則與作用為陽氣之生生，靜的規則與作用為陰的完成。在易理備包有無的原則下，陽動與陰靜同為易理所以移易不已的原因。由分解說「剛柔可斷定」指陽動之剛與陰靜之柔二者，在陰陽所佔比例上互有偏重。陽多者為剛，陰多者為柔。剛柔之體性固定後，剛柔在卦爻上演示擬象的天地動靜，萬物變化之情，無不包含在剛柔二體的升降變化之中。

> 以變化形見，即陽極變為陰，陰極變為陽，陽剛而陰柔，故剛柔共相切摩，更遞變化也。……剛則陽爻也，柔則陰爻也。剛柔兩體，是陰陽二爻，相雜而成八卦，遞相推蕩。若十一月一陽生而推去一陰，五月一陰生而推去一陽。[74]

有變化形見的原因，在於陽極而變陰，陰極變為陽。陰與陽相求是生成的基礎，極而趨反，是能完成生成的必然。依此必然，萬物繁茂乃天地之必然發展。亦即剛柔共相摩切，更遞變化，而天地萬物變化之可見。剛柔二氣在卦爻上的演示，以剛為陽爻，柔為陰爻。陰陽交錯更迭，剛柔二體，也相雜成八卦，遞相推盪不已。物以之而分，吉凶以之而生。放在十二月消息卦上看，十一月為復卦，初爻為陽推去十月坤卦之初爻為陽。五月姤卦初爻為陰，在推去四月轉初爻為陰。

---

73 《周易注疏》，頁584。
74 《周易注疏》，頁585。

七　六爻之位，依時而成

> 以乾之為德，大明曉乎萬物終始之道，始則潛伏，終則飛躍，
> 可潛則潛，可飛則飛，是明達乎始終之道。故六爻之位，依時
> 而成。[75]

> 初九潛藏不見，九二既見而在田，是時之通舍之義也。「以爻
> 為人，以位為時」者，爻居其位，猶若人遇其時。[76]

乾為具元亨利貞以生物的陽氣，元亨利貞的層遞而進，已有時間前後
的秩序。乾之德明曉萬物終始之道，亦即萬物依元亨利貞之時序，由
始而往終以成其萬物。如乾卦六爻皆如能升降的龍之陽氣，陽氣在初
爻潛伏時，為潛龍勿用。陽氣上升至二爻時為見龍在田，陽氣上升至
三爻時則乾乾惕若。陽氣上升至四爻時，為或躍在淵，陽氣上升至五
爻時為飛龍在天，陽氣升至上爻時為亢龍有悔。從陽氣之上升，知其
有先後的時序，與由初而上的不同爻位，在交互作用。於是可潛則
潛，可飛則飛。飛潛終始皆由六爻之位，依時而成。而由初九潛藏，
進至九二在田，乃陽氣隨時與爻位相配合而施用。如「以爻為人，以
位為時」以爻位之升降與時序之隨時，喻人之行止作默。

> 君子終日乾乾，自彊不息，故反之與覆，皆合其道。反謂進反
> 在上也，處下卦之上，能不驕逸，是反能合道也。覆謂從上倒
> 覆而下，居上卦之下，能不憂懼，是覆能合道也。[77]

---

75 《周易注疏》，頁60。
76 《周易注疏》，頁81。
77 《周易注疏》，頁66。

龍指天之自然的陽氣，在乾卦初九時，潛藏於地下為勿用，及陽氣上
升至九二爻位，陽氣已如龍見於田，以見陽氣可以普遍施生。而欲至
於九五，陽氣仍須不斷上升到九三、九四等時位。所以由乾之初九進
至上九，需乾之又乾，反覆進行不息。如此反覆乾之又乾，方能普施
陽氣於天地萬物間，成就乾道。「反謂進反在上」如陽氣處乾卦之九
三，位為下卦之上，若陽氣繼續前進至九四，反而在九四上卦之下。
所以乾之陽氣由九三升九四，反使下卦之上的九三，成為上卦之下的
九四。此種在卦象上的反，便為乾之陽氣所為，故曰「反能合道」。
「覆謂從上倒覆而下」陽氣稟其乾乾之行，可由九三升至九四。亦有
由居上卦之下的九四，從上卦而走向下卦九三的可能。而君子能不憂
懼，是「覆能合道」。

> 解剝之義，是陰長解剝於陽也。……所以在剝之時，順而止
> 之。觀其顏色形象者，須量時制變，隨物而動。君子通達物
> 理，貴尚消息盈虛，道消之時，行消道也，道息之時，行息道
> 也；在盈之時，行盈道也；在虛之時，行虛道也。[78]

剝卦☷☶上卦為艮為陽，下卦為坤為陰。剝指坤陰長而變艮剛，艮剛因
而剝落。此「陰長解剝於陽」指出有陰長而陽消，或陽長而陰消等氣
化普遍施用的各種可能。若聚焦在剝之時，對陰長陽消之事，宜量時
制變，順而止之。如天下無道，君子不顯其剛直，而以柔順止約其
上。陽氣的乾乾不息，是普遍性的原則，而在某一時位，如道消之時
行消道，道息之時行息道，如此消息、虛盈，當行則行，當止則止，
亦為天行也。「復亨者，陽氣反覆而得亨通，……出則剛長，入則陽

反，理會其時，故無疾病也。……朋謂陽也。反覆眾陽，朋聚而來，則無咎也。[79]」前段剝卦說「陰長解剝於陽」此段復卦則言「陽氣反覆，而得亨通」復卦以十二消息卦，九月如上九陽爻餘爻皆陰的剝，其上九之陽氣剝盡後，經十月六爻皆陰的坤卦後，陽氣復由十一月初九為陽，餘爻皆陰的復卦中出現。可知陽氣出則剛長，由剝卦之上九進為復卦之初九。入則陽反，陽氣入則潛藏於六爻皆陰的坤卦中而不顯。理會陽氣反覆，由剝而坤而復，眾陽氣皆依時而動，自然無咎。

> 陰去故「小往」，陽長故「大來」，由天地氣交而生養萬物，物得大通，故云泰。[80]

泰卦䷊上卦為坤，下卦為乾。坤為小，坤之陰氣往下降，故為小往。乾為大，乾之陽氣長大向上，故為大來。陰氣去陽氣來，乃天地陰陽之氣交通，得以生養萬物，萬物亦因陰氣往陽氣來而得以大通，故名為「泰」。否卦䷋為乾上卦坤為下卦，正與泰卦相反。「陽氣往而陰氣來，故云大往小來。陽主生息，故稱大；陰主消耗，故稱小。……《泰卦》云上下交而其志同，此應云上下不交則其志不同也。[81]」因陽氣主宰生息，所以稱大。陰氣主在消耗，所以稱小。所以上卦為乾為陽氣生息為往，下卦為坤為陰氣消耗為來。然如此陽往陰來，上下不交，便無法暢通生成萬物。所以泰卦陰往陽來，上下相交，其志同而生物。否卦陽往陰來，上下不交，其志不同，不利於君子也。又如損、益二卦亦言時位之變化。

79　《周易注疏》，頁268。
80　《周易注疏》，頁179。
81　《周易注疏》，頁185。

損剛益柔有時。……☷明損下益上之道，亦不可為常。損之
所以能損下益上者，以下不敢剛亢，貴於奉上，則是損於剛亢
而益柔順也。損剛者，謂損兌之陽爻也。益柔者，謂益艮之陰
爻也。人之為德，須備剛柔，就剛柔之中，剛為德長。既為德
長，不可恆減，故損之有時。[82]

損卦上卦為艮為剛，下卦為兌為柔。損卦所以能損下益上，在陽唱陰
和，陽生陰成，陽上陰下的原則下，損下卦兌之柔以尊奉上卦之艮
剛。「損剛」損下卦兌之陽爻，「益柔」謂益上卦艮之陰爻。亦即損下
卦之陽爻，以益上卦之陰爻。使上下卦皆能剛柔兼備，如人之為德亦
須剛柔兼備以成德。唯陽氣為長為剛，為萬物之始氣，所以損剛要量
時而益柔，不可以損剛為常規。益卦上卦為巽為柔，下卦為震為剛。
「象曰益損上益下」指上卦之巽柔，可自上卦自損以輔助下卦之震
剛，蓋陽先唱陰後和，陰以佐陽為主。下卦為震剛，接受上卦自損之
陰來益己之陽，是合於陽生陰成，陰為陽佐之原則。故可以損上卦之
柔，益下卦之剛也。如上之天施氣於下之地，下之地受上天之氣以化
生。此亦是損上益下的模式。

八　幾者離無入有，漸是物之徐動

聖人用易道以研幾，故聖人知事之幾微，是前《經》次節參伍
以變，錯綜其數，通其變，遂成天地之文是也。幾者離無入
有，是有初之微。以能知有初之微。則能興行其事，故能成天
下之事務也。[83]

---

82 《周易注疏》，頁389。
83 《周易注疏》，頁630。

易道弘大廣遠，參伍錯綜，如能曉通易道之變化，便能成就天下之事務，所以聖人要窮深極遠以研幾其中的幾微。易理備包有無、道體、變化、真性、氣、教等為無境，器用、生成、邪情、質、人等為有境。有境無境參伍錯綜，遂成天地之文。「易之三義，唯在於有。然有從無出，理則包無」意指有境由無境而來，而無境之理即為有境之內在之自體。如何研幾，以知有境與無境如何關聯？便須知幾。而「幾者離無入有，是有初之微」指出由無入有的轉換階段是幾，此幾乃指物初始尚微之時。若在形上為理，形下為氣，理氣二分的思路下。形上理以超越之性，直貫於形下器物，並為形下器之形上體性。此時由無入有轉換過程的幾，應是形下器物領受形上生生之理的指導，而引發形下氣化的生化。作為有初之微的幾，體質上仍是氣。是由形下氣的無形狀態，凝化為有形之氣的始微狀態。而形上生生之理，亦由無形的狀態，進入物始微狀態的幾中。及物由始微而成為具體之器用，形上之理亦由幾中之理，成為形物的體性。若由未見氣而氣之始而形之始而質之始的氣形質具，理氣一體的天地自然之氣的思路看，做為物之始微的幾，便具有由無形之氣凝為有形之氣的作用。當此天地自然的無形之氣凝為同樣為天地自然之氣的有形之物初始微的狀態時。幾既是氣由無而有的轉換，無中之生理，亦透過幾，全然流注於有形之事物中。二條思路的分別在，形上之理雖為形下器物之體性，但形上理的無限性受限於形下氣質，在有境不能全然朗現。而天地自然之氣除由無形凝為有形外，自然之氣的生生之理，透過由無入有的幾，不受限制的全體流行於萬變的有境中。此時有境的事物，雖亦有氣質的限制。但形物外的世界，仍然是同一天地自然之氣的流行。在形態上有無境與有境的差別。在本質上，有境與無境乃同一天地自然之氣的流行，而無差別。此為幾在理氣二分與天地自然一氣二種思路中，體質的不同。孔疏又云「幾者，去無入有，有理而未形之

時。此九三既知時節將至，知理欲到，可與共營幾也。……義不若利者，利則隨幾而發，見利則行也。義者依分而動，不妄求進。[84]」易雖備包有無，但本於有，所以由卦爻來說幾，幾是有理而未形之時。如乾卦九三居下卦之上，而欲進至上卦之下的九四。是知時節之將至，乃知幾也。用義與利的分別看，見無形之利，行為便隨幾而逐利，義則依分而行不妄動。此將由無入有的幾，用在見利隨幾而發的有境上，旨在凸顯「幾」為有初之微。

> 幾者，動之微。……幾，微也。是已動之微，動謂心動、事動。初動之時，其理未著，唯纖微而已。若其已著之後，則心事顯露，不得為幾。若未動之前，又寂然頓無，兼亦不得稱幾也。幾是離無入有，在有無之際。[85]

孔疏以幾是已動之微，而動又分無形的心動，與有形的事動。此即前段所云，幾是氣之有形體質與無形生理二者同具於一體中。且將幾分後三段，在幾未動之前，全在無物之無境，故此時非幾。及至心、事初動之時，其理纖微未著時，才可稱幾，事之初動，其理纖微。蘊涵了自然之氣的幾，是理與氣同體流行的。及心動與事動皆已顯著成形，此時亦不可謂幾。又云「剛柔是變化之道，既知初時之柔，則逆知在後之剛，言凡物之體，從柔以至剛，凡事之理，從微以至彰，知幾之人，既知其始，又知其末，是合於神道。[86]」此由物體之柔至剛，事理之微至彰，由無入有的階段為幾。能知始至終，其中有幾者，可謂知幾之人。

84　《周易注疏》，頁74。

85　《周易注疏》，頁691。

86　《周易注疏》，頁692。

> 漸者，不速之名也。凡物有變移，徐而不速，謂之漸也。……
> 漸是徐動之名，不當進退，但卦所名漸，是之於進也。[87]

> 漸進之道，自下升高，故取譬鴻飛，自下而上也。初之始進，
> 未得祿位，上無應援，體又窮下。若鴻之進於河之干，不得安
> 寧也。[88]

此段釋陰陽之氣由無入有之始微為幾，幾而後陰陽之氣即成有者。在
有之中，陰陽二氣仍會向前行健化生不息，如此的進程名為「漸」。
物之變移非卒然而化，而是由初爻而二爻以至上爻的徐而不速的發展
是為漸。陰陽二氣相生不已，本質上是往前生生的。但在卦爻變化
上，陰陽二氣可以升也可以降，有升有降，氣乃遍在。單只升或降，
滯於一偏，氣無法遍在於有境。而卦名「漸」是「之於進」所以漸是
往前上升，非下降後退為漸。漸是進是自下升高，如同鴻亦為自下而
往上飛。如漸卦「初六鴻漸於干」孔疏釋為初始未得祿位，上為六二
屬陰，無陽之相應。如鴻進於河之干，不得安寧。及至六二，二為陰
位，以陰居陰為居中得位，方得安寧，如鴻漸進於磐而漸得安寧。

> 初六陰氣之微，似若初寒之始，但履踐其霜，微而積漸，故堅
> 冰乃至義。所謂陰道，初雖柔順，漸漸積著，乃至堅剛。凡易
> 者象也，以物象而明人事，……或取天地陰陽之象以明義者，
> 若《乾》之潛龍，見龍，《坤》之履霜堅冰，龍戰之屬是也。[89]

---

87 《周易注疏》，頁477。
88 《周易注疏》，頁478。
89 《周易注疏》，頁93。

此段釋坤卦「初六履霜堅冰至」初六時陰氣尚微，而漸漸積，乃由陰氣凝為霜，陰氣復積漸不已，乃凝結為堅固之冰。此亦天地自然之氣由無而有的實例。易是取天地陰陽生生之象，以明生生乃漸進之義。如乾卦初九之潛龍，漸進為九二的見龍，與九三的乾龍。如坤卦初六的履霜漸進至上六，以陰氣漸進於上六，積漸至盛而占固此陽生之地，陽氣之龍遂與之戰。由陰氣而履霜堅冰而與陽氣之龍相戰，皆氣能積漸之故。

九　正定物之性命，天地以靜為心

> 言乾之為道，使物漸變者，使物卒化者，各能正定物之性命。性者天生之質，若剛柔遲速之別；命者人所稟受，若貴賤夭壽之屬是也。[90]

> 順天施化，是歡樂於天；識物始終，是自知性命。順天道之常數，知性命之始終，任自然之理，故不憂也。……萬物之性，皆欲安靜於土，敦厚於仁。[91]

乾為具元亨利貞四德的陽氣，陽氣之元亨利貞為始為開通，利貞為終為完成。陽氣經元亨利貞四階段，及上下六爻之龍等錯綜變化。又有後來改前，以漸移改的變。及一有一無，忽然而改的化，萬物即以乾道變化為其天生之質以為其性。元亨利貞不同作用的理，通過陽氣生生，於人之性中，便有剛柔遲速之分別。命為人稟受於天者，天有陰陽命於人便有貴賤壽夭。在天地自然之氣，氣包有無的思路，天之所

90　《周易注疏》，頁61。

91　《周易注疏》，頁599。

命，人稟之性，皆乾之陽氣在不同方向、層次的普遍施行。非宋明理氣二分思路下，命為形上道體之所命，性為形上道命於人，而為人之主體者。二者皆主天命下貫於人為性，不同處則在形上形下為二，或形上形下為一的主張。孔疏有云「識物始終，順天道之常數」是知性命之理。指性命中有始終與常數之理，始終指陽氣與陰氣交錯，萬物皆有生有成，有始有終的不同階段，及生必有成，始必有終的整體性。且此有生有成，生必有成的規律，為乾之元亨利貞自然開通所為，萬物即以此為自體之性命。

> 易道既在天地之中，能成其萬物之性，使物生不失其性。存其萬物之存，使物得其存成也。性，謂稟其始也。存，謂保其終也。……既能成性存存，則物之開通，物之得宜，從此易而來。[92]

易道流行於天地之中，萬物即以此流行於天地間的易道為性。此仍是由無入有，無在有中為有之性的思路。由工夫上說，使物不失其性，非在於不失形上之性，而是要不失易道流行之性。「性謂稟其始，存謂保其終」初稟易道為性，保存此易道為存，能使得其性，而存成不失。易道陰陽相生不息，存此生生之性，存之又存，使生生之性施用又施用不已，萬物稟此易簡易知的自性，自然開通得宜。而此種稟簡易之易為性，存之又存，成之又成此性的思路，是在天地自然之氣的一體流行中說的，非易與性為異質異層說的。以上主由理性思維說，而易知易從，亦應由價值義來說。如「立人之道，有二種之性，曰愛惠之仁；與斷刮之義也。[93]」易有易知易從的相生相成的必然性，此

92　《周易注疏》，頁611。

93　《周易注疏》，頁739。

必然性即為生生之大德的易的生德義、價值義，是一易體而同有生生
與價值二種義。

> 天地以本為心者，本謂靜也。言天地寂然不動，是以本為心者
> 也。凡動息則靜，靜非對動者也。天地之動，靜為其本，動為
> 其末，言靜時多也，動時少也。若暫時而動，止息則歸靜，是
> 靜非對動言。靜之為本，自然而有，非對動而生靜。[94]

孔疏釋心仍由天地自然之氣說，而且已經承傳了王弼「無」的概念，
所以又用「無」的概念來說心。如此說心仍是在天地之氣中說心之
無。及至宋明重視本體論，方將心提高到本體位階。此段在解釋復
卦，雷在地下，息而不動。其靜與天地之心相似。而天地之心，以靜
為本。此靜非與動相對的靜，是靜為本動為末的靜。蓋因氣有陰陽，
陽動而陰靜，此時的氣有陰陽是在無境中說。亦即天地之氣有動有
靜，是由體由原則來說，由同具動靜的體來說。體是永恆不變的，在
此角度可說靜是體是本，所以說天地之心以靜為本。若在有境說天地
之動，則靜時多，固靜是天地之動的根，由無而有，亦由靜而動。動
為末動時少，在因無境只有體，唯有靜。而有境萬物繁滋，暫時而
動，止息又歸靜。所以動而又靜，靜而又動，彼此相對互為動靜。天
地之心的靜，是無境為本的靜，非有境相對的動或靜。將氣質層的
心，提高到做為天地之本的層次，已為宋明將心視為本體的層次，預
先作了準備。

> 性者，天生之質，正而不邪；情者，性之欲也。言若不能以性

制情，使其情如性，則不能久行其正。……案：《略例》云爻
者，言乎變者也。故合散屈伸，與體相乖，形躁好靜，質柔愛
剛，體與情反，質與願違。是爻者所以明情，故六爻發散，旁
通萬物之情。[95]

《周易正義》論易之名，以為形上之道為無，形下之器為有。推而廣
之，屬無之真存於性，屬有之邪存乎情。已將道之無，變化之神定位
為性之內容，而性在陰陽之氣內。已將器之有，生成之易定義為情之
內容，而情之質見於爻象之中。據此以無為本，無入有中的模式看，
道、神、真、教等，皆性生而有性質，因屬道之無境者，故性皆正而
不邪。情有器、易、邪、人等由無而有，由性所欲而為者，自然邪而
不正。此邪而不正，意指屬無之性，在屬有之情中，受氣質環境限
制，不能全然開通流行之意，非指邪必為與善相對之邪。因性由道、
神而有，情為道、神受限於有中發用，故須以性制情，使情如性。使
性之欲的情，能順其自身易道，發用不偏亦不滯。

以乾能正定物之性命，……謂物之性命，各有情，非天之情
也。天本無情，何情之有？而物之性命，各有情也。所稟生者
謂之性，隨時念慮謂之情。[96]
咸道之廣，大則包天地，小則該萬物。感物而動，謂之情也。
天地萬物皆以氣類共相感應，故「觀其所感，而天地萬物之情
可見矣」[97]

---

95 《周易注疏》，頁83。
96 《周易注疏》，頁61。
97 《周易注疏》，頁339。

孔疏「各正性命」一語，以性為所稟生者，情為隨時念慮者。可知性為生之初稟受於易道者，而情乃隨順性而發的各種念慮。做為性之本的天，為天地萬物的總稱，亦是諸陽之氣所積累而成者。所以天地廣遠無疆，天地之氣的發用，若由發用為情的模式說，天地之氣廣博無盡，實不能用有境的念慮來看，故曰「天本無情」。天與人對比下，人物方各有其情。孔疏咸卦「天地萬物之情可見」以為咸道，大包天地，小則萬物。及咸道感物而動，如性之發為情，則所動所發者，皆咸道大小無不感通的萬物。此時可說為咸道感通者，是萬物之「情」而咸道所以能感通萬物之情，乃因天地萬物皆以氣類相感。所以天地萬物之性，及所發之情，屬氣包有無的思路。與後代宋明以性為形上，情為形上性在氣質中的發用。二者有天地包有無為一氣，及理氣二分思路的不同。性情說由漢唐發展至宋明，其中思維轉變於孔疏中可見其過程。

十　結語

　　易經的研究，傑出者歷代都甚多。所以本文專就孔穎達《周易正義》一書中的氣做討論範圍。先對孔疏中的「氣」做分析，如分：陽氣、陰氣、陰陽二氣、自然之氣、天地之氣、剛柔之氣、二氣絪縕、精靈之氣等類，以確立氣的各種性質，及所涉及到範疇。及言易之道，重點在闡述由氣說易，所展現出來的易理備包有無，本在於有的本體蘊於內的氣化宇宙論。其中由無入有，無借有顯，及氣化通變為神為重點。再次論道，形上道與形下器，由形來分。而形由未見氣，氣之始，形之始，質之始而來，此為氣由無入有的重點。為宋明所忽略，而明清之氣學又開始重視之理論。再次論乾坤，乾為具四德之陽氣，坤為完成陽氣之四德的陰氣。天地萬物即在乾先施生，坤次成物

的架構下生成。再次論法象乾坤而有的剛柔二體，再次由陰陽二氣自由升降所造成的時位不同，以表示氣化萬變的各種情態。同時在時位升降變化，由無入有的幾，及有在交位中的積漸，亦為氣化論所應重視者，最後討論性命、心情。此四者在孔疏中皆由天地自然之氣與萬物人我無隔的思路詮釋。與宋明將性命視為形上，心情視為形下思路不同。但可見出漢唐氣論重點在備包有無的有，宋明氣論則重視有無中的無。及至明清的氣論，又有回復漢唐有中有無的趨勢。

參　《禮記‧樂記》「人生而靜，天之性也；感於物而動，性之欲也」

——由氣論視角檢視此語的發展的分化

一　前言

　　《禮記‧樂記》「人生而靜，天之性也；感於物而動，性之欲也」在漢唐時期主由陰陽五行之氣化論，詮釋性與靜，欲與動之關係。至宋明清在張載、程子重振儒學，抗衡佛老，除以天道論提高儒學高度，又特別重視由氣來說儒學，蓋以氣來對顯佛道之虛也。而程子於「人生而靜」一句，又加上「不容說」之義，開啟漢唐以形氣為性，尚須建構天與性關聯之討論。本文即由理本論之朱子，氣本論之羅欽順、王廷相、吳廷翰至戴震，以及心與氣為一的陽明、蕺山、船山等諸家，分別檢視諸家的性、欲之說法，試圖看出對此論題之發展與分化。

二　唐‧孔穎達之《禮記》、《中庸》疏解

　　「人生而靜，天之性也」，正義曰：言人初生未有情欲，是其靜稟於自然，是天性也。「感於物而動，性之欲也者」，其心本雖靜，感於外物，而心遂動，是性之所貪欲也。自然謂之性，

貪欲謂之情，是情別矣。「物至知知，然後好惡形焉者」。至，
猶來也，言外物既來。知，謂每一物來，則心知之。為每一物
皆知，是物至知知也。物至既眾，會意者則愛好之，不會意者
則嫌惡之，是好惡形焉。「好惡無節於內，知誘於外者」，所好
惡恣己之情，是無節於內。知，謂欲也。所欲之事，道誘於
外，外見所欲，心則從之，是知誘於外也。[1]

正義由人初生未有情欲為靜，此靜稟於自然，所以是天性，天性無情
欲之力故為靜，以孔穎達仍傳承漢代陰陽五行氣化宇宙論的脈絡，此
靜指陰陽五行做為宇宙本然，尚未開始氣化流行之狀態。人承此本然
以為人之性。性靜發用之心亦靜，即感於外物而心隨物而動，非性發
用之心自為之動，所以為性之貪欲。順天稟之自然為性，性感外物而
動，乃貪欲，乃所謂情。孔氏將「性之欲」釋為貪欲及情，屬形氣
層，與天、性、心屬本然層相對。「好惡形焉」言心知外物之來，且
每一物皆知，知心有普遍的認知能力，以為天稟自然之性的發用。唯
物至既眾，有心會意而好之，心不會意則嫌惡，發動好、惡者為心，
所以為好、惡之判準為自然之性。此未言性為善或為惡之問題，但已
蘊有宋明以未發為性之善，已發為情為惡之各種可能之方向。「知誘
於外」之「知」孔氏指為欲。心能向外認知，即能知之心，從外物而
知，心已非心，而為外物所化，而為「欲」矣。孔氏以「欲」釋
「知」與宋明諸儒以「知」為自然靈明知覺不同。

案《左傳》云：天有六氣，降而生五行，至於含生之類，皆感

---

1 〔漢〕鄭玄注；〔唐〕孔穎達等正義；〔清〕阮元校勘：《禮記正義》（臺北：藝文印
  書館，1989年12月，影印嘉慶二十年江西南昌府學刻本），收錄於《十三經注疏》
  第五冊，卷37，頁666。

五行生矣。惟人獨稟秀氣，故〈禮運〉云：人者五行之秀氣，被色而生，既有五常，仁、義、禮、智、信，因五常而有六情，則性之與情，似金與鐶印，鐶印之用非金，亦因金而有鐶印，情之所用非性，亦因性而有情，則性者靜，情者動，故〈樂記〉云：「人生而靜，天之性也，感於物而動，性之欲也。」[2]

孔氏由《左傳》的天有六氣，降生五行，含生之類皆感五行而生，人獨稟秀氣，展現孔氏以六氣為天，五行為命，五形亦凝為含生者，人為天、命、含生三層次中最靈者。孔氏又引〈禮運〉云：「故人者，其天地之德，陰陽之交，鬼神之會，五行之秀氣也。」以人為氣化陰陽所交會，氣化生生不測之神用，總匯五行秀氣而有天地之德者。陰陽為天、鬼神所用，人為五行秀氣，沿襲漢代以降，由天而神而人的氣化三層架構後，以人為總成天地之德者。所以人被五色而生，便有仁義禮智信五常，五常即天稟之性，由性發為喜怒哀樂愛敬之六情。情由性生，性由天有。天本自然無所不在，降於人為性，天已受氣稟有所限制，此由上而下。及性發為六情，情用更受氣質限制，此由無形而有用。由天、性、情之差別，知無形之性為情用之本，而情用非性。孔氏即以「性者靜」說性為情用之本，本身非用，故是靜。「情者動」說情為性之發用，故是動。實則氣化不已，則由氣說之性亦是既動既靜者，孔氏所言「性靜情動」是由性為本，情為用的角度來說的，亦由此說〈樂記〉天之性是靜，性感物而動為情，以「性之欲」之「欲」為情。以上兩段為孔氏由陰陽五行之氣化說性為本，情為動為欲之思路。

2　〔漢〕鄭玄注；〔唐〕孔穎達等正義；〔清〕阮元校勘：《禮記正義》，卷50，頁879。

三　宋代理氣論

> 程子曰：「凡人說性，只是說繼之者善也，孟子言人性善是
> 也。夫所謂繼之者善也者，猶水流而就下也。」先生曰：「此
> 繼之者善也，指發處而言之也。性之在人，猶水之在山，其清
> 不可得而見也，流出而見其清，然後知其本清也。所以孟子只
> 就見孺子入井皆有怵惕、惻隱之心處指以示人，使知性之本善
> 者也。《易》所謂繼之者善也，在性之先，此所以引繼之者善
> 也，在性之後。蓋《易》以天道之流行者言，此以人性之發見
> 者言。唯天道流行如此，所以人性發見亦如此。[3]

　　橫渠說性，猶水流而就下，水是本然，就下是水之性，所謂繼之
者善，善指水有就下之性，且此就下之作用，即是善端之發處。而水
之本然如在山之水，未出山前其清不可見，如程子「人生而靜以上不
容說」。及流出見其清，知其本清。指發而為善，乃知人性之本善。
如由人有怵惕之心之發用，知人性本善。《易》由天道流行說繼之者
善，此繼之者乃天道之流行，天道自然在性之先。橫渠「此繼之者善
也，指發處而言之」由人性之發見處說，則繼之者善乃指有性之後，
性發之善。若如此說，則〈樂記〉「人生而靜，天之性。」橫渠釋為
性之本然，如在山之水，其清濁內容不可說。「感物而動，性之欲」
橫渠釋為性之發而為善，由發為善反推此善乃性之本然。橫渠為氣本
論者，受佛、道天道論影響將氣提高到本體位階，而氣之流行秩序仍
以道德之善為基本。橫渠由善端之發說「性之欲」，已與孔穎達由性

3　〔宋〕張載著；章錫琛點校：〈後錄〉《張子語錄》下，收入〔宋〕張載撰，王進祥
　　編：《張載集》（臺北・漢京文化事業有限公司，2004年），頁341。

動為情說「性之欲」不同。蓋由孔氏之性內情外，轉為性與性之欲為體用一貫，且強化了性之道德義。

> 〈樂記〉曰：「人生而靜，天之性也。」人之性稟於天，曷嘗有不善哉？荀子曰性惡，揚子曰善惡混，韓子曰性有三品，皆非知性者也。……性一也，人與鳥獸草木，所受之初皆均，而人為最靈爾。由氣習之異，故有善惡之分。上古聖人固有稟天地剛健純粹之性，生而神靈者，後世之人或善或惡，或聖或狂，各隨氣習而成，其所由來也遠矣。堯、舜之聖，性也；朱、均之惡，豈性也哉？夫子不云乎：「惟上智與下愚不移。」非謂不可移也；氣習漸染之久，而欲移下愚為上智，未見其遽能也。詎可以此便謂人之性有不善乎！[4]

司馬光由人與草木鳥獸所受之初皆均說性，則此性有普遍性，然又說「人為最靈」則性一，指所受於天原則上皆一，「最靈」則指受之者的氣稟各有不同。如〈禮運〉所云「人者五行之秀氣」故人最靈。知司馬光仍承漢代氣化論說性，又主「人性稟於天，曷嘗有不善」而主氣性是善，故反對亦由氣說性惡的荀子，由氣說性善惡混的揚子，由氣說性分三品的韓子。司馬光由聖人稟天地剛健純粹之性說性善，但聖人純粹神靈，凡人之性則未必皆善，有或善或惡各種可能，但如此推下去，司馬光也會走上他所反對的荀、揚、韓之性有善有惡之路，司馬光為堅持人生而靜，稟天之性善的主張，便繞過性可能有善有惡的問題，而將為惡推給習染所成。由氣說性，性當有或善

---

4 〔清〕黃宗羲：《涑水學案》上《宋元學案》卷7，收入沈善洪主編：《黃宗羲全集》（杭州：浙江古籍出版社，2005年），第三冊，頁357-358。

或惡之可能，而司馬光則由「人生而靜，天之性」主張氣性由天來自然為善，反對孟子由人來說性善。

> 「生之謂性」性即氣，氣即性，生之謂也。人生氣稟，理有善惡，然不是性中元有此兩物相對而生也。有自幼而善，有自幼而惡，是氣稟有然也。善固性也，然惡亦不可不謂之性也。蓋「生之謂性」，「人生而靜」以上不容說，才說性時，便已不是性也。凡人說性，只是說「繼之者善」也，孟子言人性善是也。夫所謂「繼之者善」也者，猶水流而就下也，皆水也，有流而至海，終無所污，此何煩人力為之也？有流而未遠，固已漸濁，有出而甚遠，方有所濁。有濁之多者，有濁之少者，清濁雖不同，然不可以濁者不為水也，如此，則人不可以不加澄治之功。……及其清也，則卻只是元初之水也，亦不是將清來換卻濁，亦不是取出濁來置在一偶。水之清，則性善之謂也。故不是善與惡在性中為兩物相對，各自出來。[5]

程子此句「然不是性中元有此兩物相對而生也」、「性即氣，氣即性」、「人生而靜以上不容說」等論題，引發宋明理本論，氣本論各自引為理據的討論。現試析如下：「性即氣，氣即性，生之為也」性由天賦，而「性即氣」之「即」是性、氣上下相貫的「即」，則性為由氣說的性。若「性即氣」之「即」是性屬形上，氣屬形下兩者不離不雜的「即」，則性與氣為上下二分者。程子續云：「人生氣稟，理有善惡」知是由氣稟說性，氣稟有清有濁，則理若為形上受限氣稟，理自

---

5 〔宋〕程顥、程頤撰：《二程集》（臺北：漢京文化事業有限公司，1983年），第1冊，頁10－11。

偏而有善惡。理若為上下相貫之氣之理，則善為氣稟之清者，惡則氣稟之濁者。續云「然不是性中元有此兩物相對而生」若由天性善說，不須說性中無兩物相對。說性中無兩物相對，應是性中本只為善，卻會讓人懷疑惡亦在性中。程子與前述橫渠、司馬皆主氣性是善。然氣稟有清濁之異，故惡在性中固有，或性受制於氣濁後才為惡？程子續云「有自幼善有自幼惡，是氣稟自然」知氣稟為決定善惡的條件之一。續云「善固性，惡亦不可不謂之性」，理本論無法接受惡亦為性，氣本論者則多引此句為氣性有善惡之根據。究竟何說為是？程子又云「人生而靜以上不容說，才說性時，便已不是性」人生而靜以上不容說指天為形上，非文言能把握。不可說天為性。「凡人說性只是說繼之者善」凡人所說之性乃天道流行於人的「繼之者善」，如孟子之人性善。又云「繼之者善猶水之就下」水本清，有流近即濁，有流遠始濁，水因流而有濁，然水本清則不變，故謂人之性善。可知人生而靜不容說，人方可說性，性本為善，性發過程受氣稟濁之影響而有惡。將性發過程或有濁之可能，亦視為「猶水流就下」會有清濁之異可能的性之發用範圍內，則可說「惡亦不可不謂之性」且仍可主張「不是善與惡在性中為兩物相對」的性善說。知程子將人生而靜視為不容說的天，天命於人為性，程子之性又不止只有天而說性善，亦將性發受濁而為惡之可能亦視為性之內容，所以有「惡亦不可不謂之性」之說，程子若以理本氣末不致如此說，由理氣圓融一體則會如此說。

　　朱子曰：人生而靜，天之性也，感於物而動，性之欲也，何也？曰：此言性情之妙，人之所生而有者也。蓋人受天地之中以生，其未感也，純粹至善，萬理具焉，所謂性也。然人有是性即有是形，有是形即有是心，而不能無感於物，感於物而

動，則性之欲者出焉，而善惡於是乎分矣。性之欲，即所謂情
也。物至知知，然後好惡形焉，何也？曰：上言性、情之別，
此指情之動處為言，而性在其中也。物至而知知之者，心之
感。好之惡之者，情也。形焉者，其動也。所以好惡而有自然
之節者，性也。……人生而靜以上，即是人物未生時，只可謂
之理，說性不得，此程子所謂「在天曰命」也。纔說性時，便
已不是性。纔謂之性，便是人生以後，此理已墮在形氣中，不
全是性之本體矣。此程子所謂「在人曰性」也。然性之本體，
原未嘗離，亦未嘗雜，要人就上面見得其本體耳。性不可形
容，善言性者，不過即其發見之端言之，而性之理固可默識
矣。如孟子言「性善」與「四端」。[6]

　　孔穎達以欲為情，橫渠由善端之發為性之欲。程子以性發有受濁
而惡之過程，這一段亦視為性的內涵。其中程子提人生而靜不容說一
語，開啟朱子由理氣二分角度詮釋的脈絡。天之性屬不容說的形上之
理性，性之欲屬形氣層的性所用的情，性之欲為情，同孔穎達性為
本，性動為情之模式，唯孔穎達以陰陽五行之氣化流行為理據，而朱
子則立於理形上氣形下，理以不離不雜形視為氣之指導原則。

　　朱子以受天地之中以生，未感時純至善，萬理具焉，此謂之性。
天地之中屬天理，及賦之予人為性仍保持純粹天理之無限性，及性受
物感而心為之發用，發用受氣質限制而有偏全不異。在朱子性屬形上
之理，心、情屬形下之氣用，而形氣心統攝形上性理於心中，再由心
依性理發為形氣之情的架構下，知「人生而靜，天之性」屬形上不容
說之理，雖在人為性，此性仍是不容說之理。「感物而動，性之欲」

6　〔清〕孫希旦：《禮記集解》（臺北：文史哲出版社，1990年），下冊，頁984-985。

此欲指性指導形氣層之發用而為所謂之情。心所發之性受氣稟限制而有偏全不同，而情即因此而有善惡之分。為孔穎達以「知誘於外」之「知」為欲，因心為外物所感而非心而欲。朱子「物至而知知之者，心之感」心為氣之靈，以性理為準繩，所以能感外物而合性者好之，性者惡之。朱子固於孔穎達以知為欲不同，亦順程子以「人生而靜以上不容說」上推為天理，又將程子「性即氣，氣即性」氣性圓融一體觀，轉氣為形下，則「性之欲」乃性於氣之動而為情。

四　明清氣本論

〈樂記〉「人生而靜，天之性也；感於物而動，性之欲也」一段，義理精粹，要非聖人不能言。象山從而疑之，過矣，彼蓋專以欲為惡也。夫人之有欲耳，固出於天，蓋有必然而不容已，且有當然而不可易者。於其所不容已者，而皆合乎當然之則，夫安往而非善乎？惟其恣情縱欲而不知反，斯為惡耳。……夫欲與喜怒哀樂，皆性之所有者，喜怒哀樂，又可去乎？[7]

蓋天性之真，乃其本體，明覺自然，乃其妙用。天性正於受生之初，明覺發於既生之後，有體必有用，而用不可以為體也。〈樂記〉所謂「人生而靜，天之性」，即天性之真也；「感物而動，性之欲」，即明覺之自然也。[8]

7　〔清〕黃宗羲：〈困知記〉《諸儒學案中一》《明儒學案》卷47，收入沈善洪主編：《黃宗羲全集》，第八冊，頁417。

8　〔清〕黃宗羲：〈論學書〉《諸儒學案中一》《明儒學案》卷47，收入沈善洪主編：《黃宗羲全集》，第八冊，頁446-447。

羅欽順主張以氣為本，理為氣中條理，氣為第一義，理為第二義，反對朱子理在氣先，氣依理而行之說。學脈上合於〈樂記〉由陰陽氣化說天性，性之欲之說，故對以性為本體善，欲為限制性不得全然展現的情欲視為惡的象山深致質疑。欽順以氣化不已為天，天命於人之性，所發之欲自然出於天。主張一氣貫通於有形無形兩間，一氣流行不已，則欲自有必然而不容已者，一氣流行為宇宙生化之秩序，欲自有當然而不可易者。欲之不容已，又皆合乎當然之則，欲之地位已從朱子視為形下第二義之情動，提升為與性同為第一義的位階。欽順認為「人生而靜，天之性」義理精粹，此「天性之真，乃其本體」知天性本體為善，而與性同位階而為性發用之欲自然亦為善。此點已與唐孔穎達以欲為情，欲為惡不同，與橫渠以善端之發為性之欲，有相承處，與程子性發為欲之過程有為善為惡之不同之說，取程子性發向善為欲之說，去掉程子性發之欲或為惡之可能，故反對朱子順程子性之欲為惡之延伸。欽順「感物而動，性之欲」以欲為性之明覺自然，欲非如朱子無天性貞定的莽然情欲，必受教化而始正者。天有必然不容已之作用，當然不可易之秩序，欲由天來，則欲之發用，自是明覺自然之發用。欽順以氣為本，氣發用之欲，自亦提高為第一義，且如天性善，欲亦善矣。

> 「人生而靜，天之性也，感於物而動，性之欲也。」此非聖人語。靜屬天性，動亦天性，但常人之性，動以物者多，不能盡皆天耳。性者合內外而一之道也，動以天理者，靜必有理以主之，動以人欲者，靜必有欲以基之。靜為天理，而動即逐於人欲，是內外心跡不相合一矣。[9]

9　〔清〕黃宗羲：〈雅述〉《諸儒學案中一》《明儒學案》卷50，收入沈善洪主編：《黃宗羲全集》，第八冊，頁492-493。

欽順由「理一分殊」理論說「亙天地古今一氣」並以理為氣之條理，而說為氣之本。唯其對理與氣關係論述甚多，或有論者謂其理氣並重而氣唯首出。故欽順認為「人生而靜天之性」一段，義理精粹非聖人不能言。後王廷相則主張「天地之間，一氣生生，而常而變，萬有不齊，氣一則理一，氣萬則理萬。世儒專言理一而遺萬理偏矣。」廷相主張氣一理一，氣萬理萬，氣為本理為末，所以對「人生而靜天之性」為朱子解釋為天性為人生本靜之理，深致不滿，此與欽順有異，蓋欽順由氣說天性，廷相則反對朱子以靜說理說性。廷相以氣為本，氣於人為性，氣本體永恆不易是性之靜，氣流行不已、不測是性之動，故氣是體亦是用，性亦合動靜內外為一者，性合內外動靜。故性之動合天理，此天理亦必為此動之內在主宰，才有合天理之動，此時性之動靜皆為天理之自然如此。若動以人欲，則必有靜之天理為人欲之動的基礎，此時欲為兼動靜之天理之發用，此欲實非朱子形下第二義之欲，而為與性同層次之欲。所以反對視靜為形上天理，動為形下人欲如朱子之說，廷相主張性為合內外之道，則天之性為氣性之本，性之欲為氣性之用。人生而靜與感物而動，乃一性之內外爾。

> 《樂記》：「人生而靜，天之性也。感於物而動，性之欲也。」此語未精，非孔子之言，夫性不可以動靜言，而動靜皆性也，豈可以靜為天性而動為物欲乎？若靜為天性，是性無動也。動為物欲，是性無感也。無動無感，亦空寂之物耳，豈得為性乎？[10]

廷翰繼廷相之後，亦主張「氣為萬物之本」，認為理在氣中，反對朱

---

10 〔明〕吳廷翰：〈吉齋漫錄〉《吳廷翰集》（北京：中華書局，1984年），卷上，頁40。

子理先氣後。故對漢唐以來，由陰陽氣化說「人生而靜，天之性」一語，以氣為本的理路有所承接，但已較漢唐把氣明白提高到本體位階，則是較漢唐有進一步發展。對漢唐將「性之欲」視為情，而性是本，情為發展，性情有別之說，亦不贊同，亦反對朱子將性視為無感無動之虛空之理，欲為無道德貞定之情。廷翰「性不可以動靜言，而動靜皆性。」指性不可單言只是靜的理，或只是動的欲。性是將氣化秩序不變的靜之理，與氣化不已之作用的動之欲合為一體者，且動靜合一而為氣性之內容。故反對以靜為天性，動為人欲的靜為第一義，動為第二義的二分法，如朱子。廷翰又在動靜皆性立場，進一步質疑性為靜，則性無動，將不合氣化不已命而為性之本然。同樣，視動為第二義之物欲，順氣化不已而有的性之欲，將不能不已地發用矣。知廷翰以氣化不已為天之性，以性生用不以為性之欲。不以欲為情，更非如朱子的莽然形下之情。

> 據〈樂記〉「人生而靜」與「感於物而動」對言之，謂方其未感，非謂人物未生也。〈中庸〉：「天命之謂性」謂氣稟之不齊，各限於生初，非以理為在天在人異其名也。況如其說，是孟子乃追遡人物未生，未可名性之時而曰性善。若就名性之時，已是人生之後，已墜在形氣中，安得斷之善？由是言之，將天下古今惟上聖之性不失其性之本體，自上聖而下，語人之性，皆失其性之本體，人之為人，舍氣稟氣質，將以何者謂之人哉？……性者，飛潛動植之通名，性善者，論人之性也。如飛潛動植，舉凡品物之性，皆就其氣類別之，人物分於陰陽五行以成性，舍氣類，更無性之名。[11]

---

11 〔清〕戴震：《戴震集》（上海：上海古籍出版社，2009年），頁301-302。

戴震繼羅欽順、王廷相、吳廷翰主氣論，主張天之性與性之欲是氣化流行的有體而有用過程的脈絡下來，並強烈反對朱子理本氣末、理先氣後，主張以氣為本，而理在氣中。云「人物分於陰陽五行以成性，舍氣類，更無性之名」，指陰陽五行分化萬殊，人物稟陰陽五行萬殊之可能而各為飛潛動植各物之性。性稟自由氣說之天，則天為氣性之本源，氣類有萬殊，則做為本源之天，自有無限性、普遍性，此乃「人生而靜以上不容說」之地步。此時未有形氣，氣中之理亦未存於形氣中，不可名曰性，只可名為天。天命為性，性以氣言，所以氣性成於已生之後。又云：「人生而靜與感於物而動，對言之。謂方其未感，非謂人物未生也。」〈樂記〉：「人生而靜」既生而靜，此靜非天而為天命人之性，及程子擴張為「人生而靜以上不容說」此「不容說」處乃是天而非性矣。戴震承〈樂記〉以「人生而靜為性」，且為分於陰陽五行之氣性。亦接受程子「人生而靜以上不容說」為天之主張。繼而又云「未感」非指天，而是人性成後，氣性本會流行發動，但在專論性之本質，不能說性之發用時，此時可說性靜、性未感。靜、未感非指未生前之天。論及性之發用，才可說「感於物而動」。所以反對朱子以「孟子乃追溯人物未生，未可名性之時曰性善」，認為朱子以人物未生前說性善，及此性落於清濁各異之氣稟中，其性或偏於清或偏於濁，很難再說性是善的。戴震則由萬物皆有氣類各殊之性，人則由「人生而靜以上不容說」規定人性，人性自是善。「感物而動，性之欲」，「欲」即善性之發用。

五　明清心氣是一論

　　「生之謂性」，生字即是氣字，猶言「氣即是性」也：氣即是性；「人生而靜，以上不容說」，才說「氣即是性」，即已落在

一邊，不是性之本原矣。孟子性善，是從本原上說。然性善之
端，須在氣上始見得，若無氣亦無可見矣。惻隱、羞惡、辭
讓、是非即是氣。程子謂「論性不論氣，不備；論氣不論性，
不明。」亦是為學者各認一邊，只得如此說。若見得自性明白
時，氣即是性，性即是氣，原無性、氣之可分也。[12]

　　宋明論性及欲，除由理本，如朱子。氣本如王廷相等。心本論者
亦以心為本體，賦予形氣有道德義的思路討論。陽明主張「心外無
物」認心為本體，才同時也將形物涵攝本心之中，形物以心而為存
在。所以對形氣少加討論。即天道，流行永恆遍在，此模式在理本
論、氣本論及心本論皆為共用之模式。陽明以良知即天理，所以良知
也須面對如〈樂記〉天之性、性之欲如何解釋的問題。陽明以為「生
之謂性」提生字即是已生才有形，有形才有性，性因形氣而有，可說
「氣即是性」，但此氣即性，雖程子所云而來，但性之本為天為良
知，此良知在氣中受氣質清濁影響，及發用或偏或舍，而有善惡之
別，此與朱子天理不容說，皆推尊理，良知為本體，而朱子形氣為第
二義，須依理而行，良知則涵攝形氣於內，形氣即良知之發用與對
象，朱子氣依理行，陰陽氣為良知之發用。此其不同處。氣本論如王
廷相，則主氣一理一，理為氣之理，則氣之性與性之欲乃氣化不已的
本及用。陽明以良知涵攝萬物，良知貞定萬物為其體，萬物為良知之
用，二者形式似同。但廷相性、欲是以氣相貫，陽明則良知為本體，
性之欲則為良知在形象上之發用流行。是以心攝物與廷相仍有別。如
云「孟子性善，是從本原上說」可知陽明以性善為天為本，因心涵萬
物，所以天、命、人等階段，皆消融為善性。唯善性之發端，仍須有

─────────────

12 〔明〕王守仁：〈啟問道通書〉七《傳習錄》中，見〔明〕王守仁：《王陽明傳習錄
　　及大學問》（臺北：黎明文化事業股份有限公司，1986年），頁85。

氣上見得，若無氣為善端之發見善性亦蹈空淪虛。陽明在「心外無物」的架構，亦不能如朱子只視氣為形下，反要涵攝氣於善性及善端中，不能只論氣不論性，亦不能只論性不論氣，而主「性、氣原無可分」，此性氣不分非氣本論之論，而是在「心外無物」架構中說的。

> 程子以水喻性，其初皆清也，而其後漸流而至於濁，則受水之地異也。如此分義理與氣質，似甚明。但《易》稱「各正性命，乃利貞。」又稱「成之者性也。」亦以誠復言，則古人言性，皆主後天，而至於人生而靜以上，所謂不容說者也。即繼之者善，已落一班，畢竟離氣質，無所謂性者。生而濁則濁，生而清則清，非水本清，而受制於質，故濁也。如此則水與受水者，終是兩事，性與心可分兩事乎？余謂水心也，而清者其性也，有時而濁，未離乎清也，相近者也。其終錮於濁，則習之罪也。[13]

陽明心本論者無疑，其上段藉在「人生而靜以上不容說」指性善為不容說之本原。藉善端由氣見，表示氣亦涵攝於良知中。是藉氣性與氣性之發的階段，說明良知之體及用，仍由純粹心本論者，及至蕺山既師承陽明心學云「天地只一心」，亦吸納氣本論云「天地只一氣」。為將心與氣同視為一體者。蕺山承程子以水喻性，其初皆清，所以主性善，此受陽明良知為天理而說。由水本清，後出後漸有濁，則接受氣本論，天命於人有氣質而後為性，性由氣質說，不由不容說的天理來說。蕺山以水清喻性而本清，後漸濁則是受水之地異。如此說則水是清，外物感而有濁，則水與外物為二，由心本論言，心外無物，故心

---

13 〔清〕黃宗羲撰：〈蕺山學案‧語錄〉《明儒學案》卷62，《劉宗周全集》，第八冊，頁921。

物為一非二。由氣本論言，一氣貫內外兩間，所以水與物亦非為二者，又云「生而濁則濁，生而清則清」乃因氣性本身自有清濁言之可能，所以有生而清有生而濁，但不論清濁皆氣性所本具。並非如理氣二分模式，本清之水因受水之地異，而使與清為二物之濁，混入水清中，而使清變濁。如此則為心物二分，蕺山同時消化心本、氣本之說，自然主張心物為一。此為一，非泯滅心、物本質的為一，而是水本清乃性，進入氣質中有或為濁，仍不礙與仍為氣之性為同在氣質中的為一。蕺山以「人生而靜以上不容說」指性有本體高度，但此性又非超越氣質之上的天，而是就氣質有「靜」而不變之主體來說性。

> 「人生而靜，天之性也；感於物而動，性之欲也。物至知知，
> 然後好惡形焉」（章句）：「欲」，諸情也。「知知」謂靈明之覺
> 因而知之也。人具生理，則天所命人之性固在其中，特其無所
> 感觸，則性用不形而靜。乃性必發而為情，因物至而知覺之體
> 分別遂彰，則同其情者好之，異其情者惡之，而於物有所攻
> 取，亦自然之勢也。[14]

　　王夫之與蕺山直接關聯不明顯，但仍屬視心本與氣本同為一體之思路。夫之由「人生而靜以上不容說」的天來說性，所以天道生生之理命於人，乃為人之性，而性必有自發其天命不已之作用，非如朱子性只無作用的虛空之物，較近於心本與氣本皆視性有生生不已之作用。而性為「人生而靜」非指性不能發用，而是指性本能生生不已地發用，此是性。自身之動而特別曰「生而靜」是暫時不言性之能動，而暫時定義性稟天命而為具生理為人的階段。此亦宋明儒所論之「未

14　〔明〕王夫之：〈樂記〉《禮記章句》卷19，收入〔明〕王夫之《船山全書》（長沙：嶽麓書社出版，1988年12月），第4冊，頁897－898。

發」其階段。此時無外感而性用不形而靜，非性不動，是性尚未感外物而發為情耳。夫之云「欲，為情」視性之欲為情，則此性非形上的原則性的動，而是氣稟自身之生理的動，即氣質層的情。夫之以欲與情，似近漢唐之解釋，但夫之性之欲的情，是有天命生理於人而動之情，情已非第二義之情。「知知，謂靈明之覺因而知之」此知亦非第二義的心氣之知，而有心學本體位階的靈明知覺，則心知所好者必合天性，心所惡者自不合天性，好惡亦必由性之欲而有。

六　復歸漢代

　　道既分而為命，命乃定而成性。《白虎通》云：性者，陽之施。情者，陰之化也。《論衡》云：性生於陽，情生於陰。（注：）《說文》：「性，人之陽氣，性善者也。情，人之陰氣，有欲者也。」性即道之一陽，情即道之一陰，一陰化為一陽，為命即為性也。……所謂人生而靜，天之性也。由其天性之善，擴而充之，使六爻皆正則成性，而盡其性。……性為人生而靜，其與人通者則情也，欲也。……成己，在性之各正；成物在情之旁通。非通乎情，無以正乎性。情屬利，性屬貞，故利貞兼言性情而旁通則專言情，旁通以利言也。所謂感於物而動，性之欲也。……孔子嘆才難，孟子道性善本乎是。舍情而言善，舍欲而求仁，舍才以明道，所以昧乎羲文孔孟之傳者也。[15]

　　在宋代程子加「以上不容說」於人生而靜之後，論性便往道體方

15 焦循：《易通釋》，收入嚴靈峯輯：《無求備齋易經集成》（臺北：成文書局，1976年），冊120，頁238-239及243-244。

向發展，而「靜」指性本然未發時狀態，「性之欲」則為性發情之狀態。漢唐時，欲為情，屬喜怒哀樂愛敬之情欲。宋明理本論視性為天理為善，欲為形氣之動，屬惡。心本論亦視性為道體為善，氣質之欲會限制善性不得全現，亦屬於惡。氣本論主一氣內外，性由氣命、氣化不已，所以性自發用不已，即欲。而主心、氣是一者，將性視為道體，道之絕對價值性，氣化生生不測之秩序與作用，亦皆在性中，性所發用之欲，為心、氣一體的發用，性善所發之情欲亦善。及清代焦循面對宋明儒者受佛道影響，著迷於「以上不容說」之境，及將「性之欲」脫離漢唐喜怒哀樂愛敬，切於人身的六情，轉為欲專為性善之表現，深致不滿，故云「舍情而言善，昧乎羲文孔孟之傳」。故主張回復漢代由陰陽論性情的老傳統。

　　焦循主張道分為命，命定為性，有分則命有分別，所以有萬物之基礎，有分則萬物各有其本分，各成其為萬物之本然。性即總有分化，本分之內容。而本分為體，分化為用。故引《白虎通》：「性，陽之施；情，陰之化」，《論衡》：「性生於陽，情生於陰」，《說文》：「性，人之陽氣，性善者。情，人之陰氣，有欲者。」共通點是性是陽為分化，情是陰是本分完成。所以又云「性即道之一陽，情即道之一陰，一陰化為一陽，為命即為性」，陰陽相生為道，陽生生不已，故為生生之性，陰完成成就，陰之施即為情。陰陽相生為道，故陽之性與陰之情亦自然為人生而同有的。又「性為人生而靜，而與人之通者則情也，欲也」，「靜」指性本然尚未發之狀態，「與人通」指性為陽之施，自會不已地主動地，旁通於外物，此時性旁通之發用，乃情欲之謂。〈樂記〉說「感於物而動，性之欲」是由性被動為物所感而發，焦循「與人通者則情也，欲也」是順性為陽之施會主動地旁通物，通物後而才能成物，亦即完成性發為情，情通而後性成的完整陰陽相生，性情相成的理論。

七　結語

　　《禮記‧樂記》以「人生而靜，天之性也；感於物而動，性之欲也」從漢代至唐至宋明以至清，隨各時代思潮的主流，而各有新的詮釋。如唐孔穎達順著漢代陰陽五行的宇宙論脈絡，以氣化未開始流行為天，以天為靜，靜即為人之性。性感外物而動，乃為貪為情。蓋天為本故善，情為性之發用故為情。性與情有別，善與惡自亦有別。宋初張載以水流就下，水未出山即為清為善，及水出山而流，如情之發用，有清濁之不同。承漢代氣化論的司馬光，以人性稟於天，自然為善，惡則推給為習染所致。明道云「善固性，惡亦不可不謂之性」是以天性為善，但性所發而有濁惡之可能，惡亦圓融一體的包含於性中。朱子在理氣二分架構下，自然以性理為善，性發之情限制性之本然，故情為惡。及至王廷相、羅欽順，主張以氣為本，天為氣性之本源，而性為已生之後者。所以靜指性未發之前，及性落於形質中，發為情，則性有善有惡則是必然的。陽明在心外無物的架構，以良知涵攝萬物。性為良知，良知發用之情自應為善。唯情落於氣質中，因有清濁之別，此時性之欲的情便為惡。及至劉蕺山與王船山，二人關係不明顯，但同屬以心與氣為一體的思路。天之以為靜是性未發時的狀態，「性之欲」指氣性自身之動，便是氣質之情，但此情非形下有限氣質的情，而是與天地一氣相通的情。由上可知性情在漢、唐、宋、明、清因思潮主流不同，而有不斷演進的新的詮釋意義。

　　（此為作者發表於2019年10月「第十一屆中國經學國際學術研討會」會議論文）

肆 《管子‧內業》的氣論

一 前言

　　《管子》自《史記》作列傳，劉向敘《別錄》，皆列入道家，班固刪劉歆《七略》為《漢書‧藝文志》，將《管子》列為黃老，世亦有視《管子》為法家者。本文則從自然素樸的氣論著手，試圖一窺氣論在戰國末期《管子》書中的思維。《管子》精氣應屬形上之元氣，變成神魂之流行，再具體變成精魄之作用。而元氣形上本體與神魂之內容，均在精魄之作用中。然而精魄仍在身體形器之外，如進入形體之內，則成精氣。《管子》把「神」視為元氣在身體外在之狀態，神魂在人身上之狀態，就是精氣；「精」則更具體，精可能是尚未進入形體之前，最後未凝結之狀態，也可能專指神魂已在人身上之具體作用，又稱「精氣」。

　　先秦對形上本體及宇宙論元氣的流行著力不多，比較重視的是形器內，故《管子》重視身體的討論。至漢代王充，對宇宙論已相當成熟，內已含本體論。《管子》亦講道，但其道較非屬形上，雖有本體之意味，但仍以形器內之種種狀態或道在形器中之本質為同一性質而言。故《管子》之精氣說較偏向於形器而言，到漢唐、宋明時，宇宙論、本體論較為成熟，純言形器較少。但在之前，氣論從身體統合天地為一體很常見。

　　無形的世界由很多元素與條件所組成，在古人尚難言本體時，只能針對不同之事物，如天地山川、五臟六腑、耳目口鼻四肢等，各有

其不同之作用，而又有不知其所以然者以之為道。故《莊子‧齊物論》曰：「其有真君存焉？」雖然每個作用不同，但都在一個整體之中，五臟六腑各有其作用，又有其一致性，即生命運行之道。《管子》的道亦針對自然之天地山川、五臟六腑、耳目口鼻等自然氣論外，尚有價值意義的心靜、平和、中正、虛靜等，亦收融《老子》之精義。惟《管子》之心靜、平和、中正、虛靜等皆蘊含了價值義發展之可能性。但其價值義不顯著，如人要虛靜，儒家要虛靜，道家的超越亦要虛靜，釋家之佛心也要虛靜，故虛靜是一種修養的態度。從五臟六腑、耳目口鼻的一致性而言，人對其內在之天君即要持守。此天君在形器之內，透過虛靜，讓所謂之道在耳目口鼻、五臟六腑中表現出來，至漢代，即成儒、道所謂之道德。

　　虛靜的功夫在未達漢代董仲舒成熟之道德倫理時，即為形氣層的仁、義、禮、知、信。宋明時，仁、義、禮、知、信，已為天道本體的內涵，人我之言行中。而《管子》認為仁、義、禮、知、信，乃道在不同具體事物中之表現，在自然事物中，約略從價值上歸類為仁、義、禮、知、信。《管子》清楚的從自然到倫理道德中，說明道在哪些方所表現為仁，在哪些方所表現為義、禮、知、信。道仍是本體，道有無限性、特殊性，進到耳目口鼻、五臟六腑則有呈現道某一方所、意蘊的具體功能，在修養上即由虛靜表現出有五種價值義，這是《管子》從自然之氣到道德之氣的過程。早期自然之氣之重心放在人身上，人身除五臟六腑外，其可能性與發展性即成為仁、義、禮、知、信。

　　另一方面，〈內業〉有心、性、精、神等，從無形世界看，天道有各種內涵，除了天道各種元氣、陰陽、五行、神魂、精魄等對應到具體的臟器外。又把五臟六腑對應到仁、義、禮、知、信，這中間的過程，即神、精、氣、心、性、情等。心的作用即道流行之表現，

《管子》較少提性，所謂「性」是天之精氣所給予耳目口鼻、五臟六腑的作用力與道德性，即仁、義、禮、知、信。《管子》少言「性」而言精氣，精氣乃天所賜予萬物之物，故天賦予之性之重點在精氣，至宋明時，性才多由本體位階說。道的流行，表現出運作之能力，即稱之為心。以下即藉著道化為神，神化為精，精為氣之精，精於人即為心之作用的秩序與架構。討論《管子》的氣論思維，內容以〈內業〉為主要範圍，略及〈白心〉、〈心術上〉等篇。

二　道

> 凡道無根無莖，無葉無榮；萬物以生，萬物以成，命之曰道。
> 天主正，地主平，人主安靜。春夏秋冬，天之時也；山陵川
> 谷，地之枝也；喜怒取予，人之謀也。是故聖人與時變而不
> 化，從物而不移。能正能靜，然（後）能定。定心在中，耳目
> 聰明，四枝堅固，可以為精舍。精也者，氣之精者也。氣，道
> 乃生，生乃思，思乃知，知乃止矣。[1]

「道無根無莖，無葉無榮，萬物以生，萬物以成」，道是一切根莖的根源，但它又不限於特定的根莖，稱之為無根無莖。「無葉無榮」則言不限定成哪一葉，哪一朵花，但任何的葉和花都是由道而來的。此由實然有形的萬物說道為彼等的最高根源。

　　從宋明理學的角度來論說，從本體去解釋，注意大的架構而忽略小的條件差別。管子透過植物界來看，根、莖、葉、榮都不一樣，但

---

1 〔東周〕管仲著，顏昌嶢校釋：〈內業〉，《管子校釋》（長沙‧岳麓書社，1996年），卷16，頁400。

有共通性，從這個角度來解釋道，和宋明從本體說無限世界來解釋道不一樣。從宇宙論講「萬物以生，萬物以成」，生是由無到有，由小而大，由大而化，由化而成。每個從小到大變化過程都不一樣，能有如此各種可能之發生，源自於能生生無限之道，亦可說所有有限，來自於無限之道。無限之道遍在所有有限實然中，為其最高根源。此仍為有無為一整體的模式。將遍在根莖葉榮中的共同性視為道，並指出道尚有生生不測不已的作用，合言之，便是「命之曰道」。

「天主正，地主平，人主安靜。」管子將天、地、人，視為一宇宙整體，此實體中有著由自然平衡所蘊涵的秩序意義，由秩序義再上提為倫理義，自然秩序可上提為道是任何生生秩序的根源，自然秩序在儒家可賦予豐富的道德倫理義。在法家的《管子》，自然秩序重心在建立社會秩序，故為政治社會之法律的依據。所以秩序義的建構，主要在彰顯社會政治的實然構成中的規則。但此規則又以無限生生之道為基礎，所以由天地人所說的正、平、靜的秩序義中，有道之生生無限義，亦有根據天地人等不同條件而各有其職分的分別義，建構出以道為體，以萬物各有職分之種種秩序義。可說是《管子》法家之特色，也可說是素樸的實然的氣論。道透過神魂精魄然後到人身上，天主正，就是天主常，天道化入根、莖、葉、榮是沒有分別的，這叫做「正」。地主均平，地氣給每個人的也都是一樣的。「人主安靜」，從自然氣論中發展成道德的過程。從實然變成五德的工夫過程是虛靜。「天主正」，因春夏秋冬對根莖葉榮全部都是公平生養的。「地主平」，山陵川谷對根莖葉榮生成皆道公平的生發。

「喜怒取予，人之謀也。」人會讓天地的作為往正或往偏表現。人的喜怒取予本來自於天地，人有正常狀態和不正常狀態皆來自於人心不能正靜。「聖人與時變而不化」，與時變，會有春夏秋冬、山陵川谷的改變，但不會有本質的變化，即山陵川谷仍是道生化之顯象。

「從物而不移」根莖葉榮會因外部事物而改變或豐碩或枯萎，但它還是根莖葉榮，還是道生化之顯象。「能正能靜，然后能定。」此處強調山川花葉的變化，都是不變之道的外在形態改變，知《管子》之道是統合道體與山川實然為一體來說。道的正常狀態是，任根莖葉榮自在自生自成。正靜不自道德來講，正靜由道任根莖葉榮自生自化自成自長而不離其道，說人能掌握到正靜的狀態，便是心能「定」。心能靜定，人便是出於合道行道以成德的理想狀態。「耳目聰明，四枝堅固」道在心中，心能靜定行道，則耳目四肢皆道之實象，亦道之實用。把心體會的道貫通在耳目四肢，耳目四肢皆稟道而為的。使心掌握五官、四肢，合於正當狀態，便是「精舍」。

「精也者，氣之精者也。」先秦自然素樸的氣論，基本上以道為一切有形、無形事物之根本。道的流行生化不測作用為神，神若再凝鍊為形體，作為有差別萬象的不同形體，所存於中的作用是為精。此精固有源於道體、神用的生生無限作用，此作用又被所處的形體限制，只能以被形體限制的狀態呈現。所以精既有道之生生無限作用，此為萬物所同具有的。細分之，每一形物的精呈現狀態，又因形物不同而呈現不同精的樣態。《管子》「精，氣之精者」則指氣化流行中，道本體，神生用皆為氣化萬物內在本具的體性與作用，以之為「精」。

「氣，道乃生」精為氣化之神用，知氣為精之本源，此本源之氣是在道之先，或由道而產生氣？《管子》未討論此點。但由「氣，道乃生」的句意，氣為主詞，可知是氣化之存在，從中指點出有具根源義，生生義的道存在其中，並為氣化所以生妙不已之根源，而萬物之所以有生生之各種情態，皆順道之氣化生成。

「生乃思，思乃知，知乃止」道順氣化而生萬物，其中人得氣化賦形而有耳目四肢，及心官之思以為生。而心官之思，順耳目則有聰

明之作用，此聰明屬見聞之知。而心之思可由道體流行發為倫理道德之知覺，則屬德行之知。此「思乃知」之思當屬德行之知的性質。「知」可說是耳目心知的感官層次的知，但《管子》的道除根源義、生生義外，尚強調道德倫理義。所以其「知」亦有倫理義，由「思乃止」一句，止可順倫理義說止於至善，止亦可順與耳目同為感官層次的心，說止於「虛靜之道」倫理義較弱一路。若立於戰國末期氣論初始，理論架構上不如漢、宋氣論架構嚴密角度，《管子》「生、思、知、止」之義，或兼包了德知、聞知二種方向，至宋才嚴分德知、聞知為二。及明代羅欽順則又以一心同時具有德知、聞知二路的說法，可說是回復到管子氣論的初始發端階段。

> 道在天地之間，其大無外，其小無內，故曰「不遠而難極」。虛之與人也無間。唯聖人得虛道，故曰「並處而難得」，世人之所職者，精也。去欲則宣，宣則靜矣，靜則精，精則獨立矣，獨則明，明則神矣。神者至貴也，故館不辟除，則貴人不舍焉。故曰「不潔則神不處」。「人皆欲知而莫索之」，其所以知，彼也；其所以知此也。不修之此，焉能知彼？修之此，莫能虛矣。[2]

《管子》不由形上本體層次說道，而是在時空環境中，藉由可描述的大與小，指出有超越可描述大與小之外的道，其大可大至無限大，小而小至無限小。此由宇宙模式來說，道的無限性。虛是無形，人則有形，虛與人無間，表示虛在人中，人中有虛，能肯認並完成人與虛互為體用則為聖人。此言道通有無之間，人在道中，人之職分在行道，

2　〔東周〕管仲著，顏昌嶢校釋：〈心術上〉，《管子校釋》，卷13，頁327。

道無限人難全現，人可顯於己身之道，限於己身之道之流行即是精，此言道在人身之作用為情。去除情慾對在人身之道的擾亂，回復道原本狀態便是靜。去欲則靜的結果，與道在人身為精相同。故曰「靜則精」精使萬物各稟道而成全其各為萬物，此乃獨立。萬物各獨立自能明皆獨立於道中。道能流行於各物中，此生妙不已而遍在之作用即為神。人稟生生不測之神用，便是道在萬物的真實流行。故曰「神者至貴」，人能在萬物變化中，了解萬物與己之變化所謂「知彼，知此」的原因，皆道不測之神用之所為。此在宇宙流行中，藉大小內外，虛與人，靜與精，獨與明等可言說的事物或觀念，指點出背後有一無限之道。此道不由形上本體說，而由可說的人事物說道。

> 道之大如天，其廣如地，其重如石，其輕如羽。民之所以，知者寡。故曰：何道之近而莫之與能服也？棄近而就遠，何以費力也？故曰：欲愛吾身，先知吾情。周視六合，以考內身。以此知象，乃知行情。既知行情，乃知養生。左右前後，周而復所。執儀服象，敬迎來者。今夫來者，必道其道，無遷無衍，命乃長久。和以反中，形性相葆。一以無貳，是謂知道。[3]

《管子》由天地比喻道的廣大，又有曰「其大無外，其小無內」可知，道非語意上如天地般廣大，而是比可說的天地還要廣大到無限的境界。同樣道如石般重，實則無限之道比可說的重還要更重。道無限，「輕如羽」道比可量之輕羽，還要輕到不可量的輕。此由可知的天、地與可量的石、羽，說明道之大小不可知，道之輕重亦不可量，意即不可知量的道，是可知可量實然世界的內在根本。所以說「民知

3　〔東周〕管仲著，顏昌嶢校釋：〈白心〉，《管子校釋》，卷38，頁345。

者寡」知者寡非道不存在。「何道之近莫能服？」表道要由行為體驗才能得知其存在。「棄近而就遠，費力」指道本在萬物各自身中，不需外求。此言道在身中，反求即可自得。此由經驗層說道，後發展成宋明由本體說道。

　　道生人，人有順道於身的七情，道遍在六合，遍在六合之道即為身之七情。此時七情與六合之道相聯通，非只限於生理層次無情無義的單純感官知覺。道亦遍在各各物象中，各物象亦道不同方所樣態之顯現。能知七情物象，人生命所相應者皆道之不同樣態，人無所為而非與道合，人與道合便是養生，此說人生日用無非是道。道在「左右前後，周而復」則人為種種儀節物象，亦不已地與自身往來對應。自身需合道外，彼人物之來，彼等亦須順內在本具之道，發為合道之日用倫理常行，生命才可比擬道之長久。故人我彼此皆能內性外形應和於道，人一以道為體為行，可謂知道。道內在於人我，人我之日用倫常，又皆應和於人物共有之道，故道之遍在性，可以由人我相和處得知。

三　神、精

　　　　形不正，德不來。中不靜，心不治。正形攝德，天仁地義，則
　　　　淫然而自至。神明之極，照乎知萬物，中義守不忒。不以物亂
　　　　官，不以官亂心，是謂中得，有神自在身，一往一來，莫之能
　　　　思，失之必亂，得之必治。敬除其舍，精將自來。精想思之，
　　　　寧念治之。嚴容畏敬，精將至當為自定，得之而勿捨，耳目不
　　　　淫，心無他圖。正心在中，萬物得度。[4]

4　〔東周〕管仲著，顏昌嶢校釋：〈內業〉，《管子校釋》，卷16，頁402。

《管子》以為介於道與形氣中間的神，既有道之生化無限性，亦能將道的氣化分別凝化成不同形體，及將其生成秩序賦予成各物之德。神在身上為精，神如道般往來生化，在身之精，則更具體將神用轉為身體之正靜狀態與守一無適的治心工夫。

「形正德來，中靜心治」指道之神用，可使萬化各得其正形，各形與各形間既有同一氣化的共同性，亦有其差別性，見神化之不可測。各形既正，形中神用之生生秩序義亦同時賦予於形中，而成各形之秩序義，如天有天德；地有地德。形德由統觀說，若由自身說，言行若順道而行，則身自正靜，心亦順道宰制思為。能正形則天地正，能設德則天有仁，地有義，神化不已，自然帶動天仁地義亦不已。如此有形物象，無形倫理皆為神化之範圍。故曰「神明之極，照知萬物」。神由道來，及至於身，便為人身之主宰。主宰自不可因五官或因外象而失位，亦不可因心不調治五官而失德。此由有形五官，無形心思統體之正靜，說存神即中得。

道遍在流行，神自亦往來於有形、無形而不已。此神落於形身時，會再受形身限制其發用，而成各人物的精。除神凝形為精而受限外，神若在形身中，仍保持生生無限性，消除人為不正靜的干擾。此時精雖為身之精，但仍保有神化之無限性。於此可完成由道降為神，由神降為精以為人身主體過程。此由無而有之過程《管子》用形、德、物、官、心等氣化實然來說明，後發展至宋明由無而有過程之神，則多由形上義來說，及至明清氣論又有回復到由實然物象說明神的趨勢。

> 凡物之精，此則為生，下生五穀，上為列星。流於天地之間，謂之鬼神，藏於胸中，謂之聖人；是故民氣，杲乎如登於天，杳乎如入於淵，淖乎如在於海，卒乎如在於己。

是故此氣也，不可止以力，而可安以德。不可呼以聲，而可迎
以音。敬守勿失，是謂成德。德成而智出，萬物果得。[5]

　　《管子》此段由氣來詮釋精。氣是陰陽相生相成的作用，孤陰不
生，孤陽不成，知氣含陰陽二面，推廣的說有與無，上與下，形與德
等可分二者，皆統合於一氣或一道中而為一整合的宇宙或人生。氣由
道來，道生化不已，氣亦氣化萬物不已。道能成形與成德，則氣化流
行生成萬物，萬物自身自然本具成形、成德之條件。由以上所述氣之
自然狀態來看《管子》的氣「不可止以力，可安以德」知氣有以道為
體的流行不已之作用，自然非人力所可止。道有生生神用，神用萬化
不已，其不已性既含有生生的價值義，萬化不已，又各自有別，表示
氣化萬物各有其主體性，及各物之德。各物各有其德，一以表物皆以
道為其體，一以表道為眾德之共同原則。所以作為道流行作用之氣，
既可凝道於物而為德，亦為各德之間的共同作用，故曰「可安以
德」。道本無形，故其流行作用之氣，自然亦非有形感官能耳聽目視
到，只能用同屬無形的心氣來體悟無形之道。敬守勿失此道有形與無
形之氣，便是完成道透過氣化流行於人而為德的目標。

　　「凡物之精，此則為生」氣化作用是精，「下生五穀，上為列
星，流於天地之間」此精可凝為實然五穀。又可為介於有無之間的列
星，又可流行於包括有形與無形為一體的天地之間。可知精貫通於有
形，介於有與無，有與無統為一體的三種層面而為其生生流行之作
用。此「精」貫通有無兩間，而為氣化整體之作用，與前述「精將自
來」「精將自定」等意相近。即將精視為由無形之神用，更有條件
性，目的性的作為更偏向於由實然人物說生化作用者為精。簡言之，

5　〔東周〕管仲著，顏昌嶢校釋：〈內業〉，《管子校釋》，卷16，頁396-397。

神落於形氣中為精，因此精仍保有神無限妙用的本質，故又不限在哪個形物中為精，而有形與無形之萬有中，其生妙不已之作用皆為精。精以氣言，便是通於有與無的「精氣」。此精氣藏於胸中，用正靜工夫使發為日用倫理，便是聖人。由道而神而精而聖人，是由上而下命令賦予。聖人成德先成全精再神上至道，是由下而上的人文工夫。而精氣杲登天，杳入淵，淖在海，卒在己，則是統貫上下為一整體後，再強調此精氣是遍在天、淵、海、己等實然人物的同一平面。故精氣可縱貫上下兩間，亦可橫貫四面八方，而為此一氣化宇宙中的形德二路的創造作用。

> 精存自生，其外安樂，內藏以為泉源，浩然和平，以為氣淵。淵之不涸，四體乃固，泉之不竭，九竅遂通，乃能窮天地，被四海。中無惑意，外無邪菑。心全於中，形全於外，不逢天菑，不遇人害，謂之聖人。[6]

上段《管子》的精重在貫通有無，此段精重點在我與人、物等實然天地萬物各個單位，雖有形、位之分別，但能成就精氣便是道通天地的聖人。「精存自生」指人有精氣運行，外在日用合於精氣而安樂。藏精氣於內，生命作用亦如泉源般發動不已。道體流行從容無間，凝為精氣流行，其狀自然浩然和平。精氣如道般不已地發用為人事，故曰「氣淵」，氣淵不涸表示精氣不已地充塞於四體，使四體動而不停。亦不已地流注於九竅中，使九竅亦通暢不已。此二具言精氣是四肢竅脈運行不已的根源，精氣既是身體轉動之發動者，精氣又可上由生妙不測之神來說精，亦有「窮天地被四海」的氣化遍在義。亦

6　〔東周〕管仲著，顏昌嶢校釋：〈內業〉，《管子校釋》，卷16，頁403。

可內由「中無惑，外無邪」保身合道的工夫作用說。由聖人說，精氣為心之體，使心正靜如理合道。精氣充滿四肢五官，使日用亦如理合道。而聖人即精氣於有形有德之人身最大可能的實現。

四　性、心

> 忿怒之失度，乃為之圖。節其五欲，去其二凶，不喜不怒，平
> 正擅匈。凡人之生也，必以平正。所以失之，必以喜怒憂患。
> 是以止怒莫如詩，去憂莫如樂，節樂莫若禮，守禮莫若敬，守
> 敬莫若靜。內靜外敬，能反其性，性將大定。[7]

天命於人為其體，此之謂性。所謂「天命之謂性」天為體，命為賦予之過程，性以天為其體。《管子》之神與精氣的論述，是在闡明命的次第階段，與內容由無漸有，逐漸有形的過程。《管子》對性之解釋，不脫天命之謂性的主軸，但仍與道、神、精氣說一致，主要由氣化各各不同之實然來說，天在氣化實然萬物之體中為性。與中庸以後至宋明多由形上本體說天命之謂性的路數不同。「凡人之生」之體是性，而「必以平正」的平正則規定性之倫理義初始由道生生秩序蘊含價值義而有。但道內容尚未如宋明理學直截說道以仁義禮智信為性內涵，性只有初始的原形，如「平正」偏向形式上原則上的倫理義。性中尚無明確的仁義禮智性之分別，仁義禮智信要在人生實然的工夫上才明白界定出來。晚至明清論氣諸儒亦謂「仁不是性，行仁才是性」，有回歸管子時代由實然論性之趨勢。而干擾性平正的是五欲之五官，即喜怒之二凶。五欲因喜怒擾，於是由道而神而精氣而性的平

---

7 〔東周〕管仲著，顏昌嶢校釋：〈內業〉，《管子校釋》，卷16，頁406。

正狀態便被打破。故須用詩止怒，用樂去憂，用禮節樂，以敬守禮，
以靜守敬，而詩、樂、禮是外在儀節的制約，內靜外敬則是內在的自
律工夫。《管子》的神、精氣均統攝形德二面，則復性平正的工夫自
亦外在他律內在自律並重。明清論氣諸儒亦主張養氣工夫自律他律應
為一體，此亦有回歸戰國末期管子主張的趨勢。

> 凡心之刑，自充自盈，自生自成；其所以失之，必以憂樂喜怒
> 利。能去憂樂喜怒欲利，心乃反濟。彼心之情，利安以寧，
> 勿煩勿亂，和乃自成。折折乎如在於側，忽忽乎如將不得，渺
> 渺乎如窮無極，此稽不遠，日用其德。[8]

《管子》的「和」指精氣本是生理的七情六慾，不要使七情六慾過度
膨脹。心本來是中和的狀態，七情六慾要心調節。當七情六慾太弱或
太多時，心就要調節過多或過弱的七情六慾成中和的狀態，調節成中
和的功夫，便是以心虛靜為目的。

　　心維持原本的五官、七情六慾的狀態，如元氣、神魂精魄，降凝
於形軀、臟腑的正常狀態，不要向外求向內求，即虛靜。由虛靜的工
夫說，人被拋擲到世界上，外界對情慾影響過多的去掉，過少的則要
主動去增加。達到如理流行的狀態，便是虛靜，便是中和。所以心既
能安治同居生理層的五官，又有安治五官表現為倫理的作用。而心治
心安工夫，是達到如道般的無所不在，又渺兮無窮極的狀態。虛靜工
夫，中和是理想。由氣論說，道和人中間的連結叫「神」。《管子》對
道的本體性、超越性，以補發為實然世界的各種狀態來說道。

　　「道」在自然山川，五臟、五行、五德之中，「神」是將道體凝

8　〔東周〕管仲著，顏昌嶢校釋：〈內業〉，《管子校釋》，卷16，頁397。

為自然山川、五臟、五行、五德之中的無形生化妙用。神再降為實體層次的生生作用，便是精氣。道透過神的作用凝為人身上的精氣。精氣內於五臟、五行、五德中，發為人倫日用。精氣有此神用，乃因神源於道。而道將其生化不測妙用之神，凝為形體中之精氣，精氣透過五行、五藏、五德等狀態，使宇宙成為多元可見與可變的實然世界。王弼以後的道家把道講成形上，王弼之前秦漢、戰國的道家，是比較偏形下的，比較重視實然經驗。

> 道滿天下，普在民所，民不能知也。一言之解，上察於天。下極於地。蟠滿九州。何謂解之？在於心安。我心治，官乃治，我心安，官乃安。治之者心也，安之者心也。心以藏心。心之中又有心焉。[9]

《管子》把天、地、人、我，視為一個整體，道在於心安，我心治，官乃治，我心安，官乃安。官是五官，耳目口鼻心，主要功能乃與天地人我溝通，使彼此成為一整體世界。此處之心，一是心治，一是心安；唯「治之者心也，安之者心也」，此心為另一種心。心能治，心能安，是心之基本作用；治之者心，安之者心為另一種心，於是可說「心以藏心，心之中又有心焉。」心能治，心能安，是天生顯道於四肢、言行的作用。能治心，能安心者，則提高一層，言心具有人為主觀修養，展現人文的自主性與倫理性的作用，亦稱之為心。心中之心指的是道德之心，而前者之心指的為形器之心，即形器之心藏有道德之心。心的作用與五官的作用不同，但心的內容是精氣，五官的內容也是精氣，故心能安，亦能治五官。五官又為之呈現天地流行及生生

---

9 〔東周〕管仲著，顏昌嶢校釋：〈內業〉，《管子校釋》，卷16，頁403。

有序的實體，故心亦有安治倫理行為的作用。

以氣化論而言，元氣本體、神魂、精魄三個層次俱在形體中，元氣、神魂、精魄即用心來表現。五官亦以元氣、神魂、精魄來運作，心與五官兩者運作原則性相同，差異性即心是作為掌握五官之作用，而五官是被管理者，五官沒有主動創造的能力，惟有心才有主動創造倫理行為之能力。從陰陽五行氣化論來看，元氣本體、神魂精魄、五行，這三個層次都同時在我們的形體之中，其作用表現就是心。從此講心安，人是元氣、精魄構成、運作。耳目口鼻中也自有元氣、神魂、精氣運作。心也是元氣、耳目口鼻、精魄運作，故耳目口鼻與心同為元氣、神魂、精魄，這是原則性。差異性就是心是作為掌握耳目口鼻的作用，耳目口鼻沒有主動創造的能力，只有心有主動創造的能力，故心能治，心能安。心和五官是同質同層，內容都是神魂精魄，只是心能創造，五官不能創造，但是五官不會排斥心的主宰。這是一種自然層次，身體功能上的自然統整狀態。

「心以藏心」，和五官同具功能性的心，又比五官多出創造的作用，所以有兩種心。一種是管理五官的心，此心與五官同屬自然生理層次。而此生理之心，又有發動呈現精神內容的能力，且此心能將內蘊其心中之道，通過同為精氣貫通的五官，將道實現出來。進而上提一層，使心可以成為主宰五官有倫理性的，主動性的運作，以實現道的遍在。此時心已由生理層次上提到人文層次，這就是「心以藏心」。

見聞之知是耳目感官的能力，自然運作的心除有見聞之知能力之外，心還有德行之知的能力。心和口鼻都有見聞之知的能力，但心比耳目口鼻多了一種道德創造的能力。羅欽順說見聞之知、德行之知是一心。而見聞之知、德行之知誰先出？往前推原是天人一體，見聞之知和德行之知是同時具於心的。像氣有陰陽，所以德知、聞知具有。從具體發生看，以人先掌握身體，再發展出倫理的過程來看，若先有

身體，再有道德創造的能力，這屬物先於心。假使先有道德心，才有耳目聞見能力，屬心先於物。從《管子》立場說，應是氣有陰陽，德知、聞知都在，同時出來。

《管子》同時承認有德知和聞知，五官之知，道心之知，同時出現，故云「心以藏心，心中又有心」。心和五官都是心知，但心又可反過來用道德意向管理五官。所謂「治之者心，安知者心」。

> 「心之在體，君之位也；九竅之有職，官之分也。」耳目者，視聽之官也，心而無與視聽之事，則官得守其分矣。夫心有欲者，物過而目不見，聲至而耳不聞也。故曰：「上離其道，下失其事」。心術者，無為而制竅者也。故曰：「君」。[10]

「心之在體」心為精氣之性的宰制發用，性為天所命予之體，此說心「在體」此體應指身體，非由形上道所命之性為形上之體。「在體」亦指心為宰制五官四肢發用的身體的主體，如同國之宰制主體為君王。心為稟道之性的發用，當順形式上的正靜狀態發用，便是道流行於日用人倫。此是原則地說心，若由四肢五官之職分說，耳目感官有視聽職分，此心能視能聽之作用，即是精氣發用於耳目而有的不同之功能，亦即心之功能在宰制五官之職分。而各五官又各有其能視能聽之職分與功能。於是心與耳目各有其職分，不得混淆。由此見道不測之神妙，生心，生耳，生目各有職分，統整各職分而為一生命活動之身體。反過來說，道之無限性非由形上超悟而得，反是由日月山川，心與耳目各為道之不同方向的職分，而可統攝為一無限的道而得。而心即具統攝各職分為一整體，以顯道有無限性的主宰功能。唯

---

10 〔東周〕管仲著，顏昌嶢校釋：〈心術上〉，《管子校釋》，卷13，頁326。

若「心存欲」心本身困執於欲望，使心不能自盡其主宰之部分，將使耳目亦不能各盡其能視能聽之職，則人失正靜而為惡。恢復正靜之心術工夫，便是使心與耳目各盡其職分。「無為而制竅」無為指順道而無人為干擾，制竅指各官能皆由居君位之心宰制。《管子》的心術，主針對四肢官能的順性發用來說，及至宋明心術則發展成多用工夫於本體境界、心性作用上。至明清則心術又有回復到針對日用言行修養上的趨勢。

五　結語

春秋戰國之際，氣論初始，尚屬於自然素樸的狀態，本文試圖由實然的氣化流行來詮釋道德、天地人的理論關係；及至漢代氣化宇宙論盛行，由之而有強調儒家道德義的董仲舒的氣論，亦有發展為道家自然義的氣論，如《老子指歸》、《老子河上公章句》，及順戰國自然氣論往客觀理性發展的王充氣論；至唐佛道盛行，無論道或氣都有往形上發展的傾向；及至宋、明，道與氣皆有形上本體之位階；迨至明、清又從重形上回歸到重形下，由形下氣化中體悟形上之道或氣。此種回歸先秦實然氣化的發展，必先肯認先秦如《管子》為由實然說氣論者，始得為說。

（此篇發表於2019年7月中國甘肅舉辦「諸子學研究的回顧與反思：第八屆新子學國際學術研討會」會議論文。）

伍　儒學的氣論

一　前言

　　先秦以自然素樸的氣論為主，發展成漢代成熟豐富的自然一脈的氣論，如王充、王符、桓譚到魏晉的楊泉等。自然氣論強調氣化中的必然性、秩序性會發展成重視道德義、倫理義的儒學氣論，如《左傳》、董仲舒等。自然的氣論強調天道亦會成為道教的氣論，至唐代重神仙義又豐富了道教氣論的內容。本文主要論述先秦、漢代、隋唐、宋明清各階段儒學這一脈的氣論。

　　先秦儒學氣論，以自然血氣之實然流行及倫理秩序義為主軸。漢代儒學氣論由陰陽五行相生相剋之氣化流行來詮釋道德主體。唐代孔穎達的《五經正義》仍承漢代陰陽五行之氣論，用更完整的理論詮釋五經。宋代初期司馬光、王安石承續漢唐的氣化論，詮釋實然層的道德。周敦頤的太極說將陰陽五行由道教系統轉化注入儒學的道德倫常，強化了儒學的天道論。張載太虛即氣的論述，亦重回秦漢氣化論的路子，但將氣提高到本體位階，並深化義理之性、氣質之性兩種狀態，心有德性之知、見聞之知兩種狀態。較秦漢視心知、性識為一體，氣性道性為一體的傳統更進一步。伊川、朱子將理氣二分，試圖將氣從上下有無貫通為一體的傳統，分解為氣為形下、道為形上的二分局面。開始強調氣之實然性，表明儒與佛老之區別在重視實然，故須對物格物致知。但在工夫上，朱子由形下氣豁然貫通超越到形上理的模式，仍與秦漢氣論下學而上達天道的模式相近。只朱子是理氣二

分，秦漢是理氣一體。陽明雖號稱主張良知本體的心學，唯仍有藉氣
化流行來詮釋良知流行的語境，除流行的模式相近，流行內在倫理
義、上下貫通義、生生不已義有相通處。明代王廷相明確完整建構元
氣本體論，涵攝傳統視為本體的道、理，僅為元氣流行中的秩序，亦
即道、理為後起者，非本體原則。劉蕺山、王船山統攝心體、性體、
道體於氣本體中，而融為一體，視德知、聞知為一心，氣性、道性為
一性。接上秦漢氣化上下一體觀，又進一步深入及圓滿。戴震打破朱
子理氣二分格局，撰寫《孟子私淑錄》，主張回復孔孟重實然的路
子，重建理氣是一，理是氣之條理的傳統。氣論使儒學既有天道論本
體論，又與形下氣化相融互攝，形上形下、有形無形同體共濟。使道
德既有本體位階，亦有實然層面的倫理義、秩序義與價值義。與重形
上的佛老有層次與內容的不同。

　　儒學不重視氣化實然，會使道德倫理懸空，倫理只是原則，非實
然規範。對萬事萬物的才質義、條理義亦不能深入掌握，自然不能將
倫理、秩序與物物各異的條理與才質貫通為一。氣論藉上下有無一體
的理論貫通天道與人事，則天道屬無形，仍為實然之原則，人事雖是
實然，而物物各異的實然各理，中有一致性、生生性，即可將此一致
性重新定位為氣化之天道。

　　氣論由素樸的自然血氣，往道德義發展，建構的儒學的氣論。往
天道論、神仙義發展建構了道教的氣論。綜此三大方向統合言之，由
上而下，先有天道元氣本體一層，再次，由天而人，所謂「命」的過
程，或說上下貫通處的中介階段，所謂「神魂精魄」的一階段。其中
元氣下貫為神魂，亦即是元氣流行的生生妙用。神魂再更顯著的有各
各不同的才質、條理，已到無即將為有的階段是精魄。神魂較精魄保
留元氣生用較多，精魄較神魂領有才質義、條理義顯著。介於天人之
間的魂魄再下貫凝和為有形有質的實然形物形氣。氣為形物生生之主

宰是心，心順元氣神魂之生生作用為德性之知，心順元氣精魄之生生
作用乃見聞之知。氣為形物之本質是性，性具元氣神魂生生作用是天
命之性、義理之性。性具元氣之精魄其中條理、才質比例各不同者是
氣質之性。氣性正可與其他人事之氣性相對應，義性亦正可與其他人
事之義性相應，於是人事互相共構為一既實然又具倫理義，又彼此相
通的世界。情在秦漢是氣化流行於人身的自然多向的呈現。天命於人
為性，性之發為心，心於人身的呈現是情。人身的道體、神魂、精
魄、氣質義理內容，都是情發用的共通內容。所以基本上情為善，情
發有過與不及方為惡。此非由本體說情善，而是由情以道體、神魂、
精魄為內容，所以無過與不及，說情是善。知氣論魂魄說，預設了情
善的基礎。

二　春秋時期

> 幽王二年，西周三川皆震。伯陽父曰：周將亡矣！夫天地之
> 氣，不失其序；若過其序，民亂之也。陽伏而不能出，陰迫而
> 不能烝，於是有地震。今三川實震，是陽失其所而鎮陰也。陽
> 失而在陰，川源必塞；源塞，國必亡。[1]

儒學在先秦時期由天地山川與人事的自然狀態，合於常道與否，為政
治、人倫秩序的判斷標準。如天地之氣，不失其序，則國治，其序過
與不及，則國亂。而天地之氣的秩序，指陰陽各得其所其正，若陽應
出而伏，陰應烝而迫，陰陽不得其所，則有地震。地震之因非由科學

1　〔魏〕韋昭注：〈周語上〉《國語》，收入叢書集成新編，第109冊（臺北：新文豐出
　　版公司，1986年），卷1，頁593。

解釋，而是由陰陽氣化失序所導致，進而政治跟著崩壞。可知，氣化秩序，貫通山川變化與政治倫理兩層面的秩序。

> 天有六氣，降生五味，發為五色，徵為五聲。淫生六疾。六氣曰陰、陽、風、雨、晦、明也，分為四時，序為五節，過則為菑；陰淫寒疾，陽淫熱疾，風淫末疾，雨淫腹疾，晦淫惑疾，明淫心疾。[2]

《左傳》用六氣說明天地、四時與人身的關聯性。天之六氣，化為五味、五色、五聲，味、色、聲為無形又有內容之氣，為陰、陽、風、雨、晦、明六氣所轉化的狀態。若分化正常，則四時流行。若淫過或不及，則六氣轉化六疾，流行不暢，人身社會皆成負面存在。知氣有才質義，如色、味、聲。有分化義，如六氣。有價值義，如分為四時，過則為災。而合時或過災的判準，則可適用時空與身心二領域，而具通貫有與無兩界的一致性。

> 口內味而耳內聲，聲味生氣。氣在口為言，在目為明。言以信名，明以時動。名以成政，動以殖生。政成生殖，樂之至也。若視聽不和，而有震眩，則味入不精，不精則氣佚，氣佚則不和。於是乎有狂悖之言，有眩惑之明，有轉易之名，有過慝之度。[3]

此段不由天地之氣下貫人事來談，亦不由氣有聲、色、味的過災或正

---

2 〔周〕左丘明傳、〔晉〕杜預注、〔唐〕孔穎達正義：《春秋左傳正義》（台北：藝文印書館，2001年12月，十三經注疏本），頁708-709。

3 〔魏〕韋昭注：〈周語下〉《國語》，卷3，頁601。

常二種狀態來說。主要由身體外在感官與內在器官，能否相應，共成生命的流暢來說。聚焦在身體氣化流行，順暢為常，悖佚為變。常則為倫理之善，變為倫理之惡。此階段善惡尚未由漢代陰陽五行之常道，及宋明道德本體的階段說。較為素樸的由人身言行的自然順暢與否來說善惡。如感官的口耳，發為無形又實有的味聲，貫通感官與無形的是氣。氣又透過感官的口目而為無形的言與明的能力。「言以信名，名以成政，明以時動，動以殖生」，則人事成就，生物不已，即人身言行順暢之至樂。此將有形感官，無形感覺，成就為有形又生生不已的人事。亦即人事內在外在通體一貫的整體架構，可由氣完成。反之，氣佚而感官不調，而有狂悖之言，眩惑之明。可知，口耳目順氣而為乃常，逆氣而為乃變。身體之氣之順暢蘊含價值判斷標準之意。

三　戰國時期

> 易有太極，是生兩儀，兩儀生四象，四象生八卦，八卦定吉凶，吉凶生大業。是故，法象莫大乎天地，變通莫大乎四時，縣象著明莫大乎日月。[4]

由簡易、變易、不易的生生易道說太極，太極蘊有根源義，是由生化源頭，寓其有最高根源義，所以不是由形上層說其為根源為本體。而是由實然生化層，指出其原則性的根源義。由可說可把握的數目說生二生四生八為太極之所出，是由實然層點出生化由簡而繁的秩序。藉由生化無窮不已說太極為根源，與由絕對、唯一、最高等描繪本體義

4　〔魏〕王弼、〔晉〕韓康伯注、〔唐〕孔穎達等正義：《周易正義·繫辭上》（台北：藝文印書館，十三經注疏本），頁156–157。

的話語說太極為根源是不同的。吉凶大業牽涉到倫理判斷，人文化成等事業，亦屬生化層的終始義與價值義。而此生化的終始完成義與價值義，又通貫於天地、四時與日月實然世界的完成其價值義，背後即一體渾全的氣化流行不已的理論架構。

> 精氣為物，游魂為變，是故知鬼神之情狀。與天地相似，故不違。……一陰一陽之謂道，繼之者善也，成之者性也。[5]

精氣是氣化成物的具體化作用，游魂為氣化成物的神妙作用。生化的根源是太極，太極由二四八的實然層說，所以太極生化有各種可能性的不同。即太極由無而微的狀態是神魂，由神魂再落實凝為形氣前而具才質義及條件限制性的狀態是精魄。所謂「知鬼神之情狀」，鬼固可由人死為鬼說，由有功於人之鬼為神說。若在元氣（無）→神魂（微）→精魄（顯）→形氣（著）的架構解釋下，鬼可為形氣消亡後，生命回復到形氣之前的狀態即為鬼。鬼再向上超越回復到氣化自由流行無礙，保有任何生生可能性、方向性的狀態即為神。道由陰陽相生不已說，不由絕對、形上說，道乃氣化之道義明顯，道乃本體之義弱。由生生繼之不已說善，亦是由化生萬物為大德說善。性若由與氣性無關之形上天賦與而有，而氣性與天終有異層異質之隔閡。若性由氣化根源太極，藉自身陰陽化生為人而有，則太極陰陽之道，即是萬物之根源，此根源亦為人性自身之生生根源。如此人與太極渾融一體，只有位階不同的差別，此乃戰國時期素樸自然的天人觀。

> 夫志，氣之帥也；氣，體之充也。夫志至焉，氣次焉。故曰：

5　〔魏〕王弼、〔晉〕韓康伯注、〔唐〕孔穎達等正義：〈繫辭上〉《周易正義》，頁147–148。

持其志，無暴其氣。……志壹則動氣，氣壹則動志也。今夫蹶者趨者，是氣也，而反動其心。……我知言，我善養吾浩然之氣。[6]

此段若由氣為形下者看，則心志成控制形氣之主宰。但為主宰之心，是具本體位階之心，則此心主宰之形氣有異質異層之隔閡，無功夫貞定此氣，則有扞格之弊。若由戰國時素樸自然的天人無隔，又隱晦難明的實然層觀察，則志與氣皆一生命主體之兩面。如心之所之的志，是氣之所之的呈現。為志所帥之氣，亦是為氣自身之所向之志所帥。故可順推說「志至氣次」，亦即氣之所之為志，志之所之乃氣之所欲之者。若持志，無暴其異質之氣，則無暴是結合二者為一的工夫，但此工夫仍保留志與氣為異質的存在，非志與氣果為一體的存在。待工夫豁然貫通上下無別之說出現，須待到宋明朱子以後。在戰國尚無此上下異質豁然貫通之工夫，此時應屬於上下可彼此默契貫通的狀態。能彼此默契內化的前提是彼此既有層次、素質在位階上的差別，而彼此的層次、素質的差別中，有一共通性，保證上下真能默契無隔。理氣一體論，較理氣二分論更適合證成此命題。由唐宋形上形下二分觀念成熟的角度看，志壹動氣乃重形上而忽略形氣之莽撞。氣壹動志，乃專注約束形氣而忽略形上之超越性。若由戰國素樸尚未明確建構上下一體的理論，而就實然層指出萬物中有其一致性及殊異性的立場說，「志壹動氣」指生命本為氣、志共構為一，若強調志引導氣，生命的平衡便遭破壞。同樣「氣壹動志」過於強調氣，則貶低志之重要性，破壞了志、氣共構的平衡性。若志與氣平衡的改變是由自然客觀

6　（漢）趙岐注、〔宋〕孫奭疏：《孟子注疏》（臺北：藝文印書館，十三經注疏本），頁54。

條件造成，則為道之變。若此平衡改變是人為的，則有違道之常，須「善養吾浩然之氣」以正之。由上論知，道氣一體觀較理氣二分說為符合戰國素樸原始的由上下無別說的時代思潮。

> 凡人雖有性，心亡定志，待物而後作，待悅而後行，待習而後定。喜怒哀悲之氣，性也。及其見於外，則物取之。〔性〕自命出，命自天降。道始於情，情生於性。始者近情，終者近義。知情者能出之，知義者能入〔之。好惡〕〔者，性也。所〕好惡，物也。善不善，性也，所善所不善，勢也。[7]

上博簡〈性自命出〉章，定義性為喜怒哀悲之氣，則性非由天道下貫於人說，而是由血氣身軀的喜怒不同情感的來源說。「好惡者性」可由道德主體之順與違說好惡，但主體順逆之好惡行為，仍需由血氣身軀的情感來呈現。若順喜怒之氣為性之所發，則喜怒之氣即性所發之情，此時性與情與氣皆為同質同層相通者。由此有喜怒不同情發的性，此性中自有好惡之取捨能力及呈現好惡的作用。知此時好惡非由道德主體表現，順其自身判準則好，逆其自身判準則惡的能力。而是由血氣形軀自身的運動作用好惡之判準，合於血氣運行者則好之，不合於血氣運行者則惡之。可知，性由血氣說，且性之好惡即血氣之好惡。人有性，性有好惡能力，心自會依性之好惡定志向，如性待與外物相應其自身者而發，性待與悅樂其自身者而行，性待與其自身成習者，藉之確定性之自身。由待物、樂、習等經驗實物說性，知性非由形上說，而是指點形氣中的共通性說，且形氣有萬殊，所以氣性亦有

7　丁原植著：〈上博簡《校讀記》校訂本釋文〉《楚簡儒家性情說研究》（臺北：萬卷樓圖書有限公司，2002年5月），頁23。

殊異性。此殊異性既是性自身本有，此殊異性亦可與殊異之萬物做某方所的契合，使性在不同方所上與外物有相應契合的可能。蓋外物亦是氣性所為所有的，故彼此有相應之可能。「性自命出，命自天降」天為萬物根源，將其自身賦於萬物的作用為命，萬物以天所命於自身者為性。此為道氣一體論，理氣二分論所共同使用的模式。道氣一體者之天、命、性皆由素樸的實然經驗的層面說，屬初期的天人觀，天人能通在於皆由氣說。理氣二分者之天、命、性則屬人文成熟，辨析明確的唐宋思潮所主張。「情生於性」性上承天命而平行的表為形氣層之情，此為通則。「道始於情」則指道非最高根源，而是性所發之情所必然生發的狀態。而道乃情所發初始必然如此之狀態，道順自然形氣而為，而成其為自然如此合宜的呈現便是義。知天命為性，性發為情，情之自然如此為道，道之合宜於人事，乃為義。知道德情義，不由天命下貫而來，而是由實然經驗的相融通說的。明王廷相、劉蕺山有「道其後起」說，亦是承此由氣性之發用說道的理路而來。

> 凡道，心為主。道四術也，唯人道為可道也。其三術者，道之而已。《詩》、《書》、《禮》、《樂》，其始出也，皆生於人。《詩》，有為為之也；《書》，有為言之也；《禮》、《樂》，有為舉之也。聖人比其類而論會之，觀其先後而逆順之，體其義而節文之，理其情而出入之，然後復以教。教所以生德於中者也。禮〔作於〕情，或興之也。

> 〔凡〕聲，其出於情也信，然後其入撥人之心也夠。聞笑聲，則鮮如也斯喜。聞歌謠，〔則陶如也斯〕奮。聽琴瑟之聲，則悸如也斯嘆。觀《賚》、《武》，則憤如也斯作。觀〔《韶》、《夏》，則勉〕〔如也斯斂〕。永思而動心，喟如也，其居次也

　　久，其反善復始也慎，其出入也順，始其德〔也。鄭衛〕之
　　樂，則非其聲而從之也。[8]

　　上博簡以為「道始於情」，指道乃人身經驗層中情所發之各種可能
中，有一普遍的共通性為道。行道之術有四，而以性所發之心主宰成
就。心可主宰之道，乃心之所在的人道、其他之道，皆導向人道。可
知道由經驗層的心性主宰成就，道非由形上本體為定義。心所發之情
而為詩，心所發之情為政事乃書，心所發之情所為舉止合宜乃禮樂。
亦即詩書禮樂等倫理規範皆出於人之始發之情，及詩書禮樂規範確
立，便反過來引導人之初情需順規範而行。如此人情發為詩書禮樂之
道，此道又在經驗層面做為人倫的道德規範。所以聖人「觀其先後而
逆順之」，使情所發有先後之序，「體其義而節文」，使情所發能有節
制而合宜。「理其情而出入之」，使出入之所為皆根於情，合於情之所
發。如此體義理情以為教，德自生於中。可知道源於情，又復返為
情。情中本蘊有倫理義，所成就之道，如詩書禮樂自身中自亦有倫理
義。知道由經驗的共通性定位，不由主體定位。道之倫理義非被懸空
所賦予，而是由情有為而為之詩書禮樂的規範秩序而有。

　　上博簡以為詩書禮樂之人道因出入於情而有，此由教化層次來
說，由人身感官、感覺所發的情的層面說，情亦人心能有感與感而遂
通的實現。故曰「聲，其出於情也信，然後其入撥人之心也夠」，情
因外物有不同，而引發或回應之情也有不同。如心聞笑聲，發為喜之
情。心聞歌謠，發為振奮之情。心聽琴聲，發為感嘆之聲，此為聲引
發有多方向可能之情。觀《賚》、《武》等戰爭舞蹈，心會生發肅穆之
情。觀《韶》、《夏》等和諧舞蹈，心會生發和順之情。此皆使心產生

8　丁原植著：〈上博簡《校讀記》校訂本釋文〉《楚簡儒家性情說研究》，頁24。

悸動之情，此情既有生理心理上之對應如喜、奮、歎等，亦有振奮、和順不同之情意。若居次久，復始也慎，出入也順，而德便在其中。亦即將身心奮、和等言行秩序涵蘊久了，言行秩序會轉化為倫理的秩序。此時倫理義非由道德本體來，而因默契經驗秩序內化成人身的倫理秩序而有。此德積久正與鄭衛之聲對比，亦確立此情之秩序屬正面之道德。

可知上博簡所論之情，會依人事不同有不同方向的表現。外物引發笑、歌，心依笑、歌發為對應外物不同感通之情。可知情有多元方向發生之可能，來自能回應不同方向外物的心。能回應不同方向感通之心，來自具有各種可能性於內的性。此性由喜怒哀悲之氣規定內容，則性有喜怒來自氣含喜怒各種可能性。含各種可能之性的氣，重心在自身有多向發展性。此發展性可上推至氣化的天地、山川、日月的氣化初始狀態。戰國時尚未明確指出氣化根源為形上本體，但此氣化宇宙的根源是本體的概念已潛蘊於其中。

四　漢代董仲舒

> 天德施，地德化，人德義。天氣上，地氣下，人氣在其間。春生夏長，百物以興；秋殺冬收，百物以藏。故莫精於氣，莫富於地，莫神於天。天地之精所以生物者，莫貴於人。[9]

天氣上，地氣下，人氣在其間，天道、人事中間是精神魂魄。天命的過程內容是命，命即精神魂魄，透過精神魂魄凝合成人，人身上即有精神魂魄。人的精魄即氣質之性或見聞之知，人的神魂即義理之

9　（漢）董仲舒：〈人副天數第五十六〉《春秋繁露》，收入王雲五主編《四庫全書珍本別輯》（臺北：臺灣商務印書館，1975年）別集・經部，第47冊，頁2。

性或德性之知，當人把氣質之性、義理之性、見聞之知、德性之知表現後，人就回到本體。故天→精神魂魄→人，是由上而下，人→精神魂魄→天，是由下而上達天道，此即完整之循環。天因元氣生生之流行，不斷創造不同事物，生生之謂德，此乃天德施。地因長養萬物而無物不長，此謂地德化。地德化是把天地山川之精華化為體內之質，人的本質是元氣生生，把元氣生生表現出來即人德義。董仲舒的天是元氣，元氣在無形狀態屬上浮，因孤陽不長，孤陰不生，故天地是一氣，非天是一氣，地是一氣。天是氣之陽之性質，地是氣之陰之性質；氣上浮之狀態即為天，下沈狀態即為地，天地即為一氣，人即在此一氣的天與地之中。人稟氣中之陽升與陰沈結合即為人，人之尊貴即由此突出。氣之上浮與下沈皆為一氣之流行，進而天氣內含有地氣，地氣內含有天氣，人中亦有天地之氣。若以格線或符號表示，上為天，下為地，中間為人；易經之六爻，初、二爻為地位，三、四爻為人位，五、上爻為天位。合稱天、地、人三才。三者位階各異，但本質皆是可上下貫通之氣。春夏秋冬的時間秩序與金、木、水、火、土五行的才質義，及東、西、南、北、中空間的分別，整全為一春生夏長，秋收冬藏之氣化宇宙。精即是春生夏長元氣流行，具體化之實然作用，成就百物興盛；在春生夏長前，精氣潛藏地中，一氣流行之作用仍處潛伏之狀態。

元氣流行有其秩序，有春天之始，有夏天之茂盛，有秋天之暫停與冬天之收藏，故元氣流行秩序亦有其實然性。元氣流行不是指在絕對無限之層面自由自在，是指從冬的地底到春的萌牙，夏之茂到秋之結果，再到冬之收藏。一氣流行生生不已，所以百物以興，百物以藏。有生有長，有殺有藏之循環順生生不已之時間前進，春秋生殺在實然氣化中亦循環不已。

「莫神於天」，天乃一氣流行中上浮之位階，神即生生不測之

妙，生生不測之作用其實是天。而真能在具體實然上長養成非常多具體才質各異之物，則是地。天有無限創造之可能性，地有完成具體事物之才質，精即氣強力由無形凝為有形之作用。天有無限生妙之可能性，亦因此精之作用，讓地有無限具體之事物產生。精之所以能生物，是將一氣流行無形生生之作用與凝為實然宇宙的才質統攝於一氣之中。人是一氣，本有無限生生之神妙，也有具體成為形體的才質。故人既有天氣，又具有地氣，即一氣也。人貴於動植物，因人有心性，天道流行的秩序義貫於萬物中為物之本質即性。性是普遍的，動植物、礦物也有價值義與秩序義，此時人與動植物、礦物應是平等。但人有心，會把氣性中之才質義、價值義、秩序義表現出來，此即天地之氣精華的呈現。所以天之精生化萬物，人之精氣則可實現道德言行。及至宋明把心性分二種，氣質之性，偏向於地，心可將其表現為見聞之知；義理之性，偏向於天，心可將其表現為神魂能力之德行之知。

五　唐代孔穎達《五經正義》

　　人稟五常以生，感陰陽以靈。有身體之質，名之曰形。有噓吸之動，謂之為氣。形氣合而為用，知力以此而彊，故得成為人也。此將說淫厲，故遠本其初。人之生也，始變化為形，形之靈者名之曰魄也。既生魄矣，魄內自有陽氣。氣之神者，名之曰魂也。魂魄神靈之名，本從形氣而有。形氣既殊，魂魄亦異。附形之靈為魄，附氣之神為魂也。附形之靈者，謂初生之時，耳目心識，手足運動，啼呼為聲，此則魄之靈也。附氣之神者，謂精神性識，漸有所知，此則附氣之神也。是魄在於前，而魂在於後，故云「既生魄，陽曰魂」。魂魄雖俱是性

靈，但魄識少而魂識多。……鄭玄《祭義》注云：「氣謂噓吸
出入者也。耳目之聰明為魄。」是言魄附形而魂附氣也。人之
生也，魄盛魂強。及其死也，形消氣滅。《郊特牲》曰：「魂氣
歸于天，形魄歸于地。」以魂本附氣，氣必上浮，故言「魂氣
歸于天」；魄本歸形，形既入土，故言「形魄歸于地」。[10]

　　唐孔穎達《春秋左傳正義》中引漢鄭玄注《祭義》，以呼吸出入
於身體者是氣，身體之耳目之聰明是魄，所以魂魄的關係是魄連屬於
形，魂連屬於氣。人生時，形魄氣魂俱盛。及亡，則形消氣滅。由身
體運行之經驗定義魂魄。漢《禮記・郊特牲》以為魂本附屬於氣，氣
必上浮歸於天，所以魂氣歸於天。魄本連屬於形，形亡入土，所以形
魄歸於地。可知魂生時連屬於噓吸出入之氣，死後氣之魂復上浮歸
天。所以魂氣既可出入身體的內外，又可通入無間。魄是生時連屬身
體的耳目之聰明，死後形亡入土，耳目聰明亦隨之消亡。所以魄既是
耳目通貫身體內外的實有作用，但此實有作用只限於存在於生時，形
亡後即無，不如魂生時存在，死後仍存在於天。亦即魄受限於形體，
只存在形體中，魂則不受形體限制，可存在於形體外。

　　穎達對漢代討論有關氣的魂魄觀，從唐代立場重新詮釋，孔氏亦
由人身體內外由氣而互通的觀點說魂魄。人因陰陽靈妙之感通而有，
五常亦隨陰陽氣化稟賦於人，人為一生生與倫理俱有之存在。人身有
陰陽之氣凝結的體質而有形，人身有陰陽呼吸之流動以為氣。有形之
體質與呼吸流動之氣共構為人形。結合體質與流動作用，便有言行思
慮之表現。體質運動為精力，思慮之流動為知覺，有形與氣，統合有
形與無形。有知與力，統合精力與知覺，建構一內與外、德與材並具

10　〔周〕左丘明傳、〔晉〕杜預注、〔唐〕孔穎達正義：《春秋左傳正義》六十卷（臺
　　北：藝文印書館，2001年12月十三經注疏本），頁764。

的人。而魂魄即為貫通內外、德材不同領域的管道與作用。人生感陰陽凝合而有形，形中仍具陰陽靈妙生生作用為魂。陰陽成形屬魄，魄中仍有生生之陽氣，點出陰陽雖凝合為形，此形仍有功能，非一死體。人除形外尚有氣之運動，氣化運動生生不測神妙作用為魂。所以由形而發的作用，會受到形體之限制。魂為由氣而發的作用，因氣無形，故魂受到限制較魄少。陰陽化生有無窮多的可能性，故感陰陽而有的萬端形氣，其內在陰陽比例多寡亦各有不同，陰陽比例多寡不同，則依形而發之魄，依氣而發之魂的陰陽比例亦不同。如此感陰陽以靈而有形氣，形氣中的感陰陽以靈，又化為魂魄。而感陰陽之靈發用魂魄中，魂魄的性質作用又各異。初生之時，手足運動，啼呼為聲，此屬於身體感官四肢所發的運動是魄，屬生理感官層面。手足運動能自然暢達則為魄之靈妙發用。氣之感陰陽而靈的生生不測作用為神，神之精神性識，屬精神層面，且可為後天漸次提昇所能知覺的層面，其中隱涵上達至天道的向上性。「魄在於前」指魄依形始生而有。「魂在於後」指魂在後天可依生命之發展，漸次上達於天道，故對此魄說魂後。由陰陽成形，形而生魄，成就呼吸言動。氣而有魂，魂成就精神性識，上達天道的人身生發過程的圖式於焉展開。所謂「既生魄，陽曰魂」亦指形而有魄，魄中陽氣不已地發用，轉入精神性識層次便是神。「魄識少」指魄主為手足言行運動，所以知覺性識的能力較魂少。「魂識多」指魂主為氣之流行，所以精神性識思維的能力較魄為強。

　　唐孔穎達主要承繼漢代氣化宇宙論，再由唐代更成熟的立場來討論魂魄觀。漢代氣化的天人觀，以天道或元氣為最高根源，元氣無限就能以被指涉或感受到的生生妙用為神、魂。既因生生妙用可被指涉，同時亦因生生神用是元氣下貫為形氣的第一步驟，故可視神魂為元氣下貫的第二階段。神魂稟元氣生生之妙再下貫到將凝合為形氣，

此時神魂生生之無限性，因更接近形氣，而受形氣限制，其生生之妙
用，只能是與形氣之材質義或方向性相關的妙用，此則為魄或精。魄
之方向性，才質義更凝合為形的四個階段。所以魂魄是元氣或道落實
為人的中介過程。然魂魄又同時賦予在人身中，魄作為形體手足運動
之功能。魂作為人力基於手足運動，而上達於天道的精神性識之功
能。所以由宇宙論觀之，魂魄為由天至人的貫通過程。從人身觀之，
魂魄是人由有形有力進而有知有識的上達過程。統體說元氣通過魂魄
而為人，人通過魂魄而可上達回復元氣或道體。由上而下，由下而
上，魂魄皆居貫通彼此之關鍵地位。

六　宋明清

> 萬物皆祖於虛，生於氣，氣以成體，體以受性，性以辨名，名
> 以立行，行以俟命，故虛者物之府也。氣者，生之戶也。體
> 者，質之具也。性者，神之賦也。名者，事之分也。行者，人
> 之務也。命者，時之遇也。[11]

萬物的根源皆來自於虛無的本體，萬物的具體化生則來自於氣，氣中
有生生義、材質義、倫理義，故可具體凝結變化生成具體萬物。萬物
有具體形體之後，根源之虛透過有生生義、材質義、倫理義等內容，
具體凝合為萬物皆同之性。因此，性中蘊含具有生生義、倫理義之義
理之性、德性之知，以及材質義凝合而成的氣質之性、見聞之知，故
能分辨萬殊之名物。能分辨萬殊之物，是透過耳目感官、手足運動的
見聞之知，再去明辨義理之知，產生表現道德次序的行為。因此，見

---

11 〔清〕黃宗羲：〈溫公潛虛〉《涑水學案》下《宋元學案》，收入沈善洪主編：《黃宗
羲全集》（杭州：浙江古籍出版社，2005年），第三冊，卷8，頁365。

聞之知、德性之知具體的表現，在陰陽五行生克不同的變化過程中，會對應氣化有各種可能性發生的不同命定。

　　因此，所謂虛，其中蘊含氣之生生義、材質義、倫理義，故能生化萬物，故為蘊藏萬物之府第。所謂氣，蘊含生生義、材質義與倫理義，故可具體凝合為萬物，故為生發萬物的關鍵門戶。所謂體，為氣中生生義、材質義，有形無形作用的具體凝結，因此具體之形質於是具備。所謂性，指萬物之材質義凝結後，元氣生生妙用凝為人身之主體，此為氣同質同層相互貫通的不同位階之具體展現，非異質異層形上形下之賦予，故稱生生神用之賦予為性。所謂名，指氣中才質義、生生義具體表現為見聞之知、義理之性，再表現為手足運動、倫理規範，故萬事萬物因此得以有規範次序。所謂行，指人之手足運動、倫理規範之具體展現，故為人之道德行為之施行。所謂命，指人在陰陽五行生剋變化不同之境遇過程中，會隨時與其他時空二五之氣不同變化過程的遭遇。然後在才質、生生、倫理義等多寡不同比例，彼此各異狀態下，基於氣化內容有共通性基礎下，對應或回應各物二五比例各異的當下狀態。此種對應、相應在氣化整體中，無方所限制不已地發生，即所謂命。

　　　變化之應，天人之極致也。是以《書》言天人之道，莫大於
　　　〈洪範〉，〈洪範〉之言天人之道，莫大於貌、言、視、聽、
　　　思。……故孟子曰：「我善養吾浩然之氣，充塞乎天地之間。」
　　　揚子曰：「貌、言、視、聽、思，性所有，潛天而天潛地而地
　　　也。」[12]

<hr>

12 〔宋〕王安石著，唐武標校：〈禮樂論〉，《王文公文集》（上海：上海人民出版社，1974年），上冊，卷29，頁335。

同一事物前後不同變化為變，不同事物之間的互相改變為化。氣化有各種可能，所以人事中也有變也有化的相應。天的變化會相應人之變化，人的變化也會相應天的變化。〈洪範〉所言「天人之道」指的是天人之間種種的變化及條理及彼此相應之狀態。貌、言，是形體表現見聞之知的感官，視、聽，是表現出見聞之知的內在作用。貌、言、視、聽合為思的表現，而思是價值倫理的認知作用，是神魂層次的認識，思的本質是本性中的義理之性。義理之性透過思來表現，而思通過貌、言、視、聽來表現，就是神魂的流行。亦可說呈現神魂作用的德性之知，通貫於氣質之性中而統合成思。孟子所言：「我善養吾浩然之氣」，元氣流行化成某個時空的我這形體，吾善養無限本質之氣，即成就我是元氣價值實然的流行。「潛」，為同質位階的轉化，天之氣和我之形氣位階有上下之別，本質皆同是氣。天、地、人是一氣流行，天地之性和我之性皆以氣為本，只是位階不同。所謂潛只是天人位階不同，但天人皆以氣為體，在本質上可以互通之。性所發的德性之知，可潛通天生化之原則。性發的見聞之知，可潛通地生化之實然者。

> 五行一陰陽，陰陽一太極也，太極本無極也，五行之生，各一其性。無極之真，二五之精，妙合而凝，乾道成男，坤道成女。二氣交感，化生萬物，萬物生生而變化無窮焉。[13]

陰陽相生的一氣流行五行相生的狀態，包含在陰陽相生中，陰陽相生的各種可能性包含在太極本體之中。太極是人所能認知的極限，然認知上的極限亦為有限，而無極則是泯除認知上的極限，為無可言說、

---

13 〔宋〕周敦頤撰：〈太極圖說〉《周子全書》（臺北：臺灣商務印書館，1978年9月），上冊，卷1，頁13-14。

認知的最根源狀態。合能認知及超越認知外的兩層，所以此太極兼具形上的本體義及氣化根源的本體義。

周敦頤言「太極本無極」將太極原本只限於氣化宇宙論提升至本體論的位階。只講太極，會只限於宇宙論生化過程的意涵，但言「太極本無極」時，元氣生化的太極還不是最高，還有一個更高的無極，將太極宇宙論的意義降低，把太極是本體的意義提高。氣化宇宙根源的太極，加上無極二字則增加其本體論的意涵。所以太極既是氣化的宇宙根源，太極也是最高清空的氣的本體。此時的太極不只是包含氣化宇宙論，其氣的本體義亦凸顯出來。氣化萬端的陰陽五行比例多寡各不同，而凝合成的氣質之性也各異，但任一個體中來自氣生生不已而為人本質的義理之性則是萬物皆相同者，由此見出氣化萬物本具倫理義。

「無極之真，二五之精」從宇宙論根源的太極上達到本體論的太極，此本體論的太極，以二氣五行相生不已的無形又實有的強力作用的「精」，為氣化最高根源的無極中既為原則性又有能凝合為實然的全體之功能。所以無極之真的內涵是二五之精，二五之精的本體是無極之真。無極之真和二五之精表述氣化的秩序與作用的層次不同，但本質是一致。二五之精往實然層面凝合，氣化的才質義便漸具體化為可說可見，有形有質的萬事萬物。二五之精較剛健則凝結為男，二五之精較柔順則凝結為女。二五之精凝為乾坤男女時，其本體之無極之真，亦貫通於氣化萬端之中，為萬端之體性。偏倫理義者為義理之性，才質義強的為氣質之性。一氣的陰陽相互交感，而具體化生萬事萬物。萬物生生即言，萬物是由才質義、倫理義、生生義不同的比例組合而成，而有無限的各種可能性，因此說變化無窮也。

　　天地之氣，雖聚散、攻取百塗，然其為理也順而不妄。氣之為

物，散入無形，適得吾體；聚為有象，不失吾常。太虛不能無氣，氣不能不聚而為萬物，萬物不能不散而為太虛。[14]

從先秦到張載，多講天地之氣，未將本體論與宇宙論二分，雖只說天地之氣，但天地之氣的生化中，其變化有其一致性，即是道，是本體。天地之氣即指萬事萬物共通性之氣或指所謂之道，一氣分天地，分陰陽，一開始會分，就表示生化永不會停。故萬事萬物一定有結合的時候，也有分開的時候，如冬至到春分，夏至到秋分再到冬至，一定會有聚散，聚即春分夏至，散即秋分到冬至。

「攻取百塗」指氣化會完成各種可能。各種可能各有各的條理，氣的生化流行，此順而不妄也。一氣妙合而凝，成男女萬物，散入無形。在時間有春夏秋冬之流行，在人有生滅之流行，故人亦有聚而為物，亦會散而無形。氣聚為物，實即精魄、氣質之性強，散入無形，即氣質之性結束。一氣流行在精魄為氣質之性，一氣流行在神魂上即義理之性。氣質之性凝結成形，乃聚而為物，氣質之性一散，即無氣質之性，僅剩義理之性，惟剩神魂。神魂無體，故此體非形體，較偏向本體或主體。簡言之，氣質層面已無，僅剩義理層面，吾體是義理之性，乃一氣中之原則與生生作用。體是義理層面，形是氣質層面。在理氣是一的情況下，體是形氣的主體，形是主體的具體化。

「聚為有象，不失吾常」指等形氣又成形體，變成各種可能狀態。氣質又重新聚散不已，如春夏到秋冬又重新為春夏。「不失吾常」吾常即義理之性還在，在數量上會又覺氣質之性有變化生滅，但義理之性是無變化的。氣質之性知春夏有形體，秋冬則無。義理之性例如春夏秋冬皆有。春夏秋冬不斷循環，氣質之性又有又無，循環不

---

14 〔宋〕張載撰：〈太和〉《正蒙》，收入〔宋〕張載撰，王進祥編：《張載集》（臺北‧漢京文化事業有限公司，2004年），頁7。

斷，而義理之性一直都在。若無氣質之性時有時無，就無具體之世界，其實義理之性藉氣質之性之時有時無，才能彰顯其永恒，若無氣質之性之時有時無，則無法顯出實然中有義理之存在。

「太虛不能無氣」，因太虛的內涵是氣，張載氣本體義極強，即氣有本體位階，也是宇宙生化的本源，故太虛就是無限之時間空間。「氣不能不聚合為物」的「不能不」是生生創造不已的能力。氣中有倫理義、才質義、生生義。氣的才質義與生生義合在一起，妙合而凝，就成萬物。萬物在生生不已的秩序中其秩序義就變成倫理義。這時氣的才質義，生生義，倫理義直接凝合成萬物，萬物乃具有實際形體，形體中之生生義、倫理義較重濁便是精魄之能力，或說是氣質之性，見聞之心知。形體中之生生倫理義較清暢，便是神魂之能力，或說是義理之性，德性之心知。所以氣化聚為萬物，散入太虛。聚時人有精魄神魂之能力，建構實然又有價值的人世。形體散時，精魄、神魂能回到本來無形之狀態，及到再次氣聚為形，再由形體來繼續建構及發展道德的世界。張載即在太虛即氣，氣即太虛的不已發展模式中，確立形上與形下通貫一體的世界。

> 天地之間，一氣而已，非有理而後有氣，乃氣立而理因寓也。就形下之中而指其形而上者，不得不推高一層以立至尊之位，故謂之太極，……太極之妙，生生不息而已矣。生陽生陰，而生水火木金土，而生萬物，皆一氣自然之變化，而合之只是一箇生意，此造化之蘊也。[15]

---

15 〔清〕劉宗周撰：〈引·圖說〉《語類七·聖學宗要》，收入於〔清〕劉宗周撰，戴璉璋、吳光主編：《劉宗周全集》（臺北：中央研究院中國文哲研究所籌備處，1996年），第二冊，卷七，頁289。

天地之間的生剋有生有滅、有創造有完成，只是一氣流行而已。非先有形上之生化條理，而後有形下依其理而生物之氣。而是先有一氣流行，氣中陰陽各種可能性變化凝合為具體萬殊之物，故萬物生化條理皆蘊含於一氣流行之中。也就是在氣化流行所化生之具體形物之中指出其一致性、上下貫通性之生生之理。而在春夏秋冬、東南西北不同時空氣化中體悟此共通性，做為最高原則及根源狀態，故稱此在形下之物中指出形上之理者即太極。

太極化生萬物，其中貫通有形無形之變化條理，即一氣流行之生生之理。其中蘊含陽氣創生作用、陰氣完成作用，與水火木金土之材質義與五行生化原則，順此成就化生萬物。而這只是一氣流行中萬殊之物自然之生化作用，如此一氣中無形生用與有形實然，互相融攝為一整體。

合而論之，只是一氣流行中之無形生生之原則與宇宙化生之作用，皆蘊含在具體化成材質的實然宇宙中。劉宗周固然有強烈的心本體論點，然在其天地只一氣，氣立理因之寓，萬物皆一氣自然之變化的論述下，就形下中指點其形而上者，就二五之氣指點出太極之妙的路向看，頗有傳承秦漢、王廷相就氣化中指點其中生理為太極，太極非形上孤懸之理，所謂道其後起的特色。

> 天人之蘊，一氣而已。從乎氣之善而謂之理，氣外更無虛託孤立之理也。[16]

> 天下豈別有所謂理，氣得其理之謂理也。氣原是有理底，盡天

---

16 〔清〕王夫之著：〈孟子‧告子上篇〉《讀四書大全》，收入於〔清〕王夫之著：《船山全書》（湖南：嶽麓書社，1991年12月），第六冊，卷十，頁1050。

地之閒無不是氣，即無不是理也。[17]

「天」指義理之性，德性之知的作用，和「人」之氣質之性，及見聞之知的作用，同樣是一氣表現出來統合義理之天與實然之人，但由人中有天來說的天人全體之狀態。「氣之善而謂之理」，順著氣之善所表現的秩序是理，生生義、材質義、倫理義在氣化中恰當的表現是善。但每個人的生生義、材質義、倫理義比例多寡不同，於是所生的氣化之理就不同。於是有從乎氣之善之理，亦有逆乎氣之善之理。所謂不善，過與不及逆氣善之理則為不善，所以氣化常態下，理皆是從乎氣之善者，則此理所發為人情者必然為善，此即「情善說」之根據。「氣之理」指從形下氣指出形上理，此時形上理非指與形下氣異質異層的超越的絕對的理，而是氣化萬端中有其貫通彼此的一致性、共通性的理。從秦漢由宇宙氣化中蘊涵貫通上下的一致性之理，發展到朱子分理為形上，氣為形下二分後，又回復到理指氣化中之秩序義、生生義中有一致性的氣中之理。「氣得其理之為理也」順著氣的材質義、生生義、倫理義合宜的表現，「理」是從東西南北，春夏秋冬等形下指出形上的一致性，上下一體貫通無隔。天下沒有氣之外之理，各個形氣有不同形氣之理，任何不同理中有其共通性。雖然陰陽比例不同，但其中一定包含著材質義、生生義、倫理義，是各各氣化彼此有通貫可能之基礎。氣因陰陽五行相生而使各物中之生生倫理、才質義多寡比例各不相同。但理之比例雖各異，比例又皆為氣化之生理，故此氣化之理仍有其一致性，仍可說天地間無非氣，即無不是理。此「即」非二物合在一起的「即」，而是一體有二種層面，二層面本質一致的「即」。

---

17 〔清〕王夫之著：〈孟子・告子上篇〉《讀四書大全》《船山全書》，第六冊，卷十，頁1058。

仰而望之可見者，非天乎？天非形乎？形非質乎？形質非氣
乎？是故天者積氣而已矣。有氣斯有道，有道斯有命，有命斯
有性，有性復有道。道一而已，氣之流行者皆是也。[18]

程瑤田以耳目感官的認知來說天，先由天上的種種星宿或者春夏秋
冬、東南西北來說天。然後有春夏秋冬、東南西北的不同就稱為形，
而形中具有東西南北、春夏秋冬不同的本質，即稱為質。而東西南
北、春夏秋冬這些不同的本質中間的共通性則是氣，所以天是各種氣
的總和。宇宙最根源的本質是氣，先有氣作為宇宙生生無形的原則，
也是宇宙萬物具體的素材。所以氣有才質義、倫理義、生生義，既可
以是無形的，也可能凝結成有形的形物。氣的陰陽五行相生相剋，是
以才質義、倫理義、生生義比例各個不同。而所謂道就是必經之路，
氣必然經過陰陽、五行、才質義、倫理義、生生義而生化各個不同萬
物為內容，如此之過程是道。氣非道，而是氣到萬物這個過程才稱為
道。而道的傳遞過程稱為命，命即是把無形生生的內容變成有形的萬
物，而道為有形的主體就是性。性在氣質中為氣質之性，氣質之性具
有二五相生，才質義、倫理義、生生義的內容。性由形下之中指點出
形上中之永恆不變之理，此種性為義理之性。氣質、義理之性中皆具
有二五相生，才質義、倫理義、生生義。而以其為原則則稱為義理之
性，一具體化就稱為氣質之性，所以氣質、義理之性可以說只有一
性。不管是義理、氣質之性都要經過二五相生，才質義、倫理義、生
生義的生化過程即是道。道為氣將二五相生、氣質等內容下貫於形氣
中，此即是命。二五、才質、生生、倫理義等內容凝合為形氣。形氣
即以其為本體，此即為性。氣性透過心之生生作用發為情，情發順氣

---

18 〔清〕程瑤田：〈述命〉《論學小記》，收入於《叢書集成續編》（臺北：新文豐出版
公司，1989年）總類第十冊，頁538。

之流行無過與不及，便是形氣回復至元氣的上達之道。此時道既由天氣下貫二五相生、才質、生生、倫理義等內容，乃形氣的必然過程，亦是形氣彰顯著明氣化流行為實然的上達之道。由氣而道而命而性又回復到的下貫、上達等雙向發展，即以生生、才質、倫理義等為上下貫通無隔的內容，皆之道的生化及內容。統言之，即一氣流行各個方向的位階與形態。

七　結語

本文由春秋戰國時期的素樸的天人觀所展現的氣論模式及內容。到秦漢董仲舒由陰陽五行說的成熟的氣化宇宙論，明白點出天人能貫通的關鍵為一氣化流行。唐孔穎達注《五經正義》，仍承續秦漢氣化宇宙論的天人觀，明確詮釋由天而人、由人而天的貫通的中介階段為神魂精魄。宋初期王安石、司馬光仍承秦漢氣化論傳統，由氣化說天人一體。後及宋周敦頤、張載則除承續秦漢氣化論外，因受佛老影響，將氣化論中的本體亦提高，張載的心性各分為二，亦承漢代心性論的進一步發展。至明清之際，劉宗周、王夫之則融攝心本體、性本體，理氣二分及理氣是一諸脈絡，由一氣流行說天人之蘊，已統合秦漢氣化論、宋明本體論為一生命整體。清程瑤田是推翻朱子理氣二分，主張理在氣中的戴震的學生，其主張的氣化論又降低了宋明本體論的味道，復返秦漢以氣化論為主的老傳統。蓋言之儒學氣論由先秦的素樸發展至漢代成熟的陰陽五行說，再發展成唐代成熟的神魂精魄論，再至宋初有復返秦漢及吸收佛老的二路發展。吸收佛老本體論的發展成用氣論含涵心學、理學一路，及清代降低復本體論色彩，重回秦漢重實然的氣化論的老傳統。

（此篇發表於2019年4月東北師大歷史文化研究院主辦「東亞文化的形成與交流學術論壇」會議論文）

陸　許慎《說文解字》的氣論

一　前言

　　許慎，字叔重，東漢汝南召陵人。有「五經無雙許叔重」之稱，於公元100年所著《說文解字》為中國首部字典。兩漢承先秦以來，從氣化流行詮釋天、人之際及天「命」於人的存有，存在兩界的階段與內容。如《禮記》，董仲舒，揚雄等人由儒家系統。《老子指歸》，《老子河上公章句》由道教系統。王充由自然理性。《春秋元命苞》等由讖緯角度來詮釋氣化。系統雖多，各有偏重，但目的皆在詮釋天、命、人所構成的大宇宙及人身上生理、心理所構成的小宇宙。大、小宇宙的本質，架構相貫一致，故又可統合為一完整且流行不已的真實宇宙。本文嘗試從氣由無形而有形，由形上而形下，由外在而內在，由內在而外在等視角與層遞過程與實然形氣等層面，根據許慎《說文解字》文字，建構出許慎的氣論。

二　元、氣、天、地

　　一，《說文》：「惟初太極，道立於一，造分天地，化成萬物」。段注：「《漢書》曰：『元元本本，數始於一』」。（段注・一部）[1]

1　〔漢〕許慎撰，〔清〕段玉裁注：《說文解字注》（臺北：洪葉文化事業有限公司，1999年），頁1。

　　《說文》：「元，始也。」段注：「《九家易》曰：『元者，氣之
　始也。』」（段注·一部）[2]
　　氣，《說文》：「饋客之芻米也。……《春秋傳》曰：『齊人來氣
　諸侯』。」段注：「生曰餼。餼有牛、羊、豕、黍、粱、稻、
　稷、禾、薪、芻等。……《經典》謂生物曰餼。《論語》：『告
　朔之餼羊』。」（段注·米部）[3]

許慎《說文解字》，處延續秦漢以降由陰陽五行之氣相生剋，以生成
宇宙萬有的氣化宇宙論，已相當成熟的東漢，所以此書由一氣分陰陽
再分五行的流行化成做文字的思想根據。「道立於一」，道為萬物之根
本，有形之萬物由無形之道來。無形之道之初始發用狀態，即太始，
由太始再下貫形下的形物，此一階段即名之曰一。此「一」可做為道
化開始的符號，也可作為道自身生生不已的作用，且此生生作用有升
揚、降凝等流行，升揚為陽為始，降凝為陰為終。陰的完成能力，即
一中有才質義，及化成有形之氣時，便是具體之形物。

　　「元，始也」，「一」為道之作用或符號，道是無限的，所以生生
作用亦是不已、不息的。若由時間有開始，或生化邏輯有先後秩序來
說則道之開始，辨明之曰「元」。生化有其先後秩序之規則，此規則
做為倫理上的秩序，便蘊有道德義，所謂「生生之謂大德」。「元者，
氣之始」，由道體位階說氣，氣是無形、無限的。由形物位階說氣，
氣則為有形有限的物。唯如此截然二分法，不合於秦漢的氣化論，秦
漢以魂魄為無形之氣流行的作用，然此無形之氣仍在有形之形物中，
發揮其作用，故有形之氣內有無形之氣為其生生之體。所以「氣」非
只指由「饋客芻米」而有生命說「氣」。「氣」尚有具本體義及宇宙生

2　〔漢〕許慎撰，〔清〕段玉裁注：《說文解字注》，頁1。
3　〔漢〕許慎撰，〔清〕段玉裁注：《說文解字注》，頁336。

成、始終等作用的意義。《說文》本身是字書，對氣之本體、宇宙論的探討，非其重點。但所論之字的思想背景，則符合漢代氣化的理論。

> 天，《說文》：「顚也。至高無上」。段注：「顚者，人之頂也。以為凡高之稱。始者，女之初也，以為凡起之稱。然則天亦可為凡顚之稱。臣於君，子於父，妻於夫，民於食皆曰天是也。」（段注・一部）[4]
>
> 地，《說文》：「元气初分，輕清昜為天，重濁会為地。萬物所陳列也。」段注：「《陰陽大論》曰：『岐伯曰，地為人之下，大虛之中者也。大氣舉之也。』按地之重濁而包舉乎輕清之氣中，是以不墜。」（段注・土部）[5]

「天，顚也」，人體由無形之氣，下降凝固為人體。顚為人之頂，對應於萬物皆初始於氣。「至高無上」由萬物有始終說，則至高者為屬無形狀態之氣，此氣又透過食物之形態，養育同為氣化的人民。若由氣化流行中之倫理秩序說，則君為臣之天，父為子之天。統合氣化能發展始終義、倫理義、養成義的最高領導的位階為天。「元气初分」，元氣為萬物根源的道體，由形上、形下二層理論說。其初分後，即凝結為有形之萬物，萬物中清揚者為天，重濁者為地。地承載、完成萬物，地之所以能有生成之用，在於地中有與其不同根源層次的天。漢代氣論主以為元氣初分後，先是氣之清揚作用強，氣之濁陰才質弱，合而為天，再後是氣之濁陰凝結功能強，而氣之清揚作用弱，而合為地。由此可見，氣有貫通道體與形物的性質。亦即陰濁成形的地，上通由無形之氣初陰濁而有形的天，再上通至清揚作用與陰濁功能同時

4　〔漢〕許慎撰，〔清〕段玉裁注：《說文解字注》，頁1。
5　〔漢〕許慎撰，〔清〕段玉裁注：《說文解字注》，頁688。

並具的元氣本體。此段注所謂「按地之重濁而包舉乎輕清之氣，是以不墜」之意。而元氣一天一地實體宇宙觀，即因地中有天，有元氣的貫通而完成。

三　陰陽、五行

> 陰，《說文》：「闇也。水之南，山之北也。」段注：「闇者，閉門也。閉門則為幽暗，故以為高明之反。《穀梁傳》曰：『水北為陽，山南為陽。』注云：『日之所照曰陽。然則水之南，山之北為陰可知矣。』《水經注》引伏虔曰：『水南曰陰。』《公羊·桓十六年》傳注曰：『山北曰陰。』……夫造化会易之气本不可象，故黔與陰易與陽皆叚雲日山皀以見其意而已。」（段注·皀部）[6]
>
> 陽，《說文》：「高，明也。」段注：「闇之反也。不言山南曰易者，陰之解可錯見也。……《毛傳》曰：『山東曰朝陽，山西曰夕陽。』」（段注·籿部）[7]

「陰，闇也」，段注云闇為閉門，即有陽光處為陽，無陽光處為陰。「水之南，山之北」，以中原為主體，日由南向在北之中原照，則山之南，水之北皆有日照而為陽，水之南，山之北無日照則為陰。此由地理上說陰。由氣化說陰，則日為陽氣之盛，為日所照處，自然陽盛。其因在於被照之山水為地屬氣之陰，中仍有氣之陽，只微弱不顯。待陽盛之日照，則日之陽與地之微陽合，盛陽與微陽勝於地之陰，故山南為陽，山北為陰。可知氣有陽有陰，又有與氣之生萬物有

---

6 〔漢〕許慎撰，〔清〕段玉裁注：《說文解字注》，頁738。
7 〔漢〕許慎撰，〔清〕段玉裁注：《說文解字注》，頁738。

相對應，即互為勝負的各種關係。「陽：高，明也」，亦同元氣之盛陽，下貫至萬物中而為萬物清揚之體性，萬物亦稟持其盛陽之清揚作用，開始其生成化育的創生作用，而創生作用又由同為元氣之凝陰作用來完成。所以一物的成始成終，皆由元氣同具的陰陽，同時流行不已地，相互作用與共同完成。段注「夫造化陰陽之氣本不可象，故陰與陽皆假雲日山皀以見其意」，假借可象的山皀，指出不可象的造化陰陽之氣。說明陰陽本不可象的創造與完成的作用，及至作用實體化後，陰陽仍為可象的實體物中，繼續創造與完成的作用。可知陰陽貫通在可象與不可象兩間，同時存在，同時生生不已。

> 金，《說文》：「五色金也。黃為之長。久薶不生衣，百鍊不輕，從革不韋。西方之行。」段注：「凡有五色，皆謂之金也。下文白金、青金、赤金、黑金、合黃金為五色。」「黃為之長」段注：「故獨得金名。」「久薶不生衣，百鍊不輕」，段注：「此二句言黃金之德。」「從革不韋」段注：「從革，見《鴻範》，謂順人之意以變更成器，雖屢改易而無傷也。」「西方之行。」段注：「以五行言之為西方之行。」（段注・金部）[8]
> 木，《說文》：「冒也。冒地而生，東方之行。從屮，下象其根。」（段注・木部）[9]
> 水，《說文》：「準也。北方之行。象眾水竝流，中有微陽之氣也。」「北方之行」段注：「〈月令〉曰：『大史謁之天子曰：『某日立冬，盛德在水』』」。「象眾水竝流，中有微陽之氣也」段注：「火，外陽內陰。水，外陰內陽，中畫象其陽。云微陽

8　〔漢〕許慎撰，〔清〕段玉裁注：《說文解字注》，頁709。
9　〔漢〕許慎撰，〔清〕段玉裁注：《說文解字注》，頁241。

者，陽在內也，微猶隱也。」（段注・水部）[10]

火，《說文》：「焜也，南方之行，炎而上。」段注：「與木曰東方之行，金曰西方之行，水曰北方之行，相儷成文。」「象形」，段注：「大其下，銳其上。」（段注・火部）[11]

土，《說文》：「地之吐生物者也。二象地之下、地之中，丨，物出形也。」段注：「《釋名》曰：『土，吐也。』吐萬物也。」（段注・土部）[12]

元氣肇分陰陽，以為造化之始。唯陰陽由上述知其互相生生之流行原則等不可象的作用義明顯，但實體義則弱。亦即陰陽相生之氣化流行，須有其具體真實的存在，陰陽才能是貫通有形、無形兩間的普遍性的真實存有。使元氣能具體成就形物的方式，即是將陰中的完成義，在陽的創生速度漸慢漸緩以至凝滯成為固定形物。不可象的氣屬無限，無法具體描繪。可象的形物屬有限，可有條件有方向所在的被描述。將有條件限制的陰的作用完成，便是五行。五行由陰陽貫通至有條件可象的層次，其中生生不已之作用仍在，且無限之氣之發用會有往條件或方向限制成某種形物的可能。如此便使陰的完成義轉為形物的才質義，所以五行既有不可象的生生義，五行較陰陽有更明確的才質義。生生義使五行能彰顯出生生的無限可能，才質義使五行能具體成就氣化的天地人物。陰陽相生不已的生化秩序，在倫理上顯現為健順之德。同樣，五行相生不已的生化秩序，也有其倫理義上的各自方向、意義不同的五行之德。

　　「久薶不生衣，百鍊不輕」，言金能保持本質的純粹，不受干

10　〔漢〕許慎撰，〔清〕段玉裁注：《說文解字注》，頁521。

11　〔漢〕許慎撰，〔清〕段玉裁注：《說文解字注》，頁484。

12　〔漢〕許慎撰，〔清〕段玉裁注：《說文解字注》，頁688。

擾，亦即氣化條件化為金。此金指氣化的陰陽在生生的方向、速度及凝為才質後，仍不改變。所謂「屢改易而無傷」之意，由倫理義說，此即金之德。「冒地而生，東方之行」，陰陽相生義被規定在不可象的陽氣，可突破陰滯之地而出的這種方向、速度的可能性，是為木。此中可能性與元氣生化有其方位上殊異的東方相配，是為「東方之行」。可知木之可能性可與方位之各種可能性相通，因皆一氣流行本質一致也。「象眾水並流」水字象眾水並流，指眾水乃陰陽相反相生有各種殊異發展的方向與才質所產生的。各種水往同方向並流，指氣化之各水又有其向下流的共同的趨向性。「中有微陽之氣」指陰滯之氣重濁成形為水，而水又流動不已，因其中有微陽之氣為之鼓動。水雖有質，但卻無固定形體，乃因「水，外陰內陽，中畫象其陽。」陰滯已成水，但陽氣使水仍流動，無固定形態。「炎而上」指陽氣之清揚極盛，與之並存互動之陰滯，在比例上縮至最小，但陰滯作用仍在，所以說「火，外陽內陰」。水火之陰與陽互勝且各異，表示陰陽各有極盛之可能，固定此可能便是水火。由倫理義來說，水德重視完成義，火德強調創造義，五形為陰陽之分化，此分化中作用義、才質義皆見。拓展到各行，各行中又同具作用義與才質義，又因氣化有無限可能，所以各行之作用、才質義，又各有陰盛、陽盛之方向發生，就中陰盛、陽盛之代表，便是水、火。水是陽由陰出，金是陰盛於陽。「土，地之吐生物者也。」氣化重濁為地，其才質義不但具體，更有固定形態、內容。但與才質義並存的陽的作用義，比例上雖較陰少很多，仍不更改其作用，而有從陰多之地，呈現其「吐生物」的方向。

四 日、月、星、辰，風、雲、雨、雪

日，《說文》：「實也。大昜之精不虧。」段注：「《月令正義》
引《春秋元命包》云：『日之為言實也。』《釋名》曰：『日、
實也』，光明盛實也。」（段注・日部）[13]

月，《說文》：「闕也。大会之精。」段注：「《釋名》曰：『月、
缺也。』滿則缺也。」（段注・月部）[14]

星，《說文》：「萬物之精，上為列星。」段注：「《管子》云：
『凡物之精，此則為生。下生五穀，上為列星，流於天地之閒
謂之鬼神，藏於胷中謂之聖人。』星之言散也，引伸為碎散之
稱。」（段注・晶部）[15]

辰，《說文》：「震也。三月昜氣動，靁電振，民農時也。物皆
生。」段注：「《釋名》曰：『辰，伸也。』物皆伸舒而出也。
季春之月，生氣方盛。陽氣發泄。句者畢出，萌者盡達。二月
靁發聲，始電至。三月而大振動。」（段注・辰部）[16]

日為「實」，指陽氣極盛之日，非只符號的象徵義，為陽之精而已。
在生活實然上，確可由感官感受到高溫。可知日固為實體，而實體所
生的不可象的極盛陽氣，亦有於作用的層次。「太陽之精不虧」，相對
於「月，闕也」，闕指月雖亦為感官可感知的實體，其光之陽氣中，
陰氣的收斂作用明顯，故曰「大陰之精」。日月為陰陽才質義具體
化，為感官能感知由無形之氣凝為有形之氣的最首出者。「萬物之

---

13 〔漢〕許慎撰，〔清〕段玉裁注：《說文解字注》，頁305。

14 〔漢〕許慎撰，〔清〕段玉裁注：《說文解字注》，頁316。

15 〔漢〕許慎撰，〔清〕段玉裁注：《說文解字注》，頁315。

16 〔漢〕許慎撰，〔清〕段玉裁注：《說文解字注》，頁752。

精，上為列星」，指陰陽氣化由存有層，首先凝為日月後，再依生生中有主從先後的秩序，凝為不同時間與空間與位置的星宿。星宿既為感官的實體對象，其中仍有微陽之氣在作用。「三月陽氣動，物皆生」，指陰陽之精作用極強而有雷電振動。辰的氣化秩序在日、月、星之後。辰的氣化才質義具體後，可引動同為才質義的萬物之生成。

風，《說文》：「八風也。東方日明庶風，東南日清明風，南方日景風，西南日涼風，西方日閶闔風，西北日不周風，北方日廣莫風，東北日融風。……風動蟲生。故蟲八日而七。」段注：「《易通卦驗》曰：『立春，調風至。春分，明庶風至。立夏，清明風至。夏至，景風至。立秋，涼風至。秋分，閶闔風至。立冬，不周風至。冬至，廣莫風至。』《白虎通》調風作條風。條者，生也。明庶者，迎眾也。清明者，芒也。景者，大也。言陽氣長養也。涼，寒也，陰氣行也。閶闔者，咸收藏也。不周者，不交也。言陰陽未合化矣。廣莫者，大莫也，開陽氣也。」（段注・風部）[17]

雲：「山川气也。」段注：「天降時雨，山川出雲。」云，「古文省雨，」段注：「象自下回轉而上也。……云，旋也。此其引伸之義也。」（段注・雲部）[18]

雨，《說文》：「水从雲下也。一象天，冂象雲，水霝其間也。」段注：「引申之凡自上而下者稱雨。」（段注・雨部）[19]

雪，《說文》：「冰雨，說物者。」段注：「《釋名》曰：『雪，綏也。』水下遇寒氣而凝，綏綏然下也。……說，今之悅字，物

17　〔漢〕許慎撰，〔清〕段玉裁注：《說文解字注》，頁683-684。
18　〔漢〕許慎撰，〔清〕段玉裁注：《說文解字注》，頁580。
19　〔漢〕許慎撰，〔清〕段玉裁注：《說文解字注》，頁577。

無不喜雪者。」（段注・雨部）[20]

陰陽之氣才質義具體成形首出者，為日月星辰。然陰陽之氣的作用義仍流行不已，不因日月成形而停止，氣化仍本其由無形而微而著而有形而化而滅的秩序來進行，也就是有陽盛陰弱而陰陽並濟而陽弱陰盛各種可能方向與階段，此即為風。其氣化既往陰陽相盛縱貫方向發展，同時亦往普遍性的橫貫發展，故曰「八風也」，風在時間，有前後的規定下，也本著由無而微而著而顯的秩序流行，所以有立春調風，春分明庶風，立夏清明風，夏至景風，立秋涼風，秋分閶闔風，立冬不周風，冬至廣莫風等，表示氣化流行在時間、空間上皆有其先後秩序，與主從位置。《白虎通》云：「條者生也，景者陽氣長養也，涼陰氣行也，不周者言陰陽未合化也，廣莫者開陽氣也。」可知風利用形未顯而作用義強的狀態，可在時空的次第階段，顯現氣化之流形。

風是氣化形微作用強的狀態，順由無而微而顯而形的秩序，使風的形質義再進一步明確，便是雲。雲較風已有形質，有質是才質義漸多。雲雖有形，但形亦有多變，表示氣之作用義仍盛暢，若由有形指點出無形，氣在實體山川的流動，便是雲所謂「山川氣也，山川出雲」。段注「象自下回轉而上也」，表示雲是自無形而有質，此由上而下說，「回轉而上」則是強調雲之陽揚作用強，故又可由下而上的運動。合言之，氣化是由無而有，由下而上二路並進且一體的。雨又較雲的才質義及形態更明確，即陰滯的比例又高於雲，所以云「水從雲下也」，雨的才質義雖較雲顯，陽揚之作用則較雲弱，雖弱仍有活動，所以說「水靈其間」。此靈者乃氣化藉雨落土中，傳遞氣之生生於土中，確定氣、日、風、雨至土而一氣下貫的模式。較雨的才質形

---

20 〔漢〕許慎撰，〔清〕段玉裁注：《說文解字注》，頁578。

態更為陰滯而固定者為雪，故曰「凝雨」。「物無不喜雪者」，表示物由元氣而有，所以物以氣為其體性，物對於同一體性的氣，藉由雪來開創及完成物，是本質上的由上而下。物之終始的完成，則是由下而上的完成氣化。如此上下相應的過程，是藉由氣而日而雪等空間上的實然來完成。說文亦對時間上的實然，依「陽氣萌動」為甲，「陰氣尚彊」為乙，「陰氣初起，陽氣將虧」為丙，「夏時萬物皆丁實」，「戊也茂也」，「萬物辟藏詘形」為己，「秋時萬物庚庚有實」，「秋時萬物成而熟」為辛，「陰極陽生」為壬，「冬時水土平，可揆度」為癸。所以氣化生物，從開始創造到終結完成的中間尚有時間上的陰陽互勝，如甲、乙、丙、丁。及空間上的陰陽互勝，如日、風、雪等的過程。由無形之氣轉化到有形之氣的過程，須藉由陰陽互勝在時間、空間上的實現來完成。

五　春、夏、秋、冬與東、南、西、北

> 春，《說文》：「推也。」段注：「〈鄉飲酒義〉曰：『東方者春，春之為言蠢也。』《尚書大傳》曰：『春，出也，萬物之出也。』」（段注・艸部）[21]
>
> 夏，《說文》：「中國之人也。」段注：「以別於北方狄、東北貉、南方蠻閩、西方羌、西南焦僥、東方夷也。夏，引伸之義為大也。」（段注・夂部）[22]
>
> 秋，《說文》：「禾穀熟也」。段注：「其時萬物皆老。而莫貴於禾穀。……《禮記》曰：『西方者秋』」（段注・禾部）[23]

---

21 〔漢〕許慎撰，〔清〕段玉裁注：《說文解字注》，頁48。

22 〔漢〕許慎撰，〔清〕段玉裁注：《說文解字注》，頁235-236。

23 〔漢〕許慎撰，〔清〕段玉裁注：《說文解字注》，頁330。

　　冬，《說文》：「四時盡也。」段注：「冬之為言終也。〈考工
　　記〉曰：『水有時而凝。有時而釋。』」（段注‧仌部）[24]

《說文》「草春時生」為春，指草為氣化之地，其中陽氣始盛，使種
子初冒出地，表示地中陽氣的比例開始多於陰滯的比例發展，在時間
上便是春。段注「夏，引伸之義為大」，前引《白虎通》「景者，大
也。言陽氣長養也。」陽氣開始盛於陰氣為春，陽氣順氣化作用義極
盛的表現便為夏，為萬物所以能長養之功用，萬物有形質即陰滯凝結
之形，所以夏時是陽氣暢達作用強過陰形。「禾穀熟」指陽氣長養作
用到極盛，同時是在促進陰氣才質義的完成。「其時萬物皆老」指陽
氣促進陰氣完成禾穀熟後，陰氣的才質義漸顯，而陽氣之作用義漸
隱。「四時盡」指陽氣由盛而衰，陰氣至於極凝停滯，其時為冬。所
以春是陽開始多於陰，夏是陽極盛陰極衰，秋是陰開始多於陽，冬是
陰極盛陽極弱。因氣化前行不已，所以冬至過後陽氣又開始往盛暢的
春發展，如此的年復一年。

　　東，《說文》：「動也。」段注：「見《漢律曆志。》」「从木，官
　　溥說，從日在木中。」段注：「日在木中曰東。」（段注‧東
　　部）[25]
　　南，《說文》：「艸木至南方，有枝任也。」段注：「當云南任
　　也，與東動也一例。《漢律曆志》曰：『大陽者南方。南任也。
　　陽氣任養物，於時為夏。』……有枝任者，謂夏時艸木暢楙丁
　　壯。」（段注‧宋部）[26]

24　〔漢〕許慎撰，〔清〕段玉裁注：《說文解字注》，頁576。
25　〔漢〕許慎撰，〔清〕段玉裁注：《說文解字注》，頁273。
26　〔漢〕許慎撰，〔清〕段玉裁注：《說文解字注》，頁276。

西，《說文》：「鳥在巢上。日在西方而鳥西，故因以為東西之西。」段注：「《漢書》曰：『西，遷也。』」（段注·西部）[27]

北，《說文》：「菲也。」段注：「乖者，戾也。……韋昭注《國語》曰：『北者，古之背字。』又引伸之為北方。《尚書大傳》、《白虎通》、《漢律曆志》皆言北方、伏方也。陽氣在下，萬物伏藏，亦乖之義也。」（段注·北部）[28]

中，《說文》：「內也，从口，丨，上下通。」段注：「內者，入也。入者，內也。然則中者，別於外之辭也，別於偏之辭也，亦合宜之辭也。」（段注·丨部）[29]

氣化流行不已，其中作用義強的流行為陽，其中才質義強的凝結為陰。陰陽相生相勝，在時間、空間中皆行健不息。時間的流行有少陽、太陽、少陰、太陰的遞進階段，如春、夏、秋、冬。空間的凝化亦有少陽、太陽、少陰、太陰的體質差異，如東、南、西、北。氣化少陽、太陽、少陰、太陰的秩序，同時存有於時間、空間中而為一體。所以少陽既是時間上的少陽，也同時是空間上的少陽。氣化統有無為一體，故時、空亦為同一體。氣化流行不已，故時間、空間互為主客的關係，亦一直在互換中。能成就其才質義以凝結為實然形體是地，而地呈現氣化初動狀態，在方位上為東。亦即在空間上，陽氣生發作用高於陰氣凝結能力的地方，謂之為東。「草木至南方，有枝任」指陽氣至夏時更勝，陽氣生引發陰氣之凝結隨之完成，而使枝葉茂盛的地方便是南。在西方而「鳥棲」指盛陽之精的日，由盛陽之東前行至西邊陰極之地而隱，鳥亦由陽盛之白日飛行至日落陰盛之處棲

27　〔漢〕許慎撰，〔清〕段玉裁注：《說文解字注》，頁591。

28　〔漢〕許慎撰，〔清〕段玉裁注：《說文解字注》，頁390。

29　〔漢〕許慎撰，〔清〕段玉裁注：《說文解字注》，頁20。

息，故以陰盛之氣為西。段注「陽氣在下，萬物伏藏」為北，指在空間上，有陽氣隱而陰凝顯為萬物伏藏的所在，是為北。東、南、西、北之分，指無限的氣化，在方位有各種可能，初分有四，可再分為八等，無限地發展出去，便是陰之才質義成就實然宇宙的整體狀態。

六　神、魂、精、魄

神，《說文》：「天神，引出萬物者也。」（段注·示部）[30]

祇，《說文》：「地祇，提出萬者也。」（段注·示部）[31]

魂，《說文》：「陽气也。」段注：「《白虎通》曰：『䰟者，沄也。』猶沄沄行不休也。《淮南子》曰：『天气為魂。』《左傳》子產曰：『人生始化曰魄，既生魄，陽曰䰟，用物精多。則䰟魄強。』（段注·鬼部）[32]

精，《說文》：「擇米也。」段注：「引伸為凡最好之稱。撥雲霧而見青天亦曰精。《韓詩》於〈定之方中〉云：『星，精也。』」（段注·米部）[33]

魄，《說文》：「陰神也。」段注：「陽言气，陰言神者，陰中有陽也。《白虎通》曰：『魄者，迫也。』猶迫迫然箸於人也。《淮南子》曰：『地氣為魄。』〈祭義〉曰：『氣也者，神之盛也。魄也者，鬼之盛也。』鄭云：『氣謂噓吸出入者也。耳目之聰明為魄。』〈郊特牲〉曰：『䰟氣歸於天。形魄歸於地。』〈祭義〉曰：『死必歸土，此之謂鬼。其氣發揚於上，神之箸

30　〔漢〕許慎撰，〔清〕段玉裁注：《說文解字注》，頁3。
31　〔漢〕許慎撰，〔清〕段玉裁注：《說文解字注》，頁3。
32　〔漢〕許慎撰，〔清〕段玉裁注：《說文解字注》，頁439。
33　〔漢〕許慎撰，〔清〕段玉裁注：《說文解字注》，頁334。

也。是以聖人尊名之曰鬼神。」按蒐魄皆生而有之，而字皆从
鬼者，蒐魄不離形質而非形質也。形質亡而蒐魄存，是人所歸
也。」（段注·鬼部）[34]

氣化流行，由無形之氣凝結為有形之氣，此為存有下貫為存在的圖
式，其中無形之氣如何凝為有形之氣的過程？及如何維持無形與有形
彼此的貫通性？秦漢的氣論對此過程與貫通性有清楚描述。無形之氣
於存在層面，先凝為天之日、月、星、辰，再化為風、雲、雨、雪，
由天下貫至地，然後地再分為方位上的東、南、西、北，及氣候上的
春、夏、秋、冬。此由無而有而殊中的貫通性，以陰陽相生的生生不
已性，及陰陽相盛的分化殊異性做為詮釋原則。於存有層面，秦漢氣
論以為無形之氣，透過陰陽與五行不可象的原則性，說明氣化有無而
一而二而三而生萬有的層遞邏輯。若由人的精神價值層說存有的層
遞，則元氣造分，先下降為神魂，神魂為陰陽生生不測之妙，神魂仍
有無限性，但已可被指涉稱謂，故較元氣位階低一級，可被稱謂亦表
示其中已蘊涵有才質義。陽為神魂的作用義，陰為神魂的才質。神魂
乃元氣流行所生的作用，神魂再降一級為精魄。精魄順神魂陽之作用
義及陰之才質義為體，其作用義透過人身顯現為感官之能力，其才質
義凝為人身之感官。所以神魂與元氣仍屬存有層，神魂與精魄同質相
貫、位階有別，所以神魂屬存有層。精魄雖亦無形，可為存有層，但
陰氣才質義已有感官，臟腑之分別功能，故精魄亦可屬存在層。精魄
屬不可象的存有？亦或屬可象的存在？視各家的定義而定。然其中意
義，則在顯示陽之作用轉化為陰之形質，必有二者交疊以求上下貫
通，及求無形能轉化為有形的要求。

---

34 〔漢〕許慎撰，〔清〕段玉裁注：《說文解字注》，頁439。

　　「天神，引出萬物」指神藉陰陽相生的殊異性，主導引發殊異萬物的生成與變化。從「引出」可視為存有原則引出存在實然的作用，此即為神。「魂，陽氣」，此可由可象的實然層，指出實然形物能生化的根本是陽氣。亦可由不可象的存有層說陽氣為元氣的生生原則。孔穎達注：「春秋左傳正義：人稟五常以生，感陰陽以靈。有身體之質，名之曰形。有噓吸之動，謂之為氣。」形由陰氣才質義而有，氣由陽氣之作用義而動。「精，擇也」，存有層無法選擇，存在可象之形物則可選擇，可知精為形物中之最好者，「撥雲霧而見青天亦曰精」，知形物之精，內在亦有其上升為天的意義。「氣謂噓吸出入者也。耳目之聰明為魄」能噓吸出入者為陽氣，此陽氣為存有之生生原則，陰氣之才質義凝結為耳目感官，感官中之陽氣發用，表現為耳能聰，目能明的功能，此即為魄。知由人身感官顯現陽氣發用之魄，較近形物層，若魄之陽氣強盛，則魄可升為魂。

七　心、肝、脾、肺、腎與耳、目、口、鼻

> 心，《說文》：「人心，土臧，在身之中。象形。博士說以為火藏。」段注：「土臧者、《古文尚書》說。火臧者、今文家說。（段注・心部）[35]
>
> 肝，《說文》：「木藏也。从肉干聲。」段注：「〈少牢〉古文斡為肝。」（段注・肉部）[36]
>
> 脾，《說文》：「土藏也。」（段注・肉部）[37]
>
> 肺，《說文》：「金藏也」。段注：「《今尚書》歐陽說：『肝，木

---

35 〔漢〕許慎撰，〔清〕段玉裁注：《說文解字注》，頁506。

36 〔漢〕許慎撰，〔清〕段玉裁注：《說文解字注》，頁170。

37 〔漢〕許慎撰，〔清〕段玉裁注：《說文解字注》，頁170。

也。心，火也。脾，土也。肺，金也。腎，水也。』《古尚
書》說：『脾，木也。肺，火也。心，土也。肝，金也。腎，
水也。』」（段注・肉部）[38]

腎，《說文》：「水藏也。」段注：「《今尚書》、《古尚書》說
同。」（段注・肉部）[39]

元氣流行在存有層是由元氣本體，分為陽升陰凝原則，再層遞為神魂
的陽顯陰隱，再降為作用義中才質義漸顯精魄，最後再凝結為形質殊
異萬物，可說是本體元氣「命」於人的過程與內容。在存在層為元氣
本體，始分陰陽，再分五行，又強調陰之才質義，遂有陰陽五行顯隱
比例殊異，開始實體化的日、月。但孤陽不生，孤陰不成。有實體之
日月，仍需有作用義強的風、雲，再層遞為完全實體的東南西北及春
夏秋冬。此為存在層的天「命」於人的過程與內容。統合存有及存在
兩路的「天命」，乃所謂「天地大宇宙」。此大宇宙的模式套在人身
上，便是「人身小宇宙」。大宇宙中的存有與存在兩種天命，自然分
別賦於為人的形質與形質所具之功能。所以存有的金、木、水、火、
土，即為人的仁、義、禮、智、信等不同的精神方向與意涵。金、
木、水、火、土凝為有在的實然，在人身上便是心、肝、脾、肺、腎
等功能殊異，又可相生相成的器官。天有陰陽兩面，命於人身，也有
內在實然如五臟，外在實然如耳、目、口、鼻的分別。氣化有貫通
性，故內在五臟與外在耳目五官，在人身上固可相互貫通。亦指人身
與天地皆可互相貫通，使天地大宇宙與人身小宇宙在元氣流行中，融
為一體。氣化陰陽互勝，所以有天地、方位、季節、耳目、心肝等殊
異。氣化不已，內外有無之殊異，亦在時間、空間自有無限的各種可

---

38 〔漢〕許慎撰，〔清〕段玉裁注：《說文解字注》，頁170。
39 〔漢〕許慎撰，〔清〕段玉裁注：《說文解字注》，頁170。

能，此乃本體透過天地宇宙的殊異，展示其無盡無限的本體自身。故氣化外顯之宇宙論，自有其內蘊的本體為根本。

「人心，土藏，在身之中」，心為土藏乃古文尚書說，以心為火藏則為今文家之說。土在四方之中，而心在人身之中，故以心為土藏。「肝，木藏也」，肝為生息器官，木亦為陽氣初盛之義，故肝合木。「胃，穀府」，穀為元氣凝形，氣化為食物，進入胃中，穀之實然，滋養人之精魄，穀之生生，護衛人之神魂也。「腎，水藏」，水為北，有陰閉陽藏之意，腎在人身有調節功能，故以腎配北方之水。「肝，金藏」，五行之金屬西方之行，西方為收斂，肺亦有由外而內的嘘吸功能。上述以器官之五藏，配合方位之五行。「耳，主聽者」（段注・耳部）[40]，耳為吸收聲音由外而內的器官，才質義顯於作用義。聽為感官之功能，是作用義顯於才質義。「目，人眼」（段注・目部）[41]目為人由內向外看的器官，形質義顯於作用義，能視則為目之功能，是作用義顯於才質義。「口，人所以言食也」（段注・口部）[42]；「鼻，所呂引氣自畀也」（段注・鼻部）[43]，口與鼻皆形質義強之器官，能言食引氣則為作用義所顯之功能。可知耳、目、口、鼻為陰之形質，聽、視、言、引氣則陽之作用，此其與元氣相通的一致性。而耳、目、視、聽各各不同，亦氣化殊異性在實然層的實現。

八　結語

本文先討論天以陰陽五行相生相勝為內容。在存在面，天降為

---

40 〔漢〕許慎撰，〔清〕段玉裁注：《說文解字注》，頁597。
41 〔漢〕許慎撰，〔清〕段玉裁注：《說文解字注》，頁131。
42 〔漢〕許慎撰，〔清〕段玉裁注：《說文解字注》，頁54。
43 〔漢〕許慎撰，〔清〕段玉裁注：《說文解字注》，頁139。

日、月，再降為風、雪，再凝結為實然空間的東、南、西、北，及時間的春、夏、秋、冬。同時由存有面討論天命於人過程中先有神魂，再次為精魄的過程。存在與存有兩路最後匯聚為人身，所以人有不可象的陽氣生生作用，此作用即是由可象的感官所發出。陽氣發用於神魂層，乃仁、義、禮、智、信等價值意向，發用於精魄層面，乃能視、能聽的感官知覺。陰氣凝滯於神魂，及再次的精魄層。是說明由無形凝為有形過程中，有微而著而形的才質義的逐漸能凝結為實然的具體條件。實然的形物，因陰陽相勝而又有內在藏腑，外在耳、目感官的分別。統言之，宇宙人身的可象者，與不可象皆元氣流行而為實有者。

　　（此篇發表於2018年10月中國河南舉辦「第四屆許慎文化國際研討會」會議論文。）

柒　清代理學家魏象樞的學術思想

一　前言

　　魏象樞，字環極，號庸齋。生於明萬曆四十五年（1617），卒於清康熙二十六年（1687）。蔚州（今河北省蔚縣）人，歷任御史，戶部侍郎，刑部尚書等職，曾重修《蔚志》。為清初北方理學名家，著有《寒松堂全集》。清初理學已由朱子、陽明重視理論之架構，轉為強調躬行實踐之學風。不空言心性天命，認為人倫日用就是仁德的實現。為學以孔孟為尚，遵循朱子格致誠正，步步躬行之學。排斥佛老，有云：「為仙為佛，論死後地位；為聖為賢，論生前地位。此虛實有無之別。[1]」反對陽明良知之學，如云：「王陽明只講良知，是教人有始無終，有內無外。[2]」魏象樞實為清初北方儒學重實踐之代表人物。

二　五倫之外無道

　　宋代程朱將道推高至本體位階，以與佛老之道相抗衡。明代陽明將良知提高至道本體的位階，強化天道充滿仁之價值義。及明清鼎革，學風丕變，少由本體說道，多由人倫的實踐說儒之道。象樞先生

1　〔清〕魏象樞撰：〈庸言〉《寒松堂全集》卷十二（北京，中華書局，1996年8月出版），頁670。以下引《寒松堂全集》文句，只註頁碼。

2　〔清〕魏象樞撰：《寒松堂全集》，頁666。

亦不再用玄語說道，反回歸秦漢由陰陽相生說道之傳統，以回應清初重實之學風。下分由道、命、陰陽三方向討論。

> 開口先講太極，便不是實學，只講五倫便好。[3]

> 程子云：「天有是理，聖人循而行之，所謂道也。」朱子云：「心之安者是道。」楊慈湖云：「心之精神謂之道」。湛甘泉云：「精神之中正為道。」羅整庵云：「所通之理為道。」按諸說當以程說為是。但聖人循而行之，則繼天而立極，百姓亦循而行之，可由不可知也。楊、湛之說皆謬。[4]

反對說太極又將回到宋明盛言形上本體之路，而且以五倫取代太極之位，符合清初重實學以挽救理學虛空之病。慈湖由心之創造為道，甘泉以心體創生有中正義為道，仍皆是陸王以心具創造義為道，走心本論一路。整庵以氣化世界中流通之理序為道，走氣本論一路。為尊朱重仁義在人倫日用上實踐的象樞所不取，所取者是聖人在日用能循行之天理。此理不能只是與形氣無涉之本體，而是與人倫秩序一致的理則。朱子心屬形氣，然會以充滿天理為目的。故其心之理則是與形氣秩序相通的，故為視五倫為道的象樞所取。

> 命者何？陰陽五行是也。人之生也，陰陽未有不全，而不全者有之。五行未有不備，而不備者有之。偏陰者，柔順而清平，甚則流而靡矣。偏陽者，剛方而激烈，甚則躁而愎矣。至於金

3　〔清〕魏象樞撰：《寒松堂全集》，頁663。
4　〔清〕魏象樞撰：《寒松堂全集》，頁663。

缺則不嚴，木缺則不寬，水缺則不達，火缺則不文，土缺則不質。命有偏有缺，而氣質成之。甚矣，命之不可不知也。[5]

宋代程朱主由天理流行說命。明代陽明少言命，即使說命，亦由良知之流行為不已處說命。象樞為改宋明玄言，遂直承秦漢由陰陽相生不已之陰陽五行流行說命。同時命不由天道說，而由人之氣質有偏全說命。此亦呼應五倫是道，故能否實現道之氣質，偏全與否的條件，有其重要性。故由氣質是否偏全說命，強調了用工夫在人身上，人身完整，則五倫即道的目標才能達成。此段先肯定陰陽五行為必定命於人之條件，亦是與天為一之基礎。再次說明陰陽五行為人身自有，或有偏陰或偏陽，或缺金、缺水等可能，此等可能即為五倫未必能全然展現之限制所在。分別針對陰陽五行有過或不及處，用克己復禮之工夫，學而時習之，以完備五倫。可注意的是，程朱陸王重視朗現天理之工夫，象樞則將工夫用在氣質的補偏成全上。

天下有並立之名，而無相悖之理。陰陽其大者也，陽生物而陰佐之。陽之理嗇，而陰之理益以全。元氣運轉，略無停待。生生不息，充滿布濩。陽之退即陰之生，非陽外又有陰也。陰之盛正陽之蓄，非陰見而陽頓絕也。易曰：「寂然不動，感而遂通。」寂然者則陰象也。浸且為幻為滅，奈何云通？惟其舉天地萬物實有之理，欽而為寂，故湛然不動中，觸之輒應。動而能詘，靜而善因，均是是心。[6]

濂溪太極圖說，以陰陽相生說誠體不已。朱子以陰陽為氣化生生

5　〔清〕魏象樞撰：《寒松堂全集》，頁588。
6　〔清〕魏象樞撰：《寒松堂全集》，頁595-596。

之實然，唯此陰陽相生中無價值義，價值義在天理中。陽明將生生價值義放在良知流行中，亦少言陰陽。及至清初象樞轉承秦漢以來歷久不衰的陰陽五行相生論，由陰陽互為盛衰，但非對立之二者，而是一體之相生相成之兩種作用，確立陰陽為宇宙最高最基礎之本體。再者，一體中之陰消便是陽之盛，陽盛而後衰，則陰亦順之而起，如此盛衰消長，互為因果，則宇宙天地乾坤男女亦因之生生不息。如易云「寂然」指非外於陽之孤陰，而是「舉天地萬物實有之理，歛而為寂」的陰象，是以「實理」為內容的陰。而陽則是觸此實理而有相對應合天理之動作。再者，元氣運轉，陰陽動靜生生不息，生生之條理秩序即涵有仁德義，故男女生生秩序所生之五倫中，本身既飽涵價值仁義。所謂「天行健，君子以自強不息。」便是把天道流行，與道德實踐合一說的。象樞視此陰陽相生為「心」，心涵道德義，已經將朱子氣質之心推進一步，走向天人一體之路。

三　天命之性本一

橫渠分別由天地、氣質二層說性。朱子繼云有義理之性、氣質之性。陽明只以良知說性。明清之際，蕺山、宗羲轉為由虛重實之路，只言氣質即性，而義理在其中。及至象樞又推進一步，重新承載中庸天命之謂性傳統，擺脫性有二之論辯重申「天命之性本一」之說。

> 先儒謂此性為氣質之性而言。愚謂天命之性本一也，安得又有氣質之性？但氣質所以承受此性者也，性所以主宰氣質者也。性離氣質，安頓何處？此性一落氣質之內，豈無稍偏，然其最初之理，原自相近。上智下愚，有幾人哉？其餘皆可移也。……人生堅厚輕薄是氣質也，如人長短強弱之不同耳，非

性也。堅厚輕薄，俱能補人，此性之相近也。即有輕薄者，其
性未嘗殺人也，此性善也。[7]

　　象樞不再說性有義理、氣質二層之老路。主張「天命之性本
一」，前已言象樞由陰陽五行相生為命，生生不息與五倫價值義俱在
此命中。另朱子在理氣二分架構下，以義理為形上，氣質為形下，所
謂氣質之性，是指義理落在氣質中的狀態。象樞亦云「氣質」所以承
受此性者，語意似乎承朱子而來。唯其主張元氣陰陽流行，將氣質與
義理二者視為一體，但在位階上有上下之別。上下之別，靠時習工夫
使之合為一體，此順朱子後之再進展。從理本論言性為天命，自然相
近。唯明清之際多有主張只一氣質之性者，則性相近，便指氣性中之
天命本同。而陰陽五行比例之多寡隱顯不同，使氣性在本質上可說相
近，在各各人物發展上，則有愈離愈遠之可能。象樞「此性一落氣質
之內，豈無稍偏」仍遵循朱子之路。「然其最初之理，原自相近」，則
是順明清之際，將性與氣視為一體的說法。唯象樞重躬行實踐，對實
踐過程所會遇到之問題，亦有新解。如堅厚輕薄是氣質，人各有不
同，順此說則難分優劣，會走上氣質是中性客觀之路。但言「俱能補
人」，則將氣質視為參贊天地化育的道德存在。又與朱子視氣為無道
德義存在有所不同。

　　　　程子曰「善惡皆天理，但人自不可流於惡」云云，此與性可以
　　　　為善，可以為不善之說無異。陽明云「無善無惡者心之體，有
　　　　善有惡者意之動」云云，此與性無善，無不善之說無異。何
　　　　世之駁陽明者多也。先生（孫退谷）曰「程子此說，是人以生

7　〔清〕魏象樞撰：《寒松堂全集》，頁589。

為性,便有善惡。若性原無兩物相對,其流為善流為惡,是生
之性,非人生而靜以上之性也。譬之水,其原本清,流為清,
流為濁,總皆水也。但非原初有清濁相對」耳。此學問極透
語。[8]

前段已知象樞視氣質亦有輔助成德之意義。故對性可以為善,可以為
不善之說,是「以生為性」。性本質雖無善惡兩物相對,以為善或為
惡,但亦無絕對明確的道德義,只有以生生為性之內容,故有所不
取。若云「無善無惡心之體」,從本性言其超越相對善惡之上。若由
重實踐言,此性隱微,難在人倫日用上直接顯現其功用與理序,缺乏
明確的道德判定作用,故亦不取。在反對由生言性後,象樞主張有本
體義、價值義、生生義的「人生而靜以上之性。」穩住儒學「天命之
謂性」的重德傳統,不被客觀之「生之性」,甚或主觀的以性為虛無
的二氏影響,斯謂純儒。

善即生生之《易》,有善而後有性,學者不明善,故不知性。[9]

「有善而後有性」,指善為本體,善落於形氣後才是性。故道德
本體由生生之易為善,確立本體為生生之善,與二氏以虛無為體有
別。在面對氣質萬殊之踐德途中,既已立下本體善之定盤針,就不易
受到外在情勢影響而為惡,所謂「性所以主宰氣質者也」。可注意的
是,象樞既以善為體,性為氣質,但並非以體與性為截然二者。而是
認為堅薄之性,皆有輔助成德之用。亦既位階上,善比性高,但性亦

---

8 〔清〕魏象樞撰:《寒松堂全集》,頁632-633。

9 〔清〕魏象樞撰:《寒松堂全集》,頁663。

具成德之功用，透過時習工夫，可使二者為一體，此乃象樞對「性善」之新解。

四　天下無不一之心

朱子以心為形質層的認識作用，須有性理貞定其認識方向。陽明以良知為心，心本具道德判斷能力，由本體說心。明清之際蕺山云「盈天地之間一心耳」，已有統合上下兩間說心之意。清初象樞又順重踐德之學風，統合各家旨意，強調心融通於本體與工夫，人倫與仁道之中，而天地只有「一心」，不再分別心有德性之知與見聞之知二路。

> 儒者稍明於盈虛消長之義，或謂不翕聚則不發散，不肅殺則不長養，是矣。夫聚之散之，殺之養之，原非二心也。蓋天地之於物也，獨陽不生，獨陰不成。春而發育，陽之施也，天地之心之好也。夏而長養變化，陽之極也，天地之心之憂也。見於其所可見，天地之心在也。見於其所不可見，天地之心亦未嘗往也。[10]

象樞以陰陽五行之生生說道說命，亦順之而說人物生生本原的天地之心，以聚散殺養為其化育的作用。不再走天理以其生生理則指導形氣化育的二層說法，直接以陰陽之生生即為萬物之生殺，融化掉上下有隔之障礙。心以天地生生為本，則陰陽相生所帶出之好與憂的價值意義，自亦內蘊於心中。象樞雖講天人一本，但強調主觀的生生之善，非如明代中期影響至後世的王廷相，以陰陽相生具客觀性的生生

10　〔清〕魏象樞撰：《寒松堂全集》，頁595-596。

義，但道德義便放在第二位的路子。於是心既有元氣流行之生生，此生生又強調其為上下一貫的善，皆是重實之儒學主旨。又云於可見不可見處，皆見此天地之心，則其心除生生義、倫理義外，亦有上下通貫義，較良知說更見其普遍性。

> 學莫大於盡倫，非謂盡倫便可廢學也。學問莫大於求放心，非謂只求放心便不學不問也。盡倫便是盡性，求放心便是存心，沒兩層工夫。[11]

　　象樞以五倫為道，唯人為氣質所限言行需透過學的工夫，使能合道盡倫。然又強調盡倫仍需學，此在避免於精神上用工夫，以為便可合道盡倫，如陽明致良知便是天理之說。接近朱子重大學八條目，件件學習的方法。同樣，求放心，固是為學求仁之方。但不可只在心上、精神上用工夫，格致誠正修齊治平的實功，要用在心意知物家國天下等實事上，才是實學。可知所謂「盡性即盡倫，求放心即存心」，目標都在將以善為體的性與心，於人倫日用中實踐出來。所以盡性與存心的工夫是一而非二。此亦避開宋明朱王工夫之繁瑣，將工夫用在五倫上的特色。

> 仁體不遠於心，心體或遠於仁。「我欲斯至」，言本體也。「日月至焉」言工夫也。「一日克己」即一日用力。「三月不違」即終食無違矣。[12]

　　仁，人心也。有何遠近？剛毅木訥，氣質近也。力行者，工夫

---

11 〔清〕魏象樞撰：《寒松堂全集》，頁664。
12 〔清〕魏象樞撰：《寒松堂全集》，頁664-665。

近也。有其氣質，有其工夫，亦在乎熟之而已矣。[13]

「仁體不遠於心，心體或遠於仁」，指仁為心之體，心一放失，則仁亦遠去。知心之本體為仁，心是仁之實現作用，如此說心與仁似為二者。若由本體、工夫，一日、終食等不同層面都是仁之發用來說，則本體即工夫，心與仁在踐德過程中是步步相即，貫通為一的，故可曰「仁，人心也」。人皆以仁存心，仁體遍在，則人心亦無不皆是仁。故遠近不由仁心有不同說，而由氣質有金木水火土等或偏或全說，有遠近之別。如木訥者，木之氣質近也，暢通者，水之氣質近也。於仁之實現，又有不同面向之功用。有過與不及處，即需學以導護之。善是生生之易，發而為心，自有行健不已之功夫，施諸於盡倫之各處。故心以善之生生為體，心之所發，自然是為善去惡不已之工夫，不會只是客觀之認識作用，而是主觀定向於仁之踐德工夫。同時生生之仁心，依其氣質之偏全，而表現出補偏救弊之工夫，工夫與氣質同出於天地之心，而互相為用也。此象樞論心，不在理論架構上用力，而重視仁心與工夫一體以踐德為主之特色。

五　結語

象樞在宋代程朱理學重天理，明代陽明心學重良知，及明代中期羅欽順以氣化為道，三種思潮激盪融滲下，對明清鼎革，做出了學問以躬行踐德為主軸的回應。既化解朱王之理辯，也從以氣為道的啟示中，重回秦漢儒學重實之路。其中非直接繼承，而是取朱王以仁為天理之長，補朱王尤其是陽明的重內輕外之弊。以成就明清實學之成功

13　〔清〕魏象樞撰：《寒松堂全集》，頁665

翻轉。故象樞不再以本體說道，而直以五倫說道。不再由天命仁體說性，而直以善在氣質中說性。不再由德知、聞知二路說心，而直以踐德之實功說心。雖仍言心性天命等理學課題，內容卻完全脫胎換骨，由虛轉實，正清初實學之代表也。

（此篇發表於2016年8月中國河北舉辦「張家口．冬奧會與一帶一路國際學術研討會」會議論文。）

捌　宋初「性善論」與「性善惡混」說的演進過程與分別

一　前言

　　宋朝初期，強調人倫日用的儒學，在隋唐佛老往本體論發展後，尚未全然消化本體觀於儒學中，此時對由秦漢由氣化談性的思潮，仍繼續的保持著及至理本論、心本論大盛，又有王廷相氣本論起來與朱、王相抗衡演化至明清，又有王夫之、戴震等反對理本、心本的虛無，主張重新回到秦漢氣化宇宙論的思維。本文旨在說明，漢代由氣說性的思維，並非因朱子突然改為以理說性，其實在宋初性有善惡說仍保有漢代古風。同時宋初的性有善惡說，亦使明清主張性仍是善，但是由氣質說性善的主張，有其由漢代至清說氣性的中間傳承作用。

二　論辯的發展

　　從宋神宗將朱子《四書章句集注》列在科考後，朱子由形上理形下氣二分說法詮釋孟子之性為「性善」，六七百年來，通過科舉者皆稱孟子性善論為儒學主軸，視秦漢流行氣化論以來所主論的性有善有惡說為不足。其中固因儒學須提高道德主體至天道本體位階，以便與佛老所擅言的無、空等本體觀念範疇抗衡，以重振儒學。但為對抗佛老而將道德中心放在本體層，如朱子、象山等所為時。儒學強調道德

藉由實然實踐才成為真實這一血脈，似乎便在重視回應佛道空無以重
建儒學高度的朱子，陽明等身上退到次要地位。

　　往朱子之前推論，孟子說「平旦之氣」、「夜氣不足以存」、「浩然
之氣沛然莫禦」皆以氣來形容道德生生作用，同時之莊子〈知北遊〉
亦主張氣聚而人生，氣散而人亡。與當時年代相近的陰陽說互相呼
應。故性只能如朱子、陸王本然至善說，還是性體至善說或自隋唐佛
學興起，激發儒學才有如此之回應。在儒學尚未回應佛之空本體前，
「性」或許主要是以秦漢以來，儒道兩家，詮釋天人與天人一體等問
題的共法。即由氣化論性來回應「性」純善或有善抑有惡的提問。

　　直接「性善」、「性有善惡」語句所涵意義看，易以為「性善」屬
本體事，惡由天性「墜入」形氣中受到陷縮，不再保有無限性反成有
限而來。「性有善惡」易受朱子理氣二分思路影響，視性為純粹形下
氣質的自然流動，流暢者為氣性善，濁滯者為氣性惡。所謂相對之善
惡皆在無道德處定，或人格神命令下純任自然的隨機排列組合而成的
任何可能性，所以性中善惡皆有，只有或多或少，或隱或顯之差別。

　　唯若只如此觀察，則中國思想史骨架或應說由唐代佛學而後有，
踵繼發揚此本體架構的便是朱子、陽明了。考察秦漢以來諸家由氣化
論性的主事由自然發現當非如此。再進一步說，佛學所提供之本體
觀，並非遲至唐代才發生作用，早在先秦老莊時，天道觀的提出，即
已與氣化論同樣早已出現。所以或謂朱子理氣觀源自華嚴宗四法界及
陸王良知說語句雖承孟子內涵卻近似佛性本體等說。固然已有溯源之
功，但只溯源至佛性，則佛性來華以前，又應有能與之在本體層相呼
應之儒學本體觀，才能成就接引佛性之工作。

　　然只斷代在唐代觀察，佛性本體說與道教氣化論的一場大辯論。
論者多認為佛性之說，高於道教之氣化論。如此看法會助長性善當往
本體層發展，性有善惡說因雜於氣化，淪為有限氣由上達的思路。果

真如此，可說明秦漢儒道二家重氣化輕本體，故由佛性本體來主導學術，只是佛性空屬絕對善之思路，在隋唐前當有能接引佛性的儒道的性論，才有後之佛性的引進。且另外，佛性空雖在唐代似乎超越在儒道性論之上。唯宋代初期，司馬光、王安石、周敦頤、張載在與佛學相出入辯證後，皆能吸納佛性於儒學內，而非排斥，此中顯示儒學學者能與佛性相呼應之性論，才能成就此一課題。

更值得關注的是，朱子理氣二分說提出後，透過科舉取士，看似天下讀書人，無不受其影響。實然直接透過原典考察理學諸家文字，尤其是朱子後學中，堅持形上理形下氣不離不雜的學者，必不多見。反倒如被視為「朱學後勁」的明代薛瑄、羅欽順等，在理氣論的主張上，並非全承朱子以理形上，名為形下。反而主張理在氣中，如羅欽順或理氣在實然或工夫上是不分的。理氣截然劃分是性善論所以成立的強力論述。理氣不分，不論是理在氣中或理氣是一，則氣中陰陽五行相生不已又普遍存在的作用，在生化秩序上會有內容無限多的理。在氣化實然上，乃理即化為形物各各殊異之性。此時，理是萬，則性亦是萬，則性有善有惡，便可在此思潮中發展開來。如明代的王廷相等。

從羅欽順開始開放由氣性萬端說性有道德義，但應考量氣稟的部分，而來不再拘泥於性只是善的一路。王廷相則明確由氣為本體入手，強調道是氣之道，理亦只是氣之理，故氣本體內在二氣五行，相生不已，或常或變，皆屬一氣之常的主軸下，明白說出道有常有變，故性亦有善有惡的說法。書本東渡日本思想影響日本儒學甚鉅的吳廷翰亦如此。所以朱子由本體說性善前，主張性有善惡的甚夥。朱子之後，主張性有善惡的亦不乏其人。只是孔孟以實踐仁德為鵠的，兩千多年來的儒家，卻多主性有善惡，此則又有難解之惑。

性當善？或有善惡？從秦漢至王廷相經歷由本體說性，由氣化說

性，由本體在氣化中說性，甚至由氣本體說氣性等不同聚焦的討論後。明清在鼎祚改移之局勢下，儒學之性學為既有道德理想，只符合實然世界，且具有實踐道德等條件的內容，便日漸成形。

明末理學殿軍劉蕺山，為避免陽明學派重本體輕形氣所生之弊病。雖非如王廷相主張氣為本體，但在承陽明良心教所掌握與提升的道德本體論的高度下，同時也收攝以氣為本，重視實然世界的質性與條規為人之性。使天道能打破上下之隔閡，使上下流通無間的人性論，既恢復儒學重實之學者，亦可對抗佛道言空說無，難用於世道之弊病。此點可由蕺山固言「天地之間，一心而已」外，亦言「天地之間，一氣而已」結合並打通理氣之差異，尤其蕺山亦云「有氣斯有象，有象斯有物，有物斯有性，有性斯有道，故道其後起」之語。明白表示，不再由形上天命下貫於人說性。反由具體氣化生化有無限可能說人性有各種可能。如此之氣性在材質上自然有善及惡之可能。

另外在氣性有善有惡發展的同時，欽順、蕺山亦注意到張載以來所分說的天地之性與氣質之性，受到理氣二分與是一不同思路之影響，也由朱子明分天地之性有形上氣質之性為形下的二分法，進展到人只有一性，即氣質之性，所謂義理即是氣質中之條理次序。非氣質之外之上只有一與氣有隔之理所存在。如此之推進便跨越理氣二分說性為至善；性不能有善、惡的說法。可以進一步說人只有一氣質之性，氣性中合氣化常理為性之善，過與不及則便為性中有惡。

人有氣性，中有善惡主張之提出，可說違背儒學踐仁主軸，至駭人聽聞之地步。蕺山以至王船山自不會有此淪入鬼窟魔道之可能。其調適上遂之工夫在於，跨越理氣上下二分之思路，強調理氣是一，道德實然無隔，上下無間，義理氣質通透圓融，前所述者全在一氣流行的架構下，用一氣流行貫穿理氣上下中，理氣上下皆一氣流行在價值，實然不同層次的實現。在此整體中論性，性有義理、氣質二面

向，自然性有為善與為惡之可能。此由性有無限發展而說。唯為發揚
仁德，蕺山船山諸家，順著氣性生生不已說生德，則性為善，保留氣
性生生不已說惡為可能，亦是從內在提醒揚善去惡為生命之天職。而
性有惡之可能，亦強調了人由外在他律來導化的必要性。總的說性之
善為主軸，他律自律工夫都必須。性有惡之可能，便不再將為惡推給
外在境域，而是本即有可能，本即須自律他律工夫對演進而上達的生
命進程的開始與定向。船山「命日降，性日生」的性日生，可說亦涵
此意。否則性已全善，何須工夫去「日生」，或性善是唯一方向，亦
何須「日生」，生出善來？

　　前述朱子說性有善有惡之主張，不絕如縷，若謂筆者獨說臆說，
則可回到宋初司馬光、王安石由氣論性，性非全善。及周敦頤、張載
由氣論性，性不可決然僅由道德本體上說全善可得知。

　　若曰性純善，故取自佛道，以抗衡佛道，然儒學重實主軸便顯微
弱。若曰性有善有惡是可能，為善去惡是終極關係，則善之價值既維
持，此性之善包含後天去惡的實踐，正是儒學真能為實學的理論基礎
之一。

三　朱子前的內聖派

1　周敦頤

　　周子傳統常謂其受道教天道論及太極圖影響，雖亦由中庸之誠體
說道德，仍以其儒學中不乏道家味道。皆周子主要用太極圖由我而陰
陽而五行而乾坤男女而天道的「無而有，有回氣」統含上下為一，中
間以陰陽五行氣化發展的階段關係或來完成儒家道德本體發展為道德
宇宙，而宇宙用默契於道德本體的天人貫通又整全的理論。因其主力

建構儒家的本體宇宙論，且為儒學復興之初期，故對性善與否問題尚未多著心力。但仍可看出端倪：

> 五氣順布，四時行焉。[1]
>
> 五行一陰陽也，陰陽一太極也，太極本無極也。五行之生也，各一其性。[2]
>
> 無極之真，二五之精，妙合而凝。乾道成男，坤道成女。二氣交感，化生萬物，萬物生生而變化無窮焉。[3]
>
> 惟人也得其秀而最靈。形既生矣，神發知矣，五性感動而善惡分，萬事出矣。[4]

此段不由道德本體論而由氣化論來詮釋，則可擺脫性必然善之僵局，或可有其他之可能性。首先，太極非由本體說，而由五氣四時的氣化宇宙論說。而所謂氣化宇宙論，非與本體論有隔的宇宙論，而是在一氣流行下，本體由氣說，宇宙生化亦由氣說的宇宙論，並非本體為形下道體，宇宙則為無本體肯定的莽然氣化。其次，形有神發，只有人能如此靈秀，則「五性感動」之性除有五行材質義，其中當有仁義禮智信等德義。若本體論與宇宙論為二，材質中當無價值義，即有也是形上賦予在形下中。上下仍為有隔之二者。由一氣流行上下兩間之論來說，則氣性中既有材質義，亦有道德義，二者是一氣流行於不同時空位階中的不同示現，二者本質同為一氣。

1　〔宋〕周敦頤撰：〈太極圖說〉《周子全書》（臺北：臺灣商務印書館，1978年9月），上冊，卷1，頁10。

2　〔宋〕周敦頤撰：〈太極圖說〉《周子全書》，上冊，卷1，頁13。

3　〔宋〕周敦頤撰：〈太極圖說〉《周子全書》，上冊，卷1，頁14。

4　〔宋〕周敦頤撰：〈進呈太極圖說〉《周子全書》，上冊，卷2，頁19。

　　順此說法，在一氣流行清暢在價值義可為善，濁滯在價值義上可說為惡。周子在儒學踐仁理想下，不至於明標性為善，但在氣化有各種可能之理論下，氣性涵藏了為惡方向亦屬可能之論。周子「剛善剛惡，柔亦如之」指氣性剛柔或為善或為惡，不只就表面行為觀察得知，剛柔氣性中本即有此可能。

2　張載

　　張載強調有氣質之性與天地之性。朱子承此發揮以天地之性為義理為善，氣質之性屬形下為氣質之惡。此由理氣二分說可通。但張載亦由氣來規定本體與宇宙論內容。唯此氣非莽然形下氣，而是統貫上下為一整體之氣。如明中後期羅欽順以降，以為天地只一氣流行，自然落於人身只有氣質性。理非氣質外之另一性，義理為氣性中生生秩序之價值。

> 天地之氣，雖聚散、攻取百塗，然其為理也順而不妄。氣之為物，散入無形，適得吾體；聚為有象，不失吾常。太虛不能無氣，氣不能不聚而為萬物，萬物不能不散而為太虛。[5]

> 人之剛柔、緩急、有才與不才，氣之偏也。天本參和不偏，養其氣，反之本而不偏.則盡性而天矣。性未成則善惡混，故亹亹而繼善者斯為善矣。惡盡去則善因以成，故舍曰善而曰「成之者性」也。[6]

5　〔宋〕張載：〈太和〉《正蒙》，收入〔宋〕張載撰，王進祥編：《張載集》（臺北·漢京文化事業有限公司，2004年），頁7。

6　〔宋〕張載：〈誠明〉《正蒙》，《張載集》，頁23。

　　第一段明白以聚散氣化不已來規定太虛本體之內容，無論氣聚有
形，氣散無形，皆一氣流行不同階段而已。氣既為本體，則落於人之
性，所謂天地之性應指氣化生生於人之價值義，氣質之性應指氣化生
生於人之材質義，價值義與材質義同為氣性之內容，非截然二分之
性，尤其在朱子理氣二分說未出現前。第二段引文既言氣性有偏，而
天本無偏，如此可能成為朱子理氣二分說之先聲。然「性未成善惡
混」一句，又拉回董仲舒、揚雄以天有陰陽二氣，故人有仁貪二性之
思路上，以去惡成善為道德目標。然張載「性未成」一語，尚涵有氣
質才情即為性，或是氣性只是內在未發之質，發而皆中節中和，才可
謂性或所謂善性？還須討論。而下一句「亹亹而繼善者斯為善」可知
張載不放在天命之人性中說，而是重在於日用行為中不已行善，才是
「善」，既然「善」非直接由天命之性來規定，性亦不須必為善不
可。故直云「性未成」未在日用成德時，仍是善惡混於其中的。

3　程明道

　　明道若順道德本體論來說，其所自得之天理，自屬絕對善之天
理，落於人之性亦必屬性善，性中不可能有善或惡之之存在。若如濂
溪、橫渠藉秦漢儒家式的氣化論來說天人性命善惡，可見出其傳承之
脈絡。

　　　　蓋上天之載，無聲無臭，其體則謂之易，其理則謂之道，其用
　　　　則謂之神，其命於人則謂之性。……澈上澈下，不過如
　　　　此。……器亦道，道亦器。但得道在，不繫今與後，己與人。[7]

7　〔宋〕程顥、程頤撰：《二程集》（台北：漢京文化事業有限公司，1983年），第1
　　冊，頁1。

「生之謂性」，性即氣，氣即性，生之謂。人生氣稟，理有善
惡，然不是性中元有此兩物相對而生也。有自幼而善，有自幼
而惡，是氣稟有然也。固性也，然惡亦不可不謂之性。[8]

　　第一段引文明示明道之天道為絕對本體，非以氣為本體。唯其續
云「澈上澈下」，則指道通貫上下，而道仍形上，只是貫於形下中？
或是道與氣化無隔為同一層呢？然道無形，器有形，其云「器亦道，
道亦器」應非指形體之有無可取消。或謂在化境中道與器無隔。但現
在非討論化境中事，而是討論宇宙生化之心性之價值義事，故不由化
境說。當由氣本或理本說道？尚需找到原典做證據。才能論斷。唯第
二段卻明說「性即氣，氣即性」，由生之謂說性，此「生」仍有由理
本說生，由氣本說生。即有氣化說生等可能。確定「生」何所指才知
「氣即性」是屬何思路。明道續云「人生氣稟」一語，則知此「性」
當屬氣質之性，非義理之性。然性屬氣本或氣化之性？語句中不明
顯，不易斷定。若接上句「澈上澈下」言，則性當同時俱有上下兩間
之氣的體質。故亦非形上氣本或形下氣化可規定。而是由通貫兩間之
一氣流行來說較合理。故「人生氣稟」知性，在氣化流行有各種可
能，不同方向的可能，在價值上便是性有善與惡的可能，即所謂「理
有善惡」。

　　「不是性中原有此兩物相對而生」則在性有善有討論中，偏向氣
性只有善或只有惡，而非如董、揚主張性同時有善有惡。性有善有惡
是因氣化有各種可能，善惡由各種可能知和於天道與否來說，性發合
道為善，性發不合道為惡。性之善惡由發後來規定，若性只善或只
惡，則善惡在性成之前，即已決定。所以說「理有善惡」，方可續說
自幼善或自幼惡。唯「理有善惡」從氣稟說，則理指氣稟之理，非形

8　〔宋〕程顥、程頤撰：《二程集》，第1冊，頁10。

上天理。性之善惡則在性成之前既已決定。可知僅從氣論性，亦有性有善有惡，性只善只惡，善惡由性成後而有，善或惡性成前，即已決定。論氣性善惡各說在孟荀時代即有五種說法，宋初論性之善惡說法亦夥。一以見方向與數量上皆多，表示受諸學者重視。二以見紛雜後便由朱子單一理善性善來說統一眾說。朱子統一合，明清後將單一理善，修正為單一氣性為善。可見論氣性思潮之澎湃與演進於一斑。

四　朱子前外王派

1　司馬光

　　司馬光為宋初透過政治來傳達儒學理念者，所以與重內聖之濂溪、橫渠、明道路徑有別。濂溪著重理論體系的完整與學脈的傳承與深化，司馬光則藉政治上的磨鍊，希望儒學仁道觀能切於實用，故所論較貼近人情世故。為政應順應人情事變，人事變化萬端，則支撐日用的天道，自應有無限生化與遍在之作用，以萬應萬變。而為人之性，自然傳承並實現此道於人情日用中。所以司馬之性，更貼近實然，而有性兼善惡之說與周、張等同處宋初由氣化論抗衡佛老，重振儒的時代。

> 萬物皆祖於虛，生於氣，氣以成體，體以受性，性以辨名，名以立行，行以俟命，故虛者，物之府也。氣者，生之戶也。體者，質之具也。性者，神之賦也。名者，事之分也。行者，人之務也。命者，時之遇也。[9]

9　〔清〕黃宗羲：〈溫公潛虛〉《涑水學案》下《宋元學案》，收入沈善洪主編：《黃宗羲全集》（杭州：浙江古籍出版社，2005年），第三冊，卷8，頁365。

孟子以為人性善，其不善者，外物誘之也。荀子以為人性惡，
其善者聖人教之也。是皆得其一偏，而遺其大體也。夫性者，
人之所受於天以生者也，善與惡必兼有之，是故雖聖人不能無
惡，雖愚人不能無善，其所受多少之間則殊矣。善至多而惡至
少則為聖人，惡至多而善至少則為愚人，善惡相半則為中人，
聖人之惡不能勝其善，愚人之善不能勝其惡，不勝則從而亡
矣。故曰惟上智與下愚不移。[10]

　　第一段引文指出司馬光以虛為最初本體，以氣為具體生用，體、
性、名、形皆為流行過程，在復返於虛，此與老莊的由無而有，淮南
子重氣化無而有階段過程之描繪，乃太極圖無而有，有符合於無的思
路相近。其中意義在推動政治的司馬光對本體為何的討論，不若只確
立體之內容，據之執行有效來的重要。故在學理上直承氣化宇宙論，
並以之伸展到人性論上。而氣化宇宙在陰陽五行之生生下有各種方向
發生，則人性之發用，在價值上，自求有為善或為惡之種種可能。此
種以氣為體的氣化論，性有各種價值趨向的可能。如朱子以理為本的
人性論，在價值上，性只有單一善的方向。
　　第二段引文，主要確立「性兼有善惡」此亦承董仲舒、揚雄處理
氣化人性論的思路而來。從道德本體觀察，會覺得「性兼」是從經驗
層面來看，失落對本體層的重視，而成無根之學。唯氣化論若是從理
本體之下的只活動無存有的形氣層說，自然是無根底的。若從秦漢以
來，以一氣流行為體的氣化宇宙論說性，此性則是以氣化生生之作用
為性之無限發用義，以氣化生生之秩序為性之應然價值義，以二五之

---

10 〔宋〕司馬光：〈性辨〉《司馬文正公傳家集》，收入王雲五主編：《國學基本叢書四
　　百種》（臺北：商務印書館，1968年），第279冊，卷66，頁821。

氣能聚能散事有其體與用一貫的整體實現者。

司馬光反對單言行善或性惡。此與同重視氣化的明道所謂有自幼善,自幼惡,性是先天決定單向呈現價值方向者同。可見司馬對氣性看法,是將氣化生生之各種可能,貫入性中,使性在實然上有各種價值方向之可能。而非形式上理善,故性直承而為善。理善性亦善,重在本體內涵與位階的討論,氣有常變,性亦兼善惡,重在人倫日用合理合德的貼近與可行上。

「上智與下愚不移」則強調「性兼善惡」既是歷史之經驗,也有體用一如的一氣流行之根據。由氣化論性者,如司馬、明道、廷相及明清主人只有一氣質之性,諸家皆以此句做為實然氣性方為孔門嫡傳之大旗。

2　王安石

安石與司馬光在政治上對立激烈,然在同處以秦漢氣化宇宙論重振儒學的宋初,兩人在由氣論道,由氣論性的基本思路,竟非常相同,可說是氣化論是超越在個人、政治之上,及抗衡佛道的時代思潮主流。

> 人之精神與天地同流,通萬物一氣也。易曰:「乾道變化,各正性命,保合太和,乃利貞。」[11]

安石以為「通萬物一氣」,知仍是順秦漢氣化論,將有形天地與無形的精神流動合為一體,以化育成就萬物的思路,此種一氣非純形上或純形下者,而是徹上下統有無而說的。明代羅欽順亦以為一氣流

---

11 見〔宋〕王安石:〈周禮・春官・宗伯〉「占夢」條下,收錄於程元敏:《三經新義輯考彙評》(三)(台北:國立編譯館,1987年),《周禮上》,頁357。

行下，是理氣是一，理氣不分先後，不分上下的整體氣化觀，可說是
秦漢氣化觀的再興。在宋明時進一步的更新。此傳承更新在安石身上
即可看出。安石以五行為天地鬼神變化往來不窮者，是將五行材質義
上加入介於有無之間，由無而有的神、精等無形作用義。作用義不已
地往來，其中的秩序即是五行應有的價值義，此知安石氣化及五行非
莽然形氣，而是有價值義之氣化，有價值之氣化貫於人為性，性自有
價值義於其中。

> 五行也者，成變化而行鬼神，往來乎天地之間而不窮者，是故
> 謂之行。天一生水，其於物為精。精者，一之所生。地二生
> 火，其於物為神。神者，有精而後從。[12]

> 夫太極者，五行之所由生，而五行非太極也。性者，五常之太
> 極也，而五常不可以謂之性。……夫太極生五行，然後利害生
> 焉，而太極不可以利害言也。性生乎情，有情然後善惡形焉，
> 而性不可以善惡言也。[13]

> 夫人之生，莫不有羞惡之性，且以羞惡之一端以明之。有人於
> 此，羞善行之不修，惡善名之不立，盡力乎善，以充其羞惡之
> 性，則其為賢也孰御哉？此得乎性之正者，而孟子之所謂性
> 也。有人於此，羞利之不厚，惡利之不多，盡力乎利，以充羞
> 惡之性，則其為不肖也孰御哉？此得乎性之不正，而楊子之兼

---

12 〔宋〕王安石：〈洪範傳〉，收錄於〔宋〕王安石著，唐武標校：《王文公文集》（上
　　海：上海人民出版社，1974年），上冊，卷25，頁281。

13 見〔宋〕王安石：〈原性〉《雜著》，收錄於《王文公文集》上冊，卷27，頁316。

所謂性者也。¹⁴

第一段引文，知安石由一氣說太極氣化成五行，為其宇宙論，後以同樣模式套在心性論上，說性生發情。五行一成即有差別，為形下相對者。同樣情一發生，變成價值上有善惡之別。此為安石特色，性同太極，不可言善惡，情同五行，始可言有善惡之分。很明顯安石之太極與性本體意味很重，但是氣化中諸者，非純然形上本體。既通於佛性本體，又較佛性實在。

第二段引文，又言人有羞惡之性。此或應說為人有羞惡之情發，方可合於上段性有價值，只不可由相對善惡說，性所發之情才有善惡，能舉者自為相對之善惡，此其一。其二，修養去惡得性之正。惡善逐利得性之正，非指性有善或惡，是指性有為善為惡等不同方向，為善合善之要求，為惡不合善之要求，但亦不可說惡非性中有之可能。故謂「楊子之氣所謂性」。可知安石由一氣說性，性超越相對善惡之上，但性發之情則顯出善或惡。情之善惡由具無限性，即具各種發展方向之可能之性所生發出後，便有為善之情或為惡之情，所以安石即據此而說性兼有善惡。此非直說「性」有善有惡，實是說性發之情兼善惡，與明道、司馬又不同。可知宋初諸家在取材於佛行本體與傳承秦漢氣化論中二者間的擺盪與融通過程中，從性是本然上有善有惡，只善或只惡。或生發上有善有惡，只善或只惡做了充分多面向的討論，在吸收朱子本體之性善論的絕對性養分，最後走向只有一「氣質之性」的主要道路。

---

14 見〔宋〕王安石：〈材論〉《雜著》，收錄於《王文公文集》上冊，卷27，頁314。

五　結語

　　本文先對性善及性有善惡說的論辯過程，作一歷史發展的回顧。主要以朱子主理，陽明主心，羅欽順主氣，三種視角交相對照，以呈現出性善、性有善惡，兩種思路的發展與變化。理學自朱子將四書列為科考而後大盛，所以本文以朱子作為劃分主張性善或性善惡混的分野。又分朱子前的內聖派，有周敦頤、張載、程明道。朱子前的外王派如司馬光、王安石。周敦頤、張載與王安石、司馬光承襲漢代氣化論的思想明顯，在重視理論的發展與為實務理論的奠基則有異。

　　（此篇發表於2016年6月中國文化大學史學系主辦「第四屆海峽兩岸宋代社會文化學術研討會」會議論文）

玖　程瑤田《論學小記》氣之性情觀

一　前言

　　程瑤田[1]為乾嘉時期著名的考據學者，於儒家思想則重誠意以躬行實踐。主孟子性善之旨，唯已不再如宋明儒者重在道德本體論探討，而是順朱學，王學及調整朱王之氣學之逐步演進至乾嘉，成為少言形上本體，主言道德之實踐學風。並以之為宋明理學轉為乾嘉考據之內在理路轉換之原因。

　　由氣論性，宋明初始之張載為闢佛老，即有意為之。朱子理氣二分，將理推高，視氣為形下無價值義者。陽明推良知本體，亦將氣視為第二義者。唯忽視氣之影響所及，具體之人倫日用，亦隨之退位，實違儒學實有之旨。故至蕺山、船山雖難捨良知本體之高度，為免流於虛無，故亦引進張載重氣重實之學，而主張只一氣質之性，而氣性中義理、氣質皆具。至戴震又反朱王之本體論討論，由氣之流行說孟子性善，期使儒學能擺脫虛玄空論，重回強調躬行實踐之旨。程瑤田由氣論性情即在此學脈發展下，呈現其對心學、理學、氣學之取與捨。程氏論性情多從躬行角度言，少有本體理論之論述。且由理說仁，非如朱王由德說仁之特色，故藉著心學、理學、氣學之互動發展過程，來詮釋其性情觀，或較能闡明其義蘊，此乃本文寫作之方式。

1　程瑤田，清雍正3年生，嘉慶19年卒（1725-1814），年90。與戴震問學於江永。著有《通藝錄》，其中《論學小記》為其儒學思想之著作。

二　氣即道

> 仰而望之可見者，非天乎？天非形乎？形非質乎？形質非氣
> 乎？是故天者積氣而已矣。有氣斯有道，有道斯有命，有命斯
> 有性，有性復有道。道一而已，氣之流行者皆是也。莫非氣
> 也，即莫非道也。未有命，已有道。太傅禮曰：分於道謂之
> 命。言有道斯有命也。流行之謂道，賦予之謂命，稟受之謂
> 性。氣之有先後次第者如是也。然是氣也，曷嘗有須臾不流行
> 者乎？無有始也，無有終也。故人即受命而成性矣。道即從性
> 中流行而不已。中庸曰：率性之謂道，言有性復有道也。[2]

　　程氏為乾嘉重要經學家，已不再由朱、王等道德義之天來說，是
順明、清以後，回歸秦漢氣化宇宙論說天，但只以氣化天為其宇宙論
之實體根據，未多加以發揮。但以氣為實有之特色，可見其擺脫朱、
王回溯秦漢，以開乾嘉實學新局之立場。

　　天之可見，因是有形有質之氣。漢王充已有「天者積氣」之說，
由氣說天，則形上天退位，而上達天之位的氣，為純形下之氣？抑或
如明清之際蕺山、船山所倡言，戴震亦發揚之道在器中，道在氣中之
氣？觀程氏「有氣斯有道」、「道一氣之流行」之言，知其氣雖由形質
之可見處入手，但氣之流行即道，是其氣有本體之位階，及為萬物生
化之所由的作用，非只形下氣質[3]。氣之流行為最高實體，而氣之賦

2　〔清〕程瑤田：〈述命〉《論學小記》，收入於《叢書集成續編》（臺北：新文豐出版
　　公司，1989年）總類第十冊，頁538。

3　郝敬（1558-1639）亦云「天地間惟氣，人身亦惟氣。人與天地相通，亦惟氣。無氣
　　則兩間為頑虛」。見〔明〕郝敬：《時習新知》，收入《四庫全書存目叢書》（濟南：
　　齊魯書社，1995年，據中國科學院圖書館藏明萬曆崇禎間郝洪範刻山草堂集增修本
　　影印）子部‧雜家類，第89冊，頁735。

予則為天下貫於物的命，人物即稟受氣之流行於己身者即是性。於是
上之天，貫之命，下之人皆由氣說，亦皆由氣通而無隔。氣流行不
已，無始無終，則由氣而有之人的言行，即道之不已地實現。此處
陸、王道體之生生之價值義仍存在，知程氏言氣言道，仍主張儒學之
價值義與實有義，只是不由形上說，轉為形上在形下中說。

三　元妙即道

> 元之又元，眾妙之門，老子之教也。而釋氏曰：色即是空，空
> 即是色。則亦元妙之至矣。余謂：道自元妙，以為君臣父子夫
> 婦兄弟朋友五達道之根荄，而親義別序信之所自出。然而聖人
> 不言其元妙，實事求是，而元妙在乎其中矣。……嘗試言之，
> 天地之氣，是謂陰陽，分布附麗，厥有五行。周流氤氳，化生
> 萬物，最秀極靈，惟人罕匹。繼善成性，心官則思，察倫明
> 物，不學而知，其為元妙，孰有如斯者乎？故曰：道自元妙
> 也，本其元妙而出之，於是盡倫盡職，實事求是，人人可知，
> 人人可能。……然則是元妙也。有生之初，億萬人之所同得，
> 所謂天生烝民，有物有則是也。然而儒者實事求是，其元妙潛
> 通於倫理之中。釋氏棄去人倫，而曰色即是空。其元妙孤懸於
> 孑然一身之外。元妙無不同，而所以居元妙者大異也。[4]

程氏以為儒釋道皆有元妙，唯主儒學之元妙實有默運於日用中，
而為禮則，反佛老離日用另言元妙。宋初張載以氣為實有之道德體用
反佛老，經朱、王重道德形上本體，似有近佛老之批評後，王廷相等

4　〔清〕程瑤田：〈述元妙〉《論學小記》，頁557。

以氣為本體，避開儒學近禪的疑慮。蕺山、船山則以氣與心性為一價值實體，強調以實有之氣反佛老，但價值本體仍有其必要性。至戴震又回溯秦漢氣化論，力圖擺脫朱、王由體說仁，而主由智說仁。程氏於戴震取其由智說仁一脈，且為經學家對孔孟價值立一根基，故主儒家亦有元妙之道，唯此元妙異於佛老。

程氏以父子君臣之五達德為元妙之道的內容，親義之言行即道之實現。「聖人不言其元妙」不是指道體本身不可說而已，而是重在實事求是之道德實踐，不再強調虛言道體。「元妙在其中」指道非在外，而即人事而在，實事求是即道之顯現。道在外再由工夫入人身，易有間隔與難通之問題。道即物而實現，直截易行，避開空言擾繞[5]。「惟人罕匹」，由朱王論，人之道德心性與物同，難說人最貴，只人易達，物不能達。由氣化生人論，陰陽五行，分布附麗，人之氣最清明暢達，物之氣重濁不易使道自然流出，故曰人最貴。此已由宋明之重本體遍在，與佛老難區隔。轉為聚焦於萬物靈秀之人身上，易顯道德為實有之儒風。

「元妙，有生之初，億萬人之所同得」指由氣言之元妙，仍有本體遍在義。非塊然兀立，與人有隔，以上接孟子言人皆有四端之旨。於是非只朱王說之仁有遍在義，由氣說之仁亦同有遍在義。且此遍在之仁，其實有義較朱王為強。「元妙潛通於倫理中」指通過前述氣貫天、命、人之系統，元妙以其生生義與價值義，自然潛通於日用倫理中。元妙若為形上本體，固可下貫於人物中，但體為形上，人為形

5　陳確云：「雖斯人之耳聽目視，手持足行，何莫非受之于天者，而況才、情、氣質乎！知才、情、氣之本於天，則知所謂天命之性，即不越才、情、氣質而是，而無俟深求之玄穆之鄉。惟《中庸》言天命，仍不離乎日用倫常之間，故隨繼之以率性之道。」見〔明〕陳確（1604-1677）：《陳確集》（臺北：漢京文化事業有限公司，1984），頁472。知明清已有少言道，日用是道之說法。

氣，層次質性有別，貫穿工夫宋明儒者論述已多，且需極力用功。元妙由具遍在生生義之有形質者之氣說，形氣本由元妙生而有，二者同質同層，則元妙之倫理與物則，本既為形氣自有之倫理與物則。所謂潛通非指本體異質地主宰形物，而是本體與形物同質地相通，只形上下層次有別。通過格致誠意之功，即可上下無隔，而說「實事求是，元妙在其中」。此較船山「道在器中」，道位階仍較高者，更貼近實然。唯此實然之生德義，並不因此而稍減，因程氏認為「元妙出之，盡倫盡職」。

四　形質氣之性善

> 有天地，然後有天地之性。有人，然後有人之性。有物，然後有物之性。有天地人物，則必有其質有其形有其氣矣。有質有形有氣，斯有其性。是性從其質其形其氣而有者也。是故天地位矣，則必有元亨利貞之德，是天地之性善也。人生矣，則必有仁義禮知之德，是人之性善也。若夫物，則不能全其仁義禮知之德，故物之性，不能如人性之善也。[6]

程氏以天、命、為一氣貫通之秩序，故有天有人有物之形質後，即有天性人性物性，故性由氣而說而有。惟程氏默契秦漢氣化論，故以天地有元亨利貞之德，肯定天地之性善。層遞而下，人稟天地之氣以生，氣即以天地之生德以生人，人亦自有仁義禮智為其體性，此程氏以為性善有天地生德之根據。由本體言性，以其遍在義則人與物之性皆同。氣化言性，其生德本在人物皆同。但氣化之流行，即生德之

6　〔清〕程瑤田：〈述性一〉《論學小記》，頁529。

不容已。唯一入氣化，陰陽分布附麗，五行周流氤氳，人物所受之二
五比例，各有清濁多少之不同。故當性被決定只由氣說時，就對性之
分與量產生清濁之不同。人之氣清故能全盡全現其生德，由此言性
善。而物之氣濁就不能全盡全現氣之生德，由此言物性不如人之善。
此說似有命定之嫌，唯此為程氏等儒家為避佛老視君父為無物，一切
皆空之病。故特重可見可行之倫則之故，且重視後天學習以至聖，化
解命定之蔽。

五　性有清濁

> 人之生，有五官百骸之形以成人，有清濁厚薄之氣質，不能不
> 與物異者。以成人品之高下，即有仁義禮知之德，具於質形氣
> 之中以成性。性一而已，有善而已。……譬之水，其清也，質
> 形氣之清，是即其性也。譬之鏡，其明也，質形氣之明也，是
> 即其性也。水清鏡明能鑑物，及其濁與暗時，則不能鑑物，是
> 即人之知愚所由分也。極濁不清，而清自在其中。極暗不明，
> 而明自在其中。是即下愚不移者，其性之善自若也。知愚以知
> 覺言，全在稟氣清濁上見。性則不論清濁，不加損於知覺。[7]

陰陽分布，五行周流，遂有五官百骸之人，與異於人之物。人與
物因氣化有清濁之異，此大類之異。而人與人間，雖皆有五官百骸之
同，但又有生德稟受多少之異，此小類之異。指人品之高下有別，即
氣清且厚者，生德暢達不已為上知。氣濁且薄者，生德鬱結難通而為
下愚，上知下愚以清濁對知覺之通與鬱而分。而氣性中有仁義生德，

7　〔清〕程瑤田：〈述性一〉《論學小記》，頁529-530。

則知愚者皆同，故曰「性一，有善而已」。程氏既欲保住孟子人性善之大旗，又欲避開佛氏色即是空，重普遍輕實然之病。故專由既可含具遍在之生德，也可為具體實然之氣，說獨人有性善，物則無之。氣之流行不已，生德只流行於人，不及於物，此其一。生德流行之作用，更主要地是在後天誠意功夫之學習上，此其二。故生德在天命之氣性上，看似有受限，實則是將生德更用在人倫日用誠意功夫上，使先天即後天而顯。性善是通先天之命與後天之學，以成就程氏「實事求是」「盡倫盡職」之學旨。水清乃形質氣之清，清即其性。鏡明乃形質氣之明，明即其性。性本由命而有，清濁厚薄雖有多寡，但生德本性不變。及撓而水濁鏡昏，則後天之惡掩蓋。及後天誠意毋自欺之功發用，水清之性鏡明之性復現。由形氣之水鏡說性，別於朱、王由本體說水鏡之性，形氣之性重實有，不廢生德之流行，本體之性重超越，生德需通貫兩間。程氏在宋、明、清思潮的演進中，選擇則由氣性說善。

六　性由情見

> 性不可見，於情見之。情於何見？見於心之起念耳。人只有一心，亦只有一念，善念轉於惡念，惡念轉於善念，只此一念耳。性從人之氣質而定，念從人之氣質而有。若有兩念，便可分性有善惡。今只此一念，善者必居其先，惡則從善而轉之耳，故曰性善。……且夫仁義禮智之端，下愚不移者，既皆有之，是其心固以為當然也。心之所然而乃不然，所謂忍也。忍之為言，反其所然之謂。其所然之心，至死不中絕，性善故也。[8]

8　〔清〕程瑤田：〈述性三〉《論學小記》，頁531-532。

程氏由形氣質說性，是離開朱、王由本體說性，而從王廷相、戴震等由氣本說性之路。唯性為天所命於人之本質，天有無限義，即使由氣說天者，亦守此規定，故天不可言，則性亦保有天之不可言說義。只是此無限是由氣之流行，非由形上本體說。此點王廷相、羅欽順乃至戴震[9]皆言之甚詳。氣流行於人身為性，性不可見，只可見於其本於氣之流行而有的人倫日用，此性發之生用，即情也。故曰「性不可見，於情見之」。唯性有生德，是由氣為體說。氣之為用，則程氏以為當從心說。心為形氣質之生用，心能遇事觸物交感而動，故曰「情於何見？只在心之起念」。朱子以形下氣心統攝形上性理於內，發而為合理之情。程氏雖捨宋明性理之學，但仍尊朱。可見心之起念為情，有朱子心統性情模式。唯朱子心性上下二分，而程氏心性皆由氣之流行言，氣心以氣性為內容，心生用之情亦為氣質層。故程氏之心統性情是同原異用，朱子則是異質的統攝。

性從人之氣質說，念從人之氣心說。故心之起念，即情之（程氏另有意為心之起，意會經營情之動，見下節）發見。亦即依性之所發，在成為具體的喜怒哀樂之情時，同時尚有心之起念之作用在其中。如此省卻形下心統形上性發為情之上下兩間須兼顧之功夫，直接將心之發用連成性發之情，工夫便只在同一氣心上做誠其心性一貫之工夫即可，此由氣言心性諸論者之所多言者。故氣心只一念，此念無形上下之分，心只一念亦含性只一氣性。若性有二，則見之於情，情即有善或有惡之可能，此為由氣說性而反孟之王廷相之主張。程氏雖

9　戴震云：「凡有生，即不隔於天地之氣化。陰陽五行之運而不已，天地之氣化也，人物之生生本乎是，由其分而有之不齊，是以成性各殊。」見〔清〕戴震：《孟子字義疏證》，收入〔清〕戴震撰，張岱年主編：《戴震全書》（合肥：黃山書社出版，1995年10月），第6冊，頁182。惟戴氏以性善有等差，程氏只言善性之知覺有清濁知愚知等差。

主只一氣性，但尊孟性善之旨，故於氣說心性只一或可能為二之處，不取廷相較由氣化有任何可能說性之路，而採由善說氣性只一之路。更贊成性由情驗才為實有，不取性體本在之路。

七　相移以習，性則相近

> 孔子曰：性相近也，習相遠也。……習與性對言。性自性，習自習。習相遠，愈見性之相近。習之相遠也，遠於知愚之相移也。性之相近也，愚者之性，未嘗遠於知者也。蓋稟氣受質而成人之形，其心即具人之性。人與物異，故性無不善也，而不能無知愚之殊者。以氣質不能不分高下厚薄，因而知覺不能不分等差。其上焉者知也，等而漸下，則不知而愚矣。愚非無其知也，鬱其知而不達則愚。知愚之知，即三達德之知。其知即根於性中，仁義禮智之知，本無二知。知者，從性中直達而出，愚者則鬱而不能直達者也。故知愚雖分，而性未始不相近。……然知覺既有知愚之殊，而薰習復有邪正之異。……知有等差，習而移之。……移而知者，性達而性之善見，移而愚者，性不達而性之善不見。……相遠者，因習而移其知愚，非移其相近之性。知愚每因於習之所移。[10]

程氏由氣說性善既明，則其對「性近習遠」之論，自有異於朱王。朱子由天理說性，性雖不動，仍人皆有之，有其普遍性，絕對性，應說性體唯一，難說相近。陽明由良知說性，性亦有其道德本體之絕對性，亦難說相近。王廷相由氣為本體說性，則陰陽五行客觀交互作用

10　〔清〕程瑤田：〈述誠二〉《論學小記》，頁527-528。

下，性有善有惡[11]，需由禮義王道導護為善。故由氣說性者，多主張
「性相近」正面呼應態度[12]。唯廷相多論氣之本體論、宇宙論，程氏
在當代重實思潮下，少本體宇宙之論，主張直接將氣化有各種可能，
如上知下愚之分引為論據論性。重點不在「為何」，而在「如何」，如
此言，在字義上較貼近「性相近」。

「習之相遠，遠於知愚之相移」指心性情皆由一氣流行於身中，
只是前後位階不同。而習則在身外者，非先天本有不可移易者。蓋氣
性雖善，但陰陽附麗，五形氤氳，則氣質不能無高下之別，則知覺自
亦有等差之分，由此等差來說上知與下愚。知愚皆有性善，自有性善
之知覺，唯在此性有普遍義說，若落實在氣質則人人殊異。人人在氣
化上各有其獨特陰陽五行比例於人身上，則氣清暢者，其知覺即易通
達氣之心性情貫通之道。氣濁滯者，其知覺亦易鬱結不能通達氣之心
性情貫通之道。可見性不可移易，而介於性體與外物連結認知之知
覺，則進一步受氣化清濁之限制而有知愚之等差。此處則是可用學使
知者維持知，愚者轉而為達之可能用功處。故曰「相遠者，因習而移
其知愚，非移其相近之性」。

八　情善與意或惡

性善，情無不善也。情之有不善者，不誠意之過也。由吾性自

---

11 王廷相云：「性之善者，莫有過於聖人，而其性亦惟具於氣質之中，但其氣之所稟
清明淳粹，與眾人異，故其性之所成，純善而無惡耳，氣有清濁粹駁，則性安得無
善惡之雜？」見〔明〕王廷相撰，王孝魚點校：《王廷相集》（北京：中華書局，
1989年），頁518。

12 焦循云：「雖為不仁而思欲尚轉而及仁，此思欲之所轉，即仁義之心所生長；放失
之後，其平旦之氣，好惡尚與人相近，則性善可知矣。」〔清〕焦循：《孟子正義》
（台北，文津出版社，1988年），頁776。參於瑤田之焦循亦持此論。

然而出之謂情，由吾心有所經營而出之之謂意。心統性情，性發為情，情根於性。是故喜怒哀樂情也。故曰喜怒哀樂之未發謂之中，發而皆中節謂之和。其中節也，情也。其未發也，情之未發也。其中也，情之含於性者也。其和也，性之發為情者也。是故心統性情。情者，感物以寫其性者也。無為而無不為，自然而出，發若機括，有善而已矣。[13]

情在朱學是形下物質性的感官作用，本身非性之生德之所發者。陽明亦以情為形下感官，須由良知主宰進而融為良知踐德之載具。王廷相則順仁德較弱之性言情，則情雖為氣化，於人身之作用，仍難說情為善者。至蕺山雖亦由氣說性，但亦接受陽明良知之旨，故主張氣性善，則所發之情亦善。戴震主氣以反朱、王，但仍接受氣性善則情善之思路。程氏有取於由氣說性之主張，而將情提到與氣流行之天與性同等地位，不再如朱、王視情為形下無德性之作用，及為惡之所以生之根源。主張氣性善故根於性自然而出之情亦善。程氏為強化情善之地位，又曰「中，情之含於性。和，性之發為情」將儒家中庸之中與和關係說為情在性為中，性發為情為和。除以內與外為一體說性與情，亦視中與和之為道德體與用之關係，亦即性與情關係。如此情既是氣之流行於人身的感官實然作用，此作用本身亦是氣之流行所具備之生德發於人身之作用。則情是性之當然與應然，生理與仁德同時具體存在者[14]。故曰「情，感物以專其性者，有善而已」。

13　〔清〕程瑤田：〈述情一〉《論學小記》，頁535。

14　羅欽順云：「但曰天命，故已就氣質而言，曰氣質之性，性非天命乎？一性而兩名，且以氣質與天命對言，語終未瑩。」亦以氣質之性含有天命之義理。見〔明〕羅欽順：《困知記》（北京，中華書局，1990），頁7。

> 情出於性，意出於心。情與意似不同其源，然性情實具之於
> 心。心之動也，動以萌其意者也。性則渾然具之於心，有善而
> 無惡。情則沛然，流於所性，亦有善而無惡。意萌於心以主張
> 之，意豈獨有惡哉！內而與情謀，外而與事謀。是情之與事交
> 也，以意為之樞。經之營之，於是利害之分明，而趨避之機
> 習。喪其良心，不誠其意之為害大矣。……蓋情之發於性也，
> 直達之而已。意之主張乎情者，有所經營，不能直達。[15]

朱子達道之功，用在格物以致知，認知物理再用之於行。陽明之意為
良知之發用，良知為本體善，則意之發亦為本體善之所用有善非惡。
蕺山承陽明，以意為良知所發故善[16]，唯嚴分意念，以良知初發之意
為善，意之發加上氣質與外物之考慮再有之念則可能為惡。程氏與蕺
山皆由氣談性情為善，但不若蕺山道德心體義強，而是較偏廷相與戴
震由理智說氣之性情善者。故其情發為善，唯意之萌，一經營之則可
能為惡，近於蕺山意善次念或不善之模式。但意由氣心發，非由良知
發，則異於蕺山。

　　程氏以意為心所萌動者，如此情與意之關係須有一說明。情發於
性，而意萌於心，情與意似不同源，其實性具於心，心之動為意，可
說情與意皆出於心。情為心所具之性之發，意為心之動，在作用上同
為心之所出。在倫理上，情純為性善之發用，意則對情善之發用於現
實利害上，會受萬物影響，未必全以倫理決定，有時會偏向利害之考

---

15 〔清〕程瑤田：〈述情三〉《論學小記》，頁537。

16 劉宗周云：「意者，心之所以為心也。止言心，則心只是徑寸虛體耳。著個意字，
　　方見下了定盤鍼，有子午可指。……意之於心，只是虛體中一點精神，仍只是一箇
　　心，本非滯於有也，安得而云無？」見〔明〕劉宗周著，戴璉璋，吳光主編：《劉宗
　　周全集》（臺北，中央研究院中國文哲研究所籌備處，1996年），頁397。

量。如此是承認現實人事與己同是氣化之存在，同時也需承認人我各有其利害，則彼此或利或害之判準，須以含具善性之心所發之意來主張之，即誠其意之功。故主張心含具之善性發而為善情，而心動之意，既要與內情謀，亦要與外事謀。知情與意同源於心，而意能在情之後，為情發為善或惡之樞紐。因「情發於性」直達之，意主張乎情，有所經營，或不能直達而可能為惡。知程氏為維持性善說，故不似朱王以性為善而惡由情之發。而將惡之發再推向屬善之情後的意上。如此則近於蕺山之「念」，又遠於戴震矣。

九　誠其情之意

> 誠意之意，非私意之謂，乃真好真惡之情之發於性者。然則意與情無別乎？曰非無別也。意不能離乎情耳。好惡之出於不容已者，情也。好惡之情動於中而欲有所作為者，意也。是故吾好是善而欲為之，吾惡是惡而不使有之，是情之見於意者也。乃好之而不盡其真好之情，惡之而不盡其真惡之情。是雖好惡之情已動，其為善拒惡之意，而好惡之量有所未盡。則不能充實其為善拒惡之意，以無負其出於不容已之情，是謂不誠其意。[17]

　　誠意之意乃真好真惡之情之發於性者，則意當有好惡判准之「真」與為好惡之「能」者。此「真」與「能」非價值本體如陽明良知不容已地為善者，不能至也。然程氏主張氣情為善亦有不容已地真好真惡之意，則此意來自前述氣之流行天命之性所有不容已之生用。

17　〔清〕程瑤田：〈述誠一〉《論學小記》，頁522。

故可曰「吾好是善而欲為，吾惡是惡而不使有之，是情之見於意者」，如此若不知程氏以氣說性情，看如此說誠意，易以為程氏為承陽明說誠意。實則氣性情亦存其不容己之生德之發，即為誠意之意。

另外，程氏明確將惡歸之於意之不誠。不若朱王將惡歸之於本體善性之外，屬於無生德於其中的形下之氣之情。意之所以可能不誠而為惡，在於其「為善拒惡之意，而好惡之量有所未盡」。從道德本體說意之經營，若有量不足者，當非本體作用力不足，而是受限於氣質，不能不容己地出之，於是惡之生在於氣質。然程氏以「好惡之情動於中而欲有所作為者」做為「意」，則意亦應無「量有所未盡」之可能。除非如程氏所說意於人事上「經之營之，於是利害之分明，趨避之機習，喪其良心，不誠其意為害大矣」。性情不能於事上經營，故無為惡之可能。能於事上經營而不能躍露其真好，真好之情而可能為惡，即「意」也。故程氏以「誠意」為統貫性情意皆善之主要工夫。

十　結語

程瑤田身處清代考據學興盛時期，當代學術思潮，已從宋明理學重視形上本體而衍生的空疏之弊，改為重視實然界的探討。如戴震、程瑤田等經學家，對宋明理學討論的天道與性命、理與氣等命題，不再由形上本體面論述，而是用氣化實然面來重新詮釋天道性命、理氣等論題的內容，並且有回歸漢代素樸的氣化宇宙論的傾向。所以程瑤田不再用天理說道，而是用實然的氣說道，且此元妙之道非佛老形上之元妙，而是由日用來說元妙。對於長久爭論的孟子性善說，不再由先天本然之性說善，而是在受明清氣本論如王廷相、戴震等影響，主張由形質之氣來說性善。因由氣質言性，所以性非先驗超越者，而是由氣質清濁多寡的比例來說性。在氣化流行的宇宙論中，心性情皆一

氣在人身上不同的發用。性由氣質說，性所發為的情，情自與性同由氣質說。非如宋明視性為形上，情為形下有限者。氣性既為善，則性所發之情自亦為善，此與宋明在理氣二分架構下，視情為有限的惡大有不同。由上述討論，可見程瑤田以其實學的精神，重新詮釋天道性命等論題的特色。

　　（此篇發表於2015年9月中國山東舉辦「第七屆世界儒學大會」會議論文。）

拾　郝敬《時習新知》的氣本論
——太虛人身一貫的素位之學

一　前言

　　郝敬字仲輿，號楚望，生於明世宗嘉靖三十七年（西元1558），卒於明思宗崇禎十二年（西元1639），年八十二歲。著有《九部經解》、《時習新知》等書。[1] 宋明理學主要有朱子理本論，與陸、王心本論二路外，尚有張載、王廷相、吳廷翰的氣本論一脈。明清論者對朱學、王學有疑義時，往往回歸孔孟著實之學，如「性相近」等論題的討論，使學者未必全依理本或心本來論性。反而以氣為本，作為討論的切入點，而有其自得之處。另外氣本論在與理本、心本兩大主軸的激盪下，有主張純粹氣本論的，如王廷相；有主張理氣是一的，如羅欽順。主張心氣是一的，如陳確。主張心理氣是一的，如劉宗周、黃宗羲等分別。[2] 而此分派又會受時代學風轉變的影響，而有所調整。郝敬即是主張氣為本體，但為回應明清由虛轉實的學風，而特重氣化的實有義，主張太虛與人身是一貫，學問是即用顯體的，如云：「下學而上達，上與下非二也。自其可語者觀之，下皆上也。自其不

1　參考張曉生撰：《郝敬及其《四書》學研究》（臺北：東吳大學中文研究所博士論文，2002年）張曉生也是台灣學者提到郝敬氣論思想的第一位。

2　王俊彥：《王廷相集與明代氣學》（臺北：秀威資訊科技公司，2006年7月）。

可語者觀之，上皆下也。」[3]則與純粹氣本論的王廷相有明顯差異。本文即以王廷相、陳確、羅欽順、劉宗周等不同氣論的思路，對比或證成郝敬的氣本論，也點出其在明清學風轉向過程中的位置。

二　太虛生人

理學自宋張載言「太虛無形，氣之本體。」[4]以氣為本體後，明代中期後有王廷相「元氣之外無太極」[5]。吳廷翰「氣之渾淪，為天地萬物之祖，至尊而無上，至尊而無以加，謂之太極。」[6]亦以氣為本體。及至明代晚期又有郝敬接續由太虛說氣為本體的理論，則宋明理學於朱子理學，陸王心學外，隱然尚有氣本論一脈的存在。而氣本論的提出，主要是在儒學以道德為永恆真實主軸外，再加強道德即日用的實有義，來對抗偏形上的佛老。故郝敬以「古今億兆本同一氣」[7]可貫通有無兩間的氣，做為既肯定本體，又強調本體即人倫日用的素位之學的基礎[8]。以下討論郝敬由本體位階說的「太虛」：

　　晝夜陰晴有明晦，太虛洞朗，無明無晦。人身耳目有通塞。性

3　〔明〕郝敬：《時習新知》收錄於四庫全書存目叢書編纂委員會編：《四庫全書存目叢書》（濟南：齊魯出版社1995年9月）子部，雜家類，第90冊。

4　〔宋〕張載撰：《張載集》（臺北：漢京文化事業，2004年3月），頁7。

5　〔明王廷相，王孝魚點校：《王廷相集》：（北京：中華書局，1989年），（北京：中華書局，1989年9月），頁597。

6　〔明〕吳廷翰：《吉齋漫錄》，收入〔明〕吳廷翰撰，容肇祖點校《吳廷翰集》（北京，中華書局，1984年），頁5。

7　〔明〕郝敬：《時習新知》，頁804。

8　時代稍後的陳確亦主張重日用的素位之學，但已有避談本體，如「舍卻日用，亦無處更覓道，體。」的傾向，見〔清〕陳確：《陳確集》（臺北：漢京文化事業有限公司，1984年），頁135。

體寂照，無通無塞。[9]

太虛生人，如水生蟲魚。人在大虛，如魚在水中。形骸質也，
知覺運動虛也，虛者神也，形離神，則頑聚而成朽腐，日用以
其身如魚在水，乘虛泳游，思無思，為無為，顏子屢空。所以
庶幾聖人所以寂然不動，感而遂通天下之故也。[10]

「洞朗、無明晦」指太虛清通無礙，超越在相對明晦之上，是無
限的，超越的本體。「太虛生人」指太虛本體有寂感相生的作用，但
生用不止是原則性的說，是依水生魚的具體氣化說。「乘虛泳游」指
具體日用與形上不是異質異層的，而是日用與太虛同層同質且流行自
如的。此說與王廷相「造化自有入無，自無為有，此氣常在。」[11]，
同樣以氣化本體貫通有無，但郝敬明顯偏向由形下日用來說本體的生
生義。不是由理論或境界上強調本體如何的無限，而是由古往今來皆
存在的形下日用說太虛無限。

盡大虛空無一處不與我通，我身無一息不與大虛空通。但神明
常覺，自然廣大舒泰。[12]
大虛一點明，偶然凝住，一擺便散，都非自由，何得執為我。[13]
人之生死，在大虛中如一遊塵往來。以我視我，則為我。以太
虛視我，通為太虛。我視我則私，太虛視我則公。渾萬物共成
一太虛，合萬物生死往來，共成一大造。[14]

9　〔明〕郝敬：《時習新知》，頁731。
10　〔明〕郝敬：《時習新知》，頁744。
11　〔明〕王廷相著：《王廷相集》，頁751。
12　〔明〕郝敬：《時習新知》，頁733。
13　〔明〕郝敬：《時習新知》，頁744-745。
14　〔明〕郝敬：《時習新知》，頁793-794。。

太虛本無時空、方所的限制的本體義確立後，郝敬又將本體義，直接落實在人身上說，太虛貫通流行於人身中，有限的人身也具有本體義。但不是與人身異層次的本體，而是人身的本體即是同層次的太虛。如此，人身不再是被對治的第二義存在，人身即是第一義的實有。但郝敬仍承認人身的有限性，而有限性來自太虛的偶然凝住。太虛寂感不已，隨時空的延伸有無限的創生性，不論清濁、順逆、聚散皆時行時止。故聚而為有，散則為無，由具體的有與無的神妙不已，來說太虛的生生義。生生義不是只有存在於形上界，然後再向形下層妙運氣化，生生義是通貫有與無而說的。此與王廷相「道體不可言無，生有有無」[15]同義，但偏向由人身說太虛的生生，是通貫有形、無形兩界的。總合的說，太虛既是無限本體，又是由具體的有無聚散不已說的實有，於是郝敬有「共成一太虛」的論點提出。因為單從體上說，體即萬有之本，體立萬有即因之而有。但說「共成」則顯然不是單從體說，而是從體用、有無等兩間共同建構而成來說。郝敬如此立說，主要是以上下一體皆實有的立場，反佛老的偏虛，及確立儒學之為實有。如此人身雖限於時空為有限，但太虛生生無限，則在無限時空中成生生不已人身的總合。在理論上，或可說是向前向後無限延伸的時空中的諸多有限，可「共成」一具體又無限的太虛。因為由有限的人身說宇宙全體，自然會有兩間「共成太虛」說法的提出。而郝敬以為善養貫通有無兩間的氣即可實現此說。

三　天地只一氣

　　天地之間惟氣，人身亦惟氣。人與天地相通，亦惟氣。無氣則

---

15 〔明〕郝敬：《時習新知》，頁751。

兩間為頑虛。[16]

元氣周流太虛，循環於天地之間，不可以方所求，近取諸身。[17]

自覺此身與宇宙間元氣流通，不知身之為宇宙，宇宙之為身。
即此是仁。[18]

　　郝敬以太虛為本體，順其實有性強的性格，故亦用生化義說不可
聞見，凝結後又可聞見的氣來說太虛的體性。因「太虛中渾是氣」[19]
遍在時空總成的天地、與人間的氣，具體彰顯宇宙與人身最根源的同
一性。因有此氣的同一性，可見聞者與不可見聞者便皆是真實的存有
非頑虛。於是氣凝成物的有形為實有，氣未凝成物前的無形仍是實
有，且是同一的實有。如此儒學便是上下皆實，以對顯出朱學、王學
重上輕下的偏虛，回歸孔孟的著實。因為重實，所以將「元氣周流太
虛」，總攝在人身上，即是人倫日用的實現。於是元氣流行可以成就
萬物皆是實，此時雖是有限日用，但已有人我感通的條件在。有限的
人我便因彼此同氣的感通，而相互肯定彼此皆是真實而非虛幻的。且
此元氣流行通徹無間，宇宙與人身無隔，可泯除天人間因位階、體質
異質異層所產生的斷裂而為惡。而元氣流行不已的必然性，即是價值
上應然如此的仁。

天地聖人不能離氣，浮屠消滅世界，以求法身，亦不能離氣，
無氣即無太虛，焉得有法身，太虛含萬有，生天生人生物，惟
氣耳。[20]

16　〔明〕郝敬：《時習新知》，頁735。

17　〔明〕郝敬：《時習新知》，頁819。

18　〔明〕郝敬：《時習新知》，頁734。

19　〔明〕郝敬：《時習新知》，頁728。

20　〔明〕郝敬：《時習新知》，頁742。

> 人生稟有清濁，則分量有智愚，血氣有盛衰，則壽命有脩短，
> 此數之在天者也。若夫學習勤，則愚皆可化為智。[21]

　　天地是蘊涵價值的自然，聖人是價值義流行自如的形氣，不論價值義是顯或晦皆涵攝在太虛元氣中。於是價值由元氣流行說，此與朱子由形上理體為價值根源，陽明以良知本體為價值根源頗不同。但推究價值義到天人一貫的工夫圓熟處，由天地生生說德的氣本論，則與理學、王學並無二致。只是詮釋路徑不同，回應時代課題的立場不同，對價值義的詮釋，在方向比重上有所不同。如郝敬即自言「氣養到浩然處，即純是德性。」[22]元氣所生除具有生生義外，價值義也同時具備。則惡從何而生？郝敬以為一氣流行變化萬端，自會有稟氣清濁的不同。氣質清暢不礙生生流行即是聖是善；氣質濁滯使生生流行不暢即是凡是惡。如王廷相即言「夫性，生之理也……。離性言氣，則氣非生動，與死同途。」[23]可見主張氣為本體者，皆以一氣生生為善，一氣生生若因氣稟濁滯不暢時便為惡。可知郝敬雖重氣貫有無，但仍正視一氣凝結氣稟有清濁不同。但可針對氣質勤學養氣，再化濁為清，化愚為智。於是一氣生生的具體義由人身而可見聞，一氣生生的人文價值義亦由人身而彰顯。郝敬論學的重心由當代的重理論或境界，轉為重視用即是體的人身。

四　理就氣上會出

　　從來不分理氣，自先儒分理與氣，欲使下學易曉耳，然有二

---

21 〔明〕郝敬：《時習新知》，頁818。
22 〔明〕郝敬：《時習新知》，頁740。
23 〔明〕王廷相著：《王廷相集》，頁518。

名，無兩體。易有太極，合理與氣渾淪而為言者也……。宇宙
間，渾是氣。而理就氣上會出。謂氣生形，則可。謂理生氣，
必不可。形氣有先後，理氣無先後也。氣有形，理無形。氣通
于有無之間，氣之可見者，即理之可見也。氣通有無，即理之
一貫也。[24]

郝敬對於理氣關係，仍以氣為本的立場申論。認為宇宙生發的根源是
氣，萬物化育的過程是氣，凝聚成形而有的日用是氣，形體消散後仍
是氣。氣在不可睹聞處是生生之根源、作用，氣在可見聞處是人倫日
用。而且只強調本體界覺得虛，強調人身則因「氣通于有無之間」而
是上下通貫，上在下中的實。有上則日用在價值上，生生上是有根本
的。下中有上則日用在成德上，發用上是踏實的。如此才是上下一貫
又全體真實的宇宙。而元氣生生所有之秩序義，及具體氣化萬變的各
各脈絡秩序才是理。如主張理氣是一的羅欽順亦言：

氣本一也……。千條萬緒，紛紜膠轕，而卒不可亂，有莫知之
其所以然而然，是即所謂理也。初非別有一物，依於氣而立，
附於氣以行也。[25]

主張氣為本體的王廷相亦以為理在氣中，所以理氣的邏輯秩序是有氣
才有理。

天內外皆氣，地中亦氣。物虛實皆氣，通極上下造化之實體

---

24 〔明〕郝敬：《時習新知》，頁785。

25 〔明〕羅欽順撰：《困知記》卷上，（收入蕭天石主編：《宋元明清善本叢刊・中國子
　　學名著集成珍本初編》（臺北：中國子學名著集成編印基金會印行，1978），頁15。

也，是故虛受乎氣，非能生氣。理載於氣，非能始氣。[26]

黃宗羲主張心理氣是一，而對理與氣關係，亦在氣本的立場下，以理為氣之條理。

> 然氣自流行變化，而變化之中，有貞一而不變者，是則所謂理也，性也。[27]

主張道器一貫的王船山，亦由氣本立場說理是氣之理。

> 理只是象二儀之妙，氣方是二儀之實，健者，氣之健也，順者，氣之順也。天人之蘊，一氣而已，從乎氣之善而謂之理，氣外更無虛托孤立之理也。[28]

　　以上所列四段引文，指出年代先於郝敬的羅欽順、王廷相。與後於郝敬的黃宗羲、王夫之皆主張理在氣中，有氣才有理。若從學脈看，主張純粹氣本論的王廷相，主張理氣是一的羅欽順，主張心理氣是一的黃宗羲、王船山對本體為何的解釋寬窄與主軸雖各有不同，但若涉及理氣關係，則皆一致的以氣為萬有的本體，理是氣化萬有中的秩序與條理。亦即皆反對「理生氣」之說。郝敬反對主張理氣二分、理生氣的朱子。因朱子主張「有是理，便有是氣，但理是本。」[29]，理是先在本體，本身不動靜。氣是形下有動靜的存在，而形上理非形

---

26 〔明〕王廷相著：《王廷相集》，頁753。
27 〔清〕黃宗羲撰，沈善洪主編：《黃宗羲全集》（浙江：浙江古籍出版社，2005年1月），頁133。
28 〔明〕王夫之著：《船山全書》（湖南：嶽麓書社，1998年11月），頁1052。
29 〔宋〕黎靖德編：《朱子語類》（臺北：文津出版社，1986年12月），頁2。

下氣是異質異層的，但可主宰妙運氣化萬端，理非真能生出形氣。而
將理本論與氣本論對比下，可知氣本論將氣由朱學的第二義提高為第
一義。又將朱學做為萬有本源的第一義的理，下落為萬有中的秩序
義，成為第二義者。此中轉折，透顯出郝敬肯認本體義的價值，體立
用才真實。但若偏重於體，則有近佛老虛無之嫌。而氣因通貫有無兩
間，使體與用能依氣而做同層次的流通。於是體是氣之體，用是氣之
用，體用只氣的不同階段與面向，推到極致處以氣為本體的形上層是
體中含用的，而氣化實然則是用中有體的。

　　即使屬可見聞的形氣，亦非蠢然、莽然的物質性存在。非被動受
宰制無自我主體性，與主導性的有限存在，而是因形氣內之體與太虛
之體相貫通一致，故是可以同質上提，使人即是天的形氣存在。郝敬
及上述諸家使形氣位階等同本體，於是格致誠正的內在與齊治平的外
在，共成此人身。儒學的道德實踐可由人身展開，明清之際的實學與
經學，亦可由人身日用展開。

　　但說形上、說形氣是分解的說。郝敬則先驗地以太虛元氣為上下
通貫一體無別的。又在氣化有限隔後，以養氣功夫使有無重新復通為
太虛實體。如此立說，目的在避免理氣斷裂，體用不一，氣強理弱等
病的發生。故郝敬云：

> 所謂不睹不聞即在睹聞中，無聲無臭即在聲臭中。故曰：莫見
> 乎隱，莫顯乎微。若論語教人，顯微亦不須道。[30]

此亦明清之際，儒學藉回歸《論語》、《孟子》，以講求實學，所重新
建構的內在理路。

30　〔明〕郝敬：《時習新知》，頁753。

五　天地之間，一動一靜

> 所謂一動一靜，天地之間也。靜而靜，動亦靜者，仁也。動而
> 動，靜亦動者，智也。靜而無靜，動而無動者，仁智合一，聖
> 之時也。[31]
> 動者，陽之靈機。夫道，陽而已。陰者，陽之靜機。非與動為
> 兩體也。人心明即是動，虛即是靜，虛明非二體也。[32]

　　一靜一動是元氣所以流行的生生原則，因氣通有無，所以也是造
成凝結的條件。進而人倫日用的生發展開，皆是動靜相生所成就的。
但天地只是一氣，故動靜是一氣流行中互為其根的兩種作用，並非不
同的兩體。動是元氣的創生原則，靜是元氣的完成原則，元氣永恆所
以動靜亦永恆相生不已。動指元氣生生不已，靜指元氣生生永不改
易。張載云：「氣坱然太虛，升降飛揚，未嘗止息……，此虛實動靜
之機。」[33]天地萬物遍滿動靜之生用，故天地、古今、生死永續不已
地相延下去。如云：「生為暫死為久，天地所以長久者，生生相代
也。人與人相續而成古今。」[34]

　　一次的動靜相生即成一次天地、生命的成或毀。再次的動靜相生
即天地生命再次的成或毀。而天地人我即在無盡的聚散成毀循環過程
中，成為具體真實的。此時天地人我雖因有限而有成毀，但形氣非蠢
然形氣，是即體即用，上下一貫的存在。同時元氣流行遍在，亦將無

---

31 〔明〕郝敬：《時習新知》，頁758。

32 〔明〕郝敬：《時習新知》，頁761。

33 〔宋〕張載撰，王進祥編：《張載集》（臺北‧漢京文化事業有限公司，2004年），
　　頁8。

34 〔明〕郝敬：《時習新知》，頁756。

限多的有限存在統體共成一太虛。亦即有諸般有限形氣的真實存在，才有真實又無盡的太虛存在。無此諸多有限但具體的形氣，所謂太虛也只是無形的境界，不能構成真實的日用。郝敬以為天地有不已的生滅，是因元氣流行而有不同面向階段，故特別重視生生的作用，以為元氣生生的重心就是陽。而陽較屬本體層的作用，陽再下降貼近氣化實然層，使生生在日用中可顯現其端倪即是動，是「陽之靈機」。陽與陰非二體，故動之端倪乍現，即是端倪當下的完成即是靜。吳廷翰云：「即一氣之動處為陽，靜處為陰。蓋太極一氣耳。」[35]端倪一現，無便是有。所以一氣化生萬物，是乍生乍成的。生與成中間無時空的距離，是生即是成，成即是生的。亦即氣化聚散不已，而每一次聚或散，都是太虛的真實的示現。氣化之所以能由虛而實，即因動靜之機貫通有無之間。

> 天地聖人，所以盛德，惟其日新。自有天地來億萬載，時行物生，常如一日……。人皆與天地同……，故聖人教人日新。[36]
> 理所以不可違者，數也。理所以不當然而或然者，亦數也。……消息盈虛，曉然在人心目間。[37]
> 太虛內，陽動生天地。天地內陽動生人物。人物有消歇，天地無消歇。縱使天地有消歇，太虛元氣，終無消歇。[38]

　　太虛無盡非由理論上說，是由有形之天地、人物有時而盡又生生相代不已來說無盡。不是由無形層說無限，是由形氣層說無限，且是

---

35 〔明〕吳廷翰著：《吳廷翰集》，頁8。
36 〔明〕郝敬：《時習新知》，頁738。
37 〔明〕郝敬：《時習新知》，頁746。
38 〔明〕郝敬：《時習新知》，頁761。

具體而可貫通無限的。如「人與天地同」是由實然說，天地與人，除位階分量不同外，仍有一致性即為一氣生生而說同。此是在具體天地人我處，體會出太虛無消歇的本體義。但天地具體便定是有限，不已的生用凝結為有限之天地必然有聚散、盛衰的不同面貌。王廷相亦云：「氣有翕聚，則形有萌蘗，而生化顯。氣有盛衰，則形有壯老，而始終著。」[39]從體上說，一氣貫穿天地，無一不是元氣的流行。從用上說，天地人我因有體而無一不是唯一真實的存在。但因受形氣有聚散的限制，所以此唯一存在又必是有生有滅的。郝敬即扣緊天地有聚散的橫貫面，轉成時間的縱貫說。於是有盡的天地便是時行時止，而且可以行止相代不已，所以有盡天地又可共成一無盡天地。人身本有盡，也可共成一無盡的人倫日用。此中對於人的意義，便是人人各盡其職，便可完成即有限而共成無限的目的。故郝敬特將太虛落在有盡的天地人我身上說。於是人身因時行時止而有無限的可能，人身又因止即不能再行，故應特重人身在能行時成德的重要性。如云：

> 聖教不越人倫庶物。縱使世界外，有無量世界，與人無干。人只了人事。生天地間，只了天地間事。[40]

六 理氣一而性善

郝敬有云：「論語二十篇，學不越言行孝弟，道不越脩己治人。而于心性則罕言之。……大學中庸，言明誠，自下學發揮上達也，要皆不離下學也。」[41]可知其學重在人倫日用，對不可見聞之心性，視作

---

39 〔明〕王廷相著：《王廷相集》，頁754。
40 〔明〕郝敬：《時習新知》，頁747。
41 〔明〕郝敬：《時習新知》，頁780。

上達的目標，但反對純偏上之學。所以主張有下學上達才可成立，如同有氣才有理般。郝敬即基於氣中有理的觀點來伸述他的心性之說。

> 太虛中渾是氣，而理無形。人身中渾是氣，而性無形。但從容和順，氣即性也。飛揚躁擾，性即氣也。[42]
> 性體本無動靜，方寸常如太虛，寂感皆同一體。[43]
> 物無巨細，一點氣聚，即含一點靈光。離氣言性，無有是處。[44]

　　太虛由人天共構而成，而氣貫天人之間，所以太虛渾是氣，如此說似無疑義。但郝敬又云：「理無形」，則氣似應為有形者，而有上下異層的分別。其實郝敬的太虛是統上下而共成的，氣是指太虛的一致性，與實有性是既可無形，亦可凝為有形的。如此說「理無形」是說理只是一氣中的生生秩序與條理。同樣一氣流行，其實明之生生作用與秩序即隨氣聚凝結成人之性。吳廷翰即云：「徵兆之初，天地靈秀之氣孕於無形，乃性之本。其後以漸而凝，則形色、象貌、精神、魂魄，莫非性生。」[45]若從理氣二分來看，形上理下貫為形下氣之性，理與性皆屬超越層，氣則為純物質形下層，終是有隔。工夫做到盡處，仍覺「艱苦」。但若主張氣貫有無，則氣不可見聞處的生生義、秩序義隨氣聚於人。只有上下位置的轉換，仍是同質無隔地凝為人之性而無上下顛越的困難，故主張「氣即性」。

　　性善原無理氣之分。性之初，理固善，氣亦無不善，凡不善

42　〔明〕郝敬：《時習新知》，頁728。
43　〔明〕郝敬：《時習新知》，頁729。
44　〔明〕郝敬：《時習新知》，頁747。
45　〔明〕吳廷翰著：《吳廷翰集》，頁28。

者，由善而變也。習乃不善，非別有理義之性善，而又有氣質之性不善……。氣與理無二，性合理與氣者也。天地之性與人物之性不同，而理氣不離則一也。非必善者，皆屬理也，不善者皆屬氣也。人物初生，理氣皆善，成性之後，習于善則善，習於惡則惡。[46]

日用千罅百漏，祇緣氣質用事。但德性用事，則一切平滿，故孟聖教學者善養浩然之氣。氣養到浩然處，即純是德性。[47]

郝敬以為太虛元氣無消歇，故一氣即有生生義的動靜，有秩序義的理，有價值義的道德。而又全匯注人始生而有的氣性中，於是氣性亦是寂然同體的生生之善，如云：「天地之大德曰生，生生之謂易。宇宙人物事變皆是生生之易，天地之德也。道德由生有，功業由生立，無生，則世界都無。」[48]可知善由生生說，但郝敬的生是貫通兩間的，所以即於人為體的性，既通於天地之生德，亦通於人倫日用之常行。而惡之生，自然會由理氣二分之不暢來說，後天再習於此二分之病，便是惡了。

明清之際主張氣本的學者，因用氣加強儒學的實有性，故皆主只有一性。即氣質之性外，也多數主張氣性順一氣生生而有，故仍主張性善。[49]主張心氣是一的陳確，亦強調氣性善，如云：「先生（劉宗周）所謂『人只有氣質之性』，謂氣質亦無不善者，指性中之氣言。

---

46 〔明〕郝敬：《時習新知》，頁786。

47 〔明〕郝敬：《時習新知》，頁740。

48 〔明〕郝敬：《時習新知》，頁790。

49 參見筆者〈論張載的「氣質之性」及其譜系的開展〉一文，載於《宋學研究集刊》第二輯（浙江：浙江大學出版社，2010年7月），頁117-127。文中論證氣本論的王廷相、吳廷翰主張性有善有惡。理氣是一的羅欽順則主張性善，心理氣是一的劉宗周、王夫之亦主張性善。

性中之氣，更有何不善耶？陽明亦云『性之善端在氣上見，惻隱、羞惡、辭讓、是非即是氣。』如是，則雖曰『氣質即義理』亦無不可。」[50]再者，主張心理氣是一的黃宗羲亦云：「夫耳目口體，質也。視聽言動，氣也。視聽言動流行而不失其則者，性也。流行而不能無過不及，則氣質之偏也，非但不可言性，並不可言氣質也。蓋氣質之偏，大略從習來，非氣質之本然。」[51]可見凡重氣的學者，皆反對順理氣二分而有義理之性與氣質之性的分別。而且氣生生不息即是生生之德即是仁，所以雖只一氣質之性，但氣性必是善的。郝敬討論性是一或有二的論述不多。但由上引文，知其主張氣理一致，無理則氣亂。氣養到浩然處，氣即是德性，無理氣上下的分別。如云：「宋儒謂性有義理之性，孟子言性善是也。有氣質之性，夫子言性相近是也。夫理氣本無二，性善又豈有二？蓋性合理氣，但人有用不用耳。」[52]此仍合於明清之際主氣性善的潮流。但是純粹氣本論的王廷相以為氣性有善有惡，同樣主張氣本論的郝敬卻異於廷相而主張性善。原因或是王廷相理性客觀的以為二氣五行相生有無限可能。包括過與不及皆在可能或必然發生的範圍內，故性有善有惡。但郝敬用心在即用顯體，工夫即本體的強調人身實有義的素位之學上，故未如廷相般，做理論的深究。

七　人心各函太虛

　　人心各函太虛，一念動，參天兩地，千變萬化由此出。所謂有之，以觀其竅也。一念靜，風恬浪息，千奇百怪向此消，所謂

50　〔清〕陳確撰：《陳確集》，頁466。

51　沈善洪主編《黃宗羲全集》第8冊，頁266。

52　〔明〕郝敬：《時習新知》，頁785。

無之，以觀其妙也。有無之中，一動一靜之間，在天地，即是
一陽初動之時。在人心，即是喜怒哀樂未發之中。[53]
人心若別有未發之中，在已發前作主。天地須停息一鄉，乃復
遠行，無是理也。時行物生即於穆不已。[54]
心與氣，非一非二。[55]

　　太虛生生無盡凝於人為心，在一氣通有無的原則下，人心亦各函
太虛。太虛之生生，即於人身，便是心知動靜之機的發用。心念一有
動靜，即有具體的千變萬化。從郝敬用中有體的說法，可說由心之動
靜生化萬端，是遍在有無兩間。總整此兩間全體的創造，歸結於太虛
真實示顯的人身上，即是心。於是人身的心即有本體義，心于言行語
默的創造，不只是形下層氣質的無體活動。如此心一發用，便是通徹
上下的發用。心不須先認知形上性體，再以之作為形氣層發用的指導
原則。如朱子即云：「心者，人之神明，所以具眾理而應萬事。」[56]朱
子即以心為氣之靈明以具理應事者，但因認理氣為二，心只是形下氣
之靈。要能通天地生生之德，是要艱苦用功才有豁然貫通，神妙萬端
的可能。
　　郝敬則以為元氣生妙不測，凝為人心，心之發用，自亦神妙不測
於兩間中。心不會受異質的形氣限制而不能發揮其靈妙不測的生用，
可更便於日用的順暢實現。如主張氣本論的王廷相有云：「人心之靈，
貫徹上下，其微妙也。通極於鬼神；其廣遠也，周匝於六合。」[57]主

53　〔明〕郝敬：《時習新知》，頁763~764。
54　〔明〕郝敬：《時習新知》，頁729。
55　〔明〕郝敬：《時習新知》，頁736。
56　〔宋〕朱熹注《孟子集注》卷13，收入《叢書集成三編》（台北：新文豐出版公
　　司，1999年2月），頁751。
57　〔明〕王廷相著：《王廷相集》，頁763。

張心理氣是一的高攀龍亦云：「天地之先，惟斯一氣。萬有大生，人
為至貴。……其心之靈，以氣之直上際下，蟠與天無極。」[58]主張理
氣是一的戴震云：「古人言性，但以氣稟言，未嘗明言理義為性，蓋
不待言而知。孟子明人心之通於理義，與耳目口鼻之通於聲色臭味，
咸根諸性而非後起。」[59]以上所列三家，論學各有偏重，但都肯認以
氣為本。因氣通有無，所以由氣之神妙而說的心，自然有通徹義理與
氣質兩界而統歸為同一層的特色。

> 天下無心外之道，人心與太虛通，立天下之大本，行天下之達
> 道，皆人心也。易曰：立人之道曰仁與義，仁義皆心也。天有
> 陰陽，地有剛柔，非人之力所能盡也，聖人神明，盡其所為人
> 耳。[60]
> 凡實理有得於心，則是非取舍，如飢食渴飲，不可聲音笑貌為
> 也，此之謂誠明……。大學無自欺，中庸擇善固執，不可須臾
> 離。[61]

　　由元氣流行有無兩間不息說，天道陰陽故生生不已，地道剛柔故
化育無盡，人道仁義故成德不息。天地人三才之道，皆本於元氣而作
用於人心上。心通太虛，即心通生生、化育與成德等面向。但郝敬以
為人身有限，應盡其當下所能與所應盡者。至於超越此身之外的天地
之道，則放在第二位。人人各盡其責，則可共成一太虛。故此非心之

58　〔明〕高攀龍撰，陳龍正編：《高子遺書》收於《景印文淵閣四庫全書》，（臺北：
　　臺灣商務印書館，1986年3月）第1292冊，頁367-368。

59　〔清〕戴震撰，張岱年主編：《戴震全書》（安徽：黃山書社出版，1995年10月），
　　頁56-57。

60　〔明〕郝敬：《時習新知》，頁804。

61　〔明〕郝敬：《時習新知》，頁733。

超越上達義的退卻，反是立定腳跟，不淪虛玄的方法。郝敬由一氣如如流行說性善，故善非由形上本體說。自然對當代流行的「良知」說有異議，如云：「近代儒者又矯致知窮理之偏為致良知。馴至師心自用，無復繩尺，其去浮屠愈近。蓋知體空虛，心之神明，不可為象。大學惟就日用事物，格致以求自慊。」[62]郝敬批評良知偏形上一路，雖有靈明活潑之神用，但不切日用。如陽明有云：「心之本體，原自不動，心之本體即是性，性即是理，性元不動，理元不動，集義是復其心之本體。」[63]蓋陽明由絕對層的本體說心，心自亦流行遍潤於宇宙間而無一物之遺與隔，是超越在有形萬有之上的絕對價值的本體。有形萬物因良知價值的遍潤與朗現，而為有絕對價值的存在與創生。但郝敬對良知的活潑靈動與絕對遍在，總覺得偏形上一層。不如人倫日用來的踏實，故批評其近佛老。但不可謂郝敬不肯認本體，而是在宋明以來重本體輕日用的學風下，希望能提高日用的位階，重新建構孔孟重實的學風。

八　氣貫神、精、魄、形

若由理本論與心本論的視角，檢視天人間的關係。會著重在命令、主宰、妙運等討論上，不會著重在精神魂魄這範圍。但對以氣為宇宙本源，生化過程的氣論者而言，介於有無之間，似有若無的精、神、魂、魄，是有其說明無如何至有，及無如何可能是有的詮釋效力的。郝敬對氣化過程沒有描述，但對無與有間的聯繫，即精、神、魂、魄則有清楚的說明。因為討論氣化繁複的過程，會進入理論之建構，仍是虛的。不如直接用精、神、魂、魄確立有與無間有一致性、

62　〔明〕郝敬：《時習新知》，頁793。
63　〔明〕王陽明：《王陽明傳習錄》（臺北：正中書局，1954年7），頁20。

延續性，同時也肯認有與無間的差別存在。而工夫的意義，就在順上下一貫的基礎，使下學可以上達。

> 神者，形之生氣，生氣之始為魄。藏神而未光。其光大者，神也。神之至也後于形。其散也常先形。自胚胎初生，混濛漸開，及壯而神始徹，及衰而神昏矣。形乃化，形百歲住世。神周旋不舍，皆魄為媒也。將死綿憊，若知若無知者，魄也。魄者，迫也。魄者，迫近于形，為形生之初氣，發越而生明，神之母也。形不能留神，其初氣為神所依，神能舍形，不能舍魄。[64]

　　此段的重點是一氣流行，愈近本體位階的氣，其生用愈靈動不測。愈接近形體位階的氣，其生用也愈由無限窄縮到形氣自身的範圍內。於是神最近本體位階，其生用最靈動不測。而魄為氣之生化，漸凝而未完全成形者。形則為較神、魄更凝為具體且生化更受限制者。但形非絕對死體，生氣受限於固結之形體，其生用雖大為減緩，但仍在使形氣向前氣化中。及至形毀後，生氣又回返太虛中。此即張載「氣不能不聚而為萬物，萬物不能不散而為太虛。」[65]理論的擴寫。於是由無化為有的秩序，是由元氣本體而神而魄而形而復歸元氣。而彼此位階的不同，則由生氣順滯的程度決定。且彼此的位階愈近，生氣之延續性愈明顯。位階愈遠，生氣之延續性愈弱。所以神是生氣之妙，可自由出入形體，不受形體限制。神之漸凝，則是形生初氣之魄，魄則不可離形。所以魄既上通神，又下凝為形。工夫的意義，便是使形愈見通達，回復生氣神妙流行的本然狀態。如此安排，可知無

64　〔明〕郝敬：《時習新知》，頁769。
65　〔宋〕張載撰：《張載集》（臺北：頂淵文化事業，2004年3月），頁7。

與有間，有一層層遞進的次第。使無與有間是有明顯的延續性，不是
毫不相關的，是一體而非二。

> 神不可繫，唯氣乃能留之。氣者，有象而無質，合于形而通于
> 神。形借氣以凝神，神資氣以附形。神戀氣，如火麗膏，存神
> 馭氣，調氣安神，神氣合而形始固。[66]

此段討論神與氣與形的秩序先後與關係位置。從元氣無限說，神
最近元氣最自由不受形氣限制。「氣有象無質」指元氣已漸凝為內有
陰陽相生之象，但尚未凝成有體質，及形體的氣。若再漸凝，便成有
陰陽且有體質的形體。神是無形的，形是有形的，氣則是貫通有無兩
間的。有形順氣而上即可通生生之神，無形之神順氣而下，可使形有
發用。神在形中，形便有言行之生發。形中有神，神之生妙便是實的
而非虛的。《淮南子》有云：「形者，生之舍。氣者，生之氣。神者，
生之制。一失位，則二者傷。」[67]《淮南子》處於氣化宇宙論流行的
漢代，既已明言，氣為生之本，神為生之用，形為生之存在處。王廷
相亦云：「體魄、魂氣，一貫之道。體之靈為魄，氣之靈為魂。有體
即有魄，有氣即有魂，非氣體之外，別有魂魄來附之也。且氣在則生
而有神，故體之魄亦靈。」[68]體的生用是魄，氣的生用是魂，神則是
氣之生妙不測。總結的說，由無漸凝為有，是確立有是有本源的。由
有無而，是指無為上達的目標。有無之所以能相通，即在於元氣貫穿
於神、魄，與形中而成為可能。

---

66 〔明〕郝敬：《時習新知》，頁764。
67 〔漢〕劉安撰，許慎注：〈原道訓〉《淮南子》，收入《諸子集成新編》（四川：四川
  人民出版社，1998年）第九冊，頁272。
68 〔明〕郝敬：《時習新知》，頁837。

九　微因顯見、即用即體

　　郝敬由神、魄、形的延續性說有與無因氣而相通後。又由《中庸》顯微觀的角度切入，說明顯中有微，微在顯中，使無與有在體用的面向上也是一致的。

> 所謂不覩不聞即在覩聞中。無聲無臭即在聲臭中，故曰莫見乎隱，莫顯乎微。若論語教人，顯微亦不須道。天地間三才實理，惟有顯見，而隱微即在其中。[69]
>
> 人倫庶物，循規蹈矩，隨時隨處，皆未發之中，皆不覩不聞戒懼之地……。時行物生，何嘗不是天命於穆，已發之和即是未發之中，更無兩途。[70]

　　分解的說，可覩聞者是有形實然的，不可覩聞者是無形形上的，二者層次體質皆異。若從太虛全體來說，則可覩聞者是元氣凝聚的示現，不可覩聞者是元氣本體自身。不論可覩聞與否，皆一氣流通的不同面向而已，本質則無差別，此仍是郝敬統攝兩間為一氣的思路。如此可避開理氣二分，佛老偏虛等問題。且可使工夫有著實處，工夫不用在偏虛的心性上，而用在具體真實的人倫日用上。劉宗周亦云：「莫見乎隱，亦莫隱乎見；莫顯乎微，亦莫微乎顯，此之謂無隱見，無顯微。」[71]亦即由本體層次說，千差萬別之顯，是因微之體而具體存在。有微才有顯，所以顯可收攝於微之中。亦即消融顯之差別，只

69　〔明〕郝敬：《時習新知》，頁753。

70　〔明〕郝敬：《時習新知》，頁741。

71　〔明〕劉宗周作：《劉宗周全集》（台北：中央研究院中國文哲史研究所籌備處，1996年6月）第2冊，頁461。

言顯之一致性，而言顯微無別。而郝敬以太虛為體，精神、心性、人倫皆是太虛在不同時空、不同樣態、質性等之顯現。這是工夫前，太虛宇宙的真實體貌。但同時也可以是工夫後，具有圓融義的太虛宇宙的真實示現。所以不論從先驗的全體，或工夫後圓融等方向說，無形的天命於穆，即是有形的時行物生。實然的已發之和，即是本體的未發之中。但郝敬不是將顯收攝於微中，再將工夫用於微上。而是先肯定氣化由微而顯，諸顯中有一致之微。再將工夫重心放在日用之顯上，顯立即微立，此則偏實。可知郝敬不採取由體說顯微一體的路徑。而採取由用說顯微一體的路徑，是因以氣為本，所以實有性強之故。但郝敬重本體是重本體的實有義，不是重視對本體的建構與描述。此亦明清學風由虛轉實的一例證。順此「惟有顯見，微即在其中」的發展，又有「即用見體」之說。

> 道不在未發，而在已發。天下之達道五，所以行之者三。行處即道，用處見中。仲尼脩道立教，系以中庸，庸者，用也、常也。言中不離尋常日用，尋常日用即允執其中……。故君子之道費而隱，即用見體。[72]

「道不在未發在已發」是由工夫實踐立場說。若因執於思慮未起，喜怒未發之中是何氣象的境界中時，是在靜上用功夫。雖亦可體會天命於穆不已的生用，但仍與日用有一間之隔。且氣貫有無，所以無形層之生妙須融通有形層之日用，並且行健不已，才有天人一貫的整全。但此只是理論上，或先驗上的整全。郝敬以為孔孟由尋常日用立教，所以所謂的乾知、富有、日新，甚至是太極等，不應只是觀念

---

72 〔明〕郝敬：《時習新知》，頁821。

或境界，而應是真實可行的實有。如此便是工夫的、日用的天人一貫的整全。客觀的說朱子的理，陽明的良知，亦皆是本體的、價值的實有，其價值義亦可透過工夫而通貫天人。但因學說重心放在體上，由體貫用，所以郝敬總覺得虛，不若「虛孕實，實包虛。無藏有，有含無。」[73]的百姓日用來的真實。如陳確云：「知繼善成性為工夫，則雖謂『繼善成性是本體』亦得，猶陽明云：『戒謂戒慎恐懼是本體』亦得。蓋工夫即是本體，無工夫亦無本體矣。」[74]可知陳確亦是體用一貫的說，沒有先體後用的秩序與分別。又如陳確（1604-1677）的老師，但晚於郝敬的劉宗周（1578-1645）亦云：「其本體只在日用常行之中，若舍日用常行，以為別有一物可以兩相湊泊，無乃索吾道於虛無影響之間乎？」[75]年代亦晚於郝敬的黃宗羲（1610-1698）的名言：「心無本體，工夫所至，即是本體。」[76]黃宗羲師承劉宗周，皆是主張心理氣是一的。所以在氣的貞定下，既藉日用強調實有義，也指出體即在日用中顯。郝敬（1530-1582）早於前述諸家，提出「即用顯體」的說法。蓋因元氣流行，藉神、魄、氣、形而有上下相通的一致性。即是一氣陰陽相生，化為動靜之機，而遂有聚散的成化。且生生之價值義亦遍滿流行不已，所以言行語默即是成德成化太虛的真實示現。且透過養氣工夫，保住太虛人身的一貫性，消融因時空而有的差別性。如此即用所顯之體，非純形上之體，而是具有實然性格，上下融通互涵的人倫日用的實體。從根源說，工夫能發生作用即是元氣流行於人身所顯的生用。於是元氣流行所有之生生義、秩序義、價值義，便是工夫所以能成用成德的本質。工夫能日用不斷，即是元氣的

73　〔明〕郝敬：《時習新知》，頁758。

74　〔清〕陳確撰：《陳確集》，頁467。

75　〔明〕黃宗羲撰，沈善洪主編：〈子劉子行狀卷下〉《黃宗羲全集》，頁253。

76　〔明〕黃宗羲撰，沈善洪主編：《黃宗羲全集・序》《黃宗羲全集》，頁20。

清暢實現。從整體說，只有一氣流行，一氣便是本體，氣之流行顯於人身便是工夫。所以在氣貫有無又重實有學風下，自會有「即用見體」、「工夫即本體」說法的提出。

十　素位之學

> 聖學經世而貴有，將道理看作實故言誠……。即事物而理具，即形色而天性存，合上下內外，體用形氣，精粗一貫，充周無欠，是名曰誠。誠者，實也。……誠者，微之顯，隱之現，至著而不可掩。[77]

郝敬由聖學經世貴有而言誠，可見為學旨趣在經世日用，不在虛玄的理論探討。故雖是氣本論者，但理論的整全性與深刻度顯較王廷相為弱。反而是將氣本論用在經世日用的內在理據的詮釋上。希望用有體有用的氣貫注於宇宙使萬事萬物不論理學、經學、實學等皆是踏實可行，不淪虛無。而將此「上下內外，體用形氣，精粗一貫，充周無欠」總為一氣的，即是「誠」。劉宗周亦云：「一誠貫所性之全，……明善之善，不外一誠，明之所以誠之……。本體工夫，委是打合。」[78]能貫性全之誠，若是由理氣二分說，則誠之工夫，必要先建立誠與性內在本質的一致性才可。於是超越的性理與形氣要在體質上貫通，便有異質異層隔閡的困難。若由氣貫有無說，則誠之本體即元氣實體，誠之工夫即元氣於人身之成德生用，則「本體工夫」自然打合無隔。

77　〔明〕郝敬：《時習新知》，頁786-787。

78　〔明〕劉宗周：《劉宗周全集》第2冊，頁535。

思，知也。學，行也。學之為言也，效也，效人行曰學，不慮
而知，不學而行，不涉人為者。學思知行，存乎人者。在天
者，知即是行。在人者，行然後知。……行者，坤道。知者，
乾道也。知高行卑。故曰下學而上達。[79]

郝敬視太虛為一整全實體，生氣之妙自然同時存於知覺與日用的
活動中。故在統體的天，知與行皆氣之生妙而無別。但氣有聚散、清
濁、無法暢順及全然的顯現一氣流行，知與行便有不齊的可能。但只
要通過養氣工夫，恢復人身貫通元氣的本然狀態。則在工夫過程中，
可重新知覺生氣之神妙不已。故知生生之道即由行生生之道的本身而
自我覺知的。如此說行而後知，是聚焦在一氣受限於人身，再如何自
覺的恢復的這一段落中而說的。不是全面的知行觀，但針對先知後行
的虛玄學風而發的目的性則很明顯。

君子素位而行，心非不惕也。乾乾以自強，行非不謹也。勉勉
以從道。故曰：所欲有甚于生，所惡有甚于死。張子厚云：存
吾順事，沒吾寧也。[80]
天地古今只是昨日今日，人生百歲亦只是昨日今日，所以聖人
無意必固我，素位而行。[81]

郝敬主張去掉時空的差別相，強調一氣的貫通性，則天地古今即
是昨日今日。而氣有聚散、清濁、人身即應承當此有限。生時盡生時
之事，死即百了，不須顧念懷想，此乃天道貴陽重生之實現。所以工

79　〔明〕郝敬：《時習新知》，頁794。
80　〔明〕郝敬：《時習新知》，頁758。
81　〔明〕郝敬：《時習新知》，頁762。

夫重在「知止，則素位而行，無所不安。」[82]即生命重心當止於太虛顯化之處即人身上，不須外慕玄虛，執我逐欲。因為人身日用即是道之實現，離人倫日用外無他道可行。而人身的重要性，就是順氣化的生生義、價值義。在肯認人身有限，但又唯有憑藉人身才有真實的成德之教的條件下。藉由養氣工夫，使人身各各盡其所能行、所當行者，達到言行純是道德流行的地步，進而共成一太虛。但共成目標的達成，基礎仍在人人各行所當行的素位之學上。同樣將儒學重心由虛轉實的陳確亦重素位工夫。茲錄一段語，以為本文的結束。

> 素位是戒懼君子實下手用功處。子臣弟友，字字著實，順逆常變，處處現成，何位非素，何道非素。……素位之外，無工夫。[83]

十一　結語

郝敬是繼張載、王廷相、吳廷翰以後，處明清學風轉變之際，又一以氣為本體的學者。且因其本身的經學著作極夥，自然會對其理學思想有潛在的影響。所以郝敬在由虛重實的時代風潮下，不趨朱學，亦批判王學，反直接以氣本為立論基礎，強調即用顯體的素位之學。唯《四庫全書總目提要》云：「（郝敬）既藉姚江之學以攻宋儒。而又斥良知為空虛以攻姚江，可謂工於變化者矣。」[84]提要有此評語在於未解郝敬是朱、王外的氣本論一脈。且是氣本論由重視本體論、宇宙

---

82 〔明〕郝敬：《時習新知》，頁763。

83 〔清〕陳確撰：《陳確集》，頁470。

84 〔清〕永瑢等撰：《四庫全書總目提要》（臺灣：臺灣商務印書館，1968年3月），頁70。

論的建構後，轉向重視即日用顯道的方向上而有的說法。氣本論的解
人尚少，自遑論氣本論的去理論化，強化日用實有義的發展。所以若
純由氣的本體宇宙論，甚或心性論的完整性與發展性來說，郝敬較之
王廷相等人，是有相當程度的限縮。但若從以氣為本，進而肯認日用
即道，重視儒學重實的旨趣，呼應當代重實的學風，而強調素位之
學，則有其時代意義的。

　　（此篇發表於2010年10月中國文化大學中文系主辦「第二屆中國
文學暨華語文學學術研討會」會議論文）

拾壹　張載「西銘」與墨子「兼愛」的同與異

一　前言

　　值先秦禮壞樂崩的時代，諸子各稟其德慧術智，建立不同的學旨，以挽救周文疲敝。諸子在體制崩解、戰爭威脅下，從主觀方面，探討自我存在的價值，自我主體如何開發及實現的問題。從客觀方面，探討如何建立政治社會的公正與秩序。其中儒墨二家面對生命存在的意義與尊嚴，皆顯出悲天憫人的智慧，而並稱顯學。如孔子以仁愛為主旨，主張「泛愛眾而親仁」，在泛愛的理想中，仍重視親疏的等差。墨子則由天欲人行兼的意志，直接跨越親殊等差，要求愛人如己。兼愛的普遍性、平等性、公利性很快取得大家的認同。及至孟子嚴分親疏，以愛己君父為一本，以「墨氏兼愛，是無父也」[1]。於是兩家學說，勢成水火。唯至唐代時，韓愈提出「孔墨必相為用」的說法，時至北宋一些理學家，亦能超越學派的限制，對佛家、道家或墨家都有所融攝。如張載西銘「民吾同胞，物吾與也」天地一體、萬物備我的胸襟，實與墨子愛人如己，愛無等差的理想沒有分別。如楊龜山曾致書程伊川，以為西銘疑似墨家兼愛之說[2]。伊川復書曰：「西銘

---

[1]　〔宋〕朱熹：《四書章句集注》卷六，〈滕文公章下〉（北京：中華書局，1983年），頁272。

[2]　〔宋〕楊時：《楊龜山先生集》十六，〈寄伊川先生〉（臺北：臺灣學生書局，1994年），頁740-742。

明理一而分殊，墨氏則二本而無分。」[3]伊川雖仍堅持儒家辟墨立場，但所提出理一分殊與體用的詮釋架構，若用於西銘與墨子的討論中，則彼此在形式上，或本質上的同與異，或多有可討論處。本文即以體用的架構，分別論述墨子與西銘的體用觀，再進而比較彼此的體用觀，冀圖能理解二者同之所以同與異之所以異的理由。

二　以天志為體

「子墨子之有天之意也，上將以度天下之王公大人為刑政也，下將以量天下之萬民為文學出言談也。觀其行：順天之意，謂之善意行；反天之意，謂之不善意行。觀其言談：順天之意，謂之善言談，反天之意，謂之不善言談。觀其刑政：順天之意，謂之善刑政；反天之意，謂之不善刑政。故置此以為法，立此以為儀」[4]。墨子以為言行政治須有判分善惡、黑白之標準，且此標準是客觀的、絕對的，是超越在父母、師長、君王之上的，因父母、師長、君王仍有不仁的可能。它是超越在人我萬物之上，故為人我言行共同標準的絕對體，所以說「天下從事者不可以無法儀。無法儀而其事能成者，無有也」（《法儀》）[5]。此法儀即天志之根本內容，也是墨子為天下所作的建體、立極的工作[6]。作為最高法儀之天，同時也是宇宙萬物的創造者，如云：

3　〔宋〕程顥、程頤撰：《二程集》卷九，〈伊川先生答楊時論西銘書〉（臺北：漢京文化公司），1984年，頁609。

4　〔清〕孫詒讓：《墨子閒詁‧天志中》卷七（臺北：河洛出版社，1978年），頁20。

5　〔清〕孫詒讓：《墨子閒詁‧法儀》卷一，頁19。

6　蔡仁厚：《墨家哲學》（臺北：東大圖書公司，1983年），頁19。

　　且吾所以知天之愛民之厚者有矣。曰：以磨為日月星辰，以昭
　　道之；制為四時春夏秋冬，以紀綱之。雷降雪霜雨露，以長遂
　　五穀麻絲，使民得而財利之。列為山川谿谷；播賦百事，以臨
　　司民之善否，為王公侯伯，使之賞賢而罰暴；賊金木鳥獸，從
　　事乎五穀麻絲，以為民衣食之財。[7]

　　天是愛利萬民的，所以既創造了日月星辰、春夏秋冬、雪霜雨露
等自然界的事物，也創造了王公侯伯以賞賢罰暴等人文事物。而自
然、人文之同創，是為成就天愛利萬民之目的。天既以愛利萬民為目
的，故自以愛利為天之本質，亦即天以愛利為本質，才會創造種種自
然與人文的世界，用以愛利萬民。所以天不僅在法儀上是最高的體，
同時此體亦是使萬物真實存在的體，如此乃可以進一步說天志之用，
不僅有價值意義上的用，也可以有因事物殊異而生的分殊之用。本文
以為墨子之體與用，皆可分價值與存在兩層同時來說。

　　天之行廣而無私，其施厚而不德，其明久而不衰，故聖王法
　　之。既以天為法，動作有為，必度於天。天之所欲則為之，天
　　所不欲則止。[8]

　　墨子以為最高法儀的天，其行是普遍而無私的，其施是博厚而不
息的，其明是永恆而不滅的，可知天不是中性自然義的天，而是有道
德價值義的天。同時天是有意志、有欲惡的。「天必欲人之相愛相
利，不欲人之相惡相賊。奚以知天之欲人之相愛相利，而不欲人之相

7　〔清〕孫詒讓：《墨子閒詁・天志中》卷七，頁14-15。
8　〔清〕孫詒讓：《墨子閒詁・法儀》卷一，頁21。

惡相賊，以其兼而愛之，兼而利之也」（《法儀》）。所以天是欲人相愛相利，惡人相惡相賊的有意志的人格神的天。而天欲惡的意志是促使萬民行兼的外在權威作用，而人依天之欲惡而行，非依己之內在自覺動力而行，則是強調以天為體，非以人為體的特色。

> 當天意而不可不順。順天意者，兼相愛、交相利，必得賞；反天意者；別相惡、交相賊，必得罰。然則是誰順天意而得賞者？誰反天意而得罰者？子墨子言曰：「昔三代聖王禹湯文武，此順天意而得賞也；昔三代之暴王桀紂幽厲，此反天意而得罰者也。」[9]

　　天的意志，是通過它的欲惡來表現，而所欲惡的對象則是人的行為，所以欲惡是連結天與人的作用，天靠它的欲惡，來傳遞它給人的訊息，人亦經由順天之欲惡作用，來接納天之訊息以為言行的法儀。所以天的欲惡貫通天志的體與萬民行兼的用的兩端，使天與人彼此間有聯結，不致斷裂而無關涉。由此才可說體用一貫，體為用之體，用為體之用。亦即人格神與人雖為異質異層，不似儒家道德天與道德心性屬同層次的，但仍有彼此相貫通之管道。此為墨家式的體用一貫，非儒家式的體用一貫。天之所欲惡，即是天之本質的發用。而欲惡所要傳遞的訊息則是天欲人兼相愛交相利，不欲人別相惡交相賊。所以天便是以愛利天下為本質，人順天之所欲而行兼愛，順體而生用，於是建立人我彼此兼愛之社會，則是由用以見體之整全了。而賞罰則是強化天志的欲惡，必須被實現的作用。如云：「愛人利人者，天必福之；惡人賊人者，天必禍之。」（《法儀》）順天意愛利之本質必得

9　〔清〕孫詒讓：《墨子閒詁・天志上》卷七，頁5。

賞，反天之意相賊惡的必得罰。賞罰是連帶著欲惡而有所連續的作用。展現了人格神必行兼愛的權威意志。但此賞罰屬外在加諸於人，而非人內在道德自覺所生之自律自主的行為。然墨子生當周文疲敝時，為求救治天下，自然採取有速效之外在權威之路，而不採取緩慢的人文化成一路。而此賞罰之權威，又為超絕之體的天志的重要作用，自然強化行兼愛之用可被實現之可能性。

> 且夫義者，政也。無從下之政上，必從上之政下。是故庶人竭力從事，未得次己而為政，有士政之。士竭力從事，未得次己而為政，有將軍大夫政之。將軍大夫竭力從事，未得次己而為政，有三公諸侯政之。三公諸侯竭力聽治，未得次己而為政，有天子政之；天子未得次己而為政，有天政之。天子為政於三公諸侯士庶人，天下之士君子，固明知；天之為政於天子；天下百姓未得之明知也。故昔三代聖王，禹、湯、文、武，欲以天之為政於天子，明說天下之百姓。[10]

天子為政於天下，而天又為政於天子，可見政治的最高權原在天而不在天子。天是體，為政於三公諸侯士庶人等等則是由體所顯之用，同時因為「今天下無大小國，皆天之邑也。人無幼長貴賤，皆天之臣」（《法儀》）。「且夫天之有天下也，辟之無異乎國君、諸侯之有四境之內」（《天志中》）。所以天是直接為政於天子，天是超越的人格神，不能直接為政於天下，此為「天下百姓未得明知」，所以墨子引「昔三代聖王，禹湯文武欲以天之為政於天子」，以託古為說，以跨過此天人異位的鴻溝，使天藉天子間接為政於天下，而為現實政治上

---

10 〔清〕孫詒讓：《墨子閒詁・天志上》卷七，頁3-4。

的最高統治者，也是絕對而超越的統治者。「必從上之政下」指明現實政治各層級是遞相為政而各不相同的，此與天創造日月四時、王公侯伯、金木鳥獸種種分殊萬端的目的相同。亦即天志之無所不在是借著眾多事物而顯現，天志之權威是借著主宰統領萬物而建立。此森然萬殊之世界，正是彰顯兼愛之兼是兼天下而愛之的「兼」。若無人我之萬殊，亦無法展現「兼愛」的施用。有三公諸侯士庶人之萬殊，才彰顯天之權威的絕對性與無限性。此乃由分殊之用，以見體之絕對唯一。

三　義貫通體與用

> 天欲義而惡不義。然則率天下之百姓以從事於義，則我乃為天之所欲也。我為天之所欲，天亦為我所欲……然則何以知天之欲義惡不義？曰：天下有義則生，無義則死；有義則富，無義則貧；有義則治，無義則亂。然則天欲其生而惡其死，欲其富而惡其貧，欲其治而惡其亂。[11]

墨子有云：「天必欲人之相愛相利，不欲人之相惡相賊。」（《法儀》）又說「天欲義惡不義」，可知天欲人相愛相利以為義，不欲人相惡相賊以為不義。人若能行義，必能相愛相利，彼此互助，必能達到「刑政治，萬民和，國家富，財用足，百姓皆得暖衣飽食，便寧無憂」（《天志中》）的理想境界。而且相愛相利必得賞，相惡相賊必得罰。如此天「欲義惡不義」實與天「賞義罰不義」同其作用。不但欲惡與賞罰同出於天，且相愛相利之義，亦出於天。如云：「義不從愚且賤者出，必自貴且智者出。然則孰為貴，孰為智？曰：天為貴，天

---

11 〔清〕孫詒讓：《墨子閒詁・天志上》卷七，頁3。

為智。然則義果自天出矣。」(《天志中》)天子為政於天下，故為貴且智者，但尚須同於天，受天欲義惡不義，賞義罰不義的約束，故天才是最貴且智者，才是義所出之根源。然說義出於天，便表示人間本無義，人間本有義，便不能說義出於天。人間本無義，所以彼此相惡相賊，要使人間有義，必須將出於天之義落實在人間，使成相愛相利之義政[12]。綜括地說，作為最高法儀的天，不但為義之所出，且根本即以義為天之本質的。所以天透過欲惡要人行義以徹盡天之義於人間。人亦須戒慎事天，為天之所欲，去天之所惡，以全然彰顯愛利天下之義。天之體與人之用透過欲惡而有緊密的聯繫。亦即體與用彼此以義相貫通，義即是體之本質，義也是用的內容，陳問梅即由義說墨子學說有體用的關係，其云：

> 義是諸觀念的根本，諸觀念都是統一於義的。從義與諸觀念的關係來說，它們便有一種形式上的關係，即本末體用的關係；義即是諸觀念之本、之體；而諸觀念，則都是義之末、之用。墨子思想好像一棵樹，義即是這棵樹的根柢，而諸觀念即是這棵樹的枝、葉、花、果。有根柢，然後才有枝、葉、花、果；而枝、葉、花、果，當然也都由這根柢所顯發。[13]

義根源於超越的天，落實於人間，則為愛利人的義政。所以義是超越的天與現實的人相交通的一個實體，墨子即以此義為現實人間建體立極。前已論說天為建體立極者，此處進言以義建體立極，並無重複，因天以義為本質，以天建體便是以義建體。義是體，諸觀念如兼

---

12 唐君毅：《中國哲學原論‧原道篇 (一)》(臺北：臺灣學生書局，1986年)，頁156。
13 陳問梅：《墨學之省察》(臺北：臺灣學生書局，1988年)，頁275。

愛非攻是用，兼愛、非攻、尚賢、尚同在發用形式上固因回應現實弊病之立場或位階，而有不同的表現，但從本質說，仍是從同一根源之義所顯發出來。所以兼愛非攻等用之體是義，義之用則有兼愛、非攻等形式之不同。但是兼愛只是義之一端，非義之全量。因義為天之本質，天的內容是無限開放的，是不能加以限定的，所以義的內容也應是無限開放，內容是不能加以限定的。最多只能說合於天所欲者，便是義的一端，但只是義的一端，仍非義的全量。亦即墨子的十務：天志、鬼神、尚同、尚賢、兼愛、非攻、非命、非樂、節葬、節用皆為義之一端，合而為義之十端，但仍不能等於義之全量。如此體有無限義，用之數量盡可有萬殊之眾，但仍包含在體之中。結合已被限定的十務之義，及其他未被限定的可能之義，才是義的全量。簡言之，體由無限多的分殊組成，沒有分化又具體的分殊，體之無限性是無法展現的。

> 順天之意者，兼也。反天之意者，別也。兼之為道也義正；別
> 之為道也力正。曰：義正者何若？曰：大不攻小也，強不侮弱
> 也，眾不賊寡也，詐不欺愚也，貴不傲賤也，富不驕貧也，壯
> 不奪老也。是以天下之庶國，莫以水火毒藥兵刃以相害也。若
> 事上利天，中利鬼，下利人，三利而無所不利，是謂天德。故
> 凡從事此者，聖知也，仁義也，忠惠也，慈孝也。[14]

前段說義之全量，原則上是開放的、無限的，唯仍須由具體分殊之種種愛利人之義行來構成。雖此構成是一無盡的歷程，而義政之具體可說之內容，則是由處大不攻小，處強不侮弱等樂利天下的義行所

---

14 〔清〕孫詒讓：《墨子閒詁·天志下》卷七，頁26-27。

構成。義之全量無限，人間不可能全幅展現，但展現中仍可不受限制地有普遍性的展現。蓋分殊中有體，體可藉兼愛一端，或非攻一端呈現，因有限之展現中，體之普遍性仍遍在各有限中。故在量上有限的兼愛非攻不能是無限的，但在質上，體之普遍性，則不受量之限制，仍可全然地展現其遍在性。亦即聖知、仁義雖為有限定位階的只是聖知、仁義而已，而不能是其他。但若不藉此有限之聖知、仁義，則義道之普遍性亦不得以展現。此則為聖知、仁義雖只是具體分殊之一二端，卻有藉用顯體的重要性。以下再論義是以功益之利為其確定內容的。

今有一人，入人園圃，竊其挑李，眾聞則非之，上為政者得則罰之。此何也？以虧人自利也。……苟虧人愈多，其不仁茲甚矣，罪益厚。……當此，天下之君子皆知而非之，謂之不義。今至大為不義攻國，則弗知非，從而譽之，謂之義。……此可謂知義與不義之辯乎？[15]

墨子的義，其內容全量雖是無限，不能確定的，但以愛利天下為義之意義，則是確定的。〈經上篇〉云：「義，利也。」〈經說上〉亦云：「義，志以天下為芬而能利之，不必用。」因利是義的一端，所以義即是利，而利是有限，便限制義只能是利的義，不能是其他的意義的義。如「虧人以自利」是小私利，攻人之國是大私利。知墨子反對虧人自利，攻國自利以為是「不義」的。此則將義是利的定義，又加上新的條件，必須是有利於人的利才是義，亦即對他人有利的義，如公利才是義。如「欲人之有利相營，有道相教，有財相分」（《天志

---

15 〔清〕孫詒讓：《墨子閒詁・非攻上》卷五，頁1-2。

中》)，此種非財貨之利，而屬公的利，公益的利才是義。如此人人為義，人人行他的、公的義，則必有利於人而不利於己，而為絕對利他犧牲自我的義道。但若人人真能利他，其中便包含有利人利己之必然性，因為人人利他，等同人人利己，進而至人人互愛互利之兼愛世界。此則將體限定在功益之公利上，則公利之體所發之用，亦必設定為公利的用，不論兼愛、非攻、尚賢、尚同等皆必明確地以興天下之利、除天下之害的公利為內涵。如云：

> 藉為人之國若為其國，夫誰獨舉其國，以攻人之國者哉？為彼者由為己也。為人之都，若為其都，夫誰獨舉其都，以伐人之都者哉？為彼猶為己也。……然即國都不相攻伐，人家不相亂賊，此天下之害與？天下之利與？即必曰天下之利也。[16]

墨子限定義是利他的，所以行義便能「為人之國、家若為其國、家」，由消極的不相攻伐，轉為積極的相愛相利，而創造天下之公利，此皆因「為彼猶為己」的回饋作用。人在為彼的行義過程中，雖犧牲自我的私利，但因別人同樣絕對利他的行義，亦反使我的私利獲得滿足。此種先成就他人，再轉利自己的模式，與儒家先就自己，再成就他人的模式，前後因果恰是相反的。由體用關係來說，我行義之用是向對方開放的，彼行義之用是向我開放的，在彼此互相開放行義之用時，行義之用借著成就對方來呈現各人義之體，因義之體有利他的普遍性，故各人所成就之義之體，便普遍地在各各利他之用中呈現其普遍性，亦即在各各利他之用中，顯現義之體為唯一絕對超越之體。

---

16 〔清〕孫詒讓：《墨子閒詁‧兼愛下》卷四，頁17-18。

四　兼愛以用言

> 今諸侯獨知愛其國，不愛人之國，是以不憚舉其國以攻人之國。今家主獨知愛其家，而不愛人之家，是以不憚舉其家以篡人之家。今人獨知愛其身，不愛人之身，是以不憚舉其身以賊人之身。是故諸侯不相愛則必野戰，家主不相愛則必相篡，人與人不相愛則必相賊。……凡天下禍篡怨恨，其所以起者，以不相愛生也[17]。

　　墨子有鑒於當時國家務奪侵淩，所以提出兼愛的主張。兼愛之提出，乃因當時國、家、人皆只知自利自愛，虧人以自利，形成天下之亂源。為解決人自私不利人之弊病，墨子乃順天志欲人相愛利的權威意志，直接要「天下兼相愛，愛人若愛其身」、「是故諸侯相愛則不野戰，家主相愛則不相篡，人與人相愛則不相賊。凡天下禍篡怨恨可使勿起者，以相愛生」（《兼愛中》）。墨子雖未明言人性是自私的，但由賊人之身可知其預設人性是自私的[18]，但此自私的人性須可由欲人為義的天志來加以轉化成彼此互利的自私，因為「夫愛人者人必從而愛之，利人者人必從而利之，惡人者人必從而惡之，害人者人必從而害之」（《兼愛中》）。亦即在彼此直接的互利的行為中，間接地也滿足了人性的自私，此即可由兼相愛取代交相賊「兼以易別」的原因。天以義為本質，義又是公益的利，而天欲人行義，便是要求人行公益的利於天下，行公利於天下，便是行兼相愛交相利於天下。亦即天以義為其體性，此體性落實於人便是行兼，而行兼之用專門設定為行義之

17　〔清〕孫詒讓：《墨子閒詁・兼愛中》卷四，頁5。
18　王讚源：《墨子》（臺北：東大圖書公司，1996年），頁193。

用。義上源自天志之體，下貫於兼愛之用中，知兼愛即天志在人間實行之用也。如云：

> 既以天為法，動作有為，必度於天，天之所欲則為之，天所不欲則止。然而天何欲何惡者也？天必欲人之相愛相利，而不欲人之相惡相賊也。奚以知天之欲人之相愛相利，而不欲人之相惡相賊也。以其兼而愛之，兼而利之也。奚以知天兼而愛之，兼而利之也？以其兼而有之，兼而食之也。[19]

　　兼愛不能孤立地了解，須與天志的貫徹施行連帶地說。因兼愛源自天志，二者間有其立體性的關聯。人性自私不相利是違天意為不義，所以天針對此禍根直接施以兼愛為義來對治之。同時創造自然與人文等等事物，來輔助生養百姓。此將直接間接的作用落實在人間，皆是兼愛的施行，兼愛的實行，便是「視人之國若其國，視人之家若其家，視人之身若其身」，將國、家、人的自私直接掩蓋，進而轉化為視人之國、家、身，如己之國、家、身。能如此之因，在於人皆以行兼為天之所欲，為天之所欲必得賞，為天之所惡必得罰，自然有誘因去己私而就天之兼愛。如云：「兼者，此仁也義也，愛人利人，順天之意。」（《天志中》）故愛人利人的兼愛乃天志之體在現實上的施用，天之欲為義，便是人之應行兼愛。兼愛之施用，便是天欲義之全幅內容的展現。如云：「順天意者義政，反天意者力政。然義政將奈何哉？曰：處大國不攻小國，處大家不攻小家，強不劫弱，貴不傲賤，智不欺愚。」（《天志上》）君王實行義政，便是實行兼愛，是以兼為正，推擴至諸侯、將軍、大夫、士、庶人，人人皆得要求自己，

---

19 〔清〕孫詒讓：《墨子閒詁·法儀》卷一，頁21。

也要求別人皆行兼愛使正面的公利的在現實上全然展現，負面的私利的在現實上全遭摒棄，可知兼愛之用以義為其體，故其所施之用，亦全屬為義、兼相愛、交相利之用。

> 體，分於兼也。[20]
> 體，若二之一，尺之端也。[21]

體是分的，部分的意思。兼是全部的，整全的意思。統合各個部分為一整體便是兼。各個部分分開便是體。亦即一是二的部分，點（端）是線（尺）的部分。可知兼是統合全體之意，則兼愛便是統合天子、諸侯、將軍、士、庶人無所不愛的意思[22]。「愛人，待周愛人，而後為愛人；不愛人，不待周不愛人，不周愛，因為不愛人矣」（《小取》）。「周愛人」指遍愛一切人，整合一切人無所遺漏皆為所愛的對象。反之不能遍愛一切人，便是不愛人，不待不愛一切人，才說是不愛人。由兼為整全來說，可知兼愛是以所有人為物件不分他國己國，他家己家的地域分別，以及上世後世的時間先後，皆兼全體而愛之，是一超越時間空間的無限的愛。因天志為超越之體，故源自天志之兼愛，自亦有超越時空的意義。「天之行廣而無私」，天是遍愛天下所有的人而沒有差等分別的，人民又為天為所生，天又欲人為義不欲人為不義，所以人須順天意兼相愛交相利，於是人行兼愛，亦應在物件上，是沒有差等分別的。如云：「愛人不外己，已在所愛之中，己在所愛，愛加於己。倫列之愛己，愛人也。」（《大取》）此謂愛的對象無分等差，愛人也包括愛己，自己既在所愛對象中，所以愛也是加諸

---

20 〔清〕孫詒讓：《墨子閒詁・經上》卷十，頁1。
21 〔清〕孫詒讓：《墨子閒詁・經說上》卷十，頁22。
22 王冬珍：《墨學新探》（臺北：世界書局，1989年），頁246。

於已身，可知愛人是沒有等差分別的。此種源出天志的無厚薄、無等差的兼愛，便能愛人之身若己身而不相亂賊，如此看似愛他人，但在彼此互愛互利過程中，也達到愛自己的結果，故云「為彼猶為己也」。此為兼愛是無等差之愛的特點。

但兼愛在本質意義上如同天志是沒有時空限隔的。唯落實於現實人間的君臣、父子不同倫理位階上，此時兼愛之表現，會受限於時空位階之差異，而有不同面向與不同程度之表現。如云：

> 天之愛人也，薄於聖人之愛人也；其利人也，厚於聖人之利人也。大人之愛小人也，薄於小人之愛大人也；其利小人也，厚於小人之利大人也。[23]

天的位階高於聖人，所以天之愛人厚於聖人之愛人。大人的位階高於小人，所以大人之愛小人厚於小人之愛大人。可知從兼愛的動機上說，天志無限，故人行兼愛之心意自然無限，但落實在具體事物上受到事物之有限性限制，而不能無限地開展。如云：「二子事親，或遇熟，或遇凶，其愛親也相若。」（《大取》）亦即子事親之愛相同，但受限外在豐年或荒年限制而有厚薄之不同。又如墨子以興天下之利，除天下之害的目標，即是行兼愛，但方法卻有兼愛、非攻、天志、鬼神、尚賢、尚同、非樂、非命、節葬、節用等不同。亦即無限之體發為現實之用，體之無限義仍保留在現實諸多之用中，仍維持其普遍性。但此普遍性亦須借諸多有限之用作為憑藉來顯發，雖然再多之用也無法全盡體之無限性，但體仍須借種種有限之用以顯無限之體。此即分殊之用，雖然不能盡體之全量，卻是有限度地落實此天之

---

23 〔清〕孫詒讓：《墨子閒詁‧大取》卷十一，頁1。

體的重要憑藉，如兼愛、非攻等。無此分殊之用，亦無以顯體也。所以兼愛本質上有無限義，但在實行上則為有等差之異，所以墨者夷之才說「愛無等差，施由親始」[24]。

五 理一分殊的西銘

楊龜山曾致書伊川以為西銘有體而無用，疑似墨子的兼愛，但伊川回答以西銘是理一分殊的，是有體有用的。而朱子亦由理一分殊的架構來注解西銘，但伊川與朱子是理氣二分的主張，張載則是天地萬物一氣流行的氣化宇宙論者，故本節乃藉程朱理一分殊的架構，但仍以張載的氣化論作為詮釋西銘的主軸。朱子注西銘「乾稱父，坤稱母，予茲藐焉，乃混然中處」一句有云：

> 天，陽也，以至健而位乎上，父道也。地，陰也，以至順而位乎下，母道也。人稟氣於天，賦形於地，以藐然之身，混合無間，而位乎中，子道也。……天地其形體也，乾坤其性情也。乾者，健而無息之謂，萬物之所資以始者也。坤者，順而有常之謂，萬物之所資以生者也，是乃天地之所以為天地。[25]

由理一分殊的架構說人乃由乾陽坤陰之氣稟賦而成，此乾坤之道即為體為理一，而人為乾坤氣化所成之各體為用為分殊。所以由乾坤說，人我皆以乾坤為共同的父母。由人自身說，則以自身父母為父母，然若推究至萬物所由生的最根本處，則是乾坤。父母與乾坤在位

---

24 〔宋〕朱熹：《四書章句集注》卷六，〈滕文公章上〉，頁262。

25 〔宋〕張載撰，〔宋〕朱熹注：《張子全書・西銘解》（臺北：臺灣商務印書館，1985年），頁1。

階上雖有分殊，但若論其體性本質則又徹上徹下相通貫而彼此無有不同。此乃由健順不已之乾坤說理一之體有生化義、作用義而可生分殊之用。[26]張載有云：

> 太虛無形，氣之本體，其聚其散；變化之客形爾。……氣之為物，散入無形，適得吾體；聚為有象，不失吾常。太虛不能無氣，氣不能不聚而為萬物，萬物不能不散而為太虛。循是出入，是皆不得已而然也。[27]

張載以氣為無形但實有之本體，天地萬物皆在此氣中，因陰陽和合的生化與流行而存在。陰陽之氣相生不已，陽清輕而陰重濁，會因氣化中陰陽清濁比例之多寡不同，而自然凝聚成種種暫存之客形。因陰陽健順不已，其中包括生死聚散皆屬生生之流行，故生聚後亦自然會散歸於太虛本體之氣中。可知理一非一死體，而是有聚散作用之生生實體。然而氣化流行中，氣之聚為客形只是氣化流行之濁滯減緩，及至減緩到停頓時，自然消失無存。但消失是氣暫時濁滯狀態的消失，其氣化流行不已的本質狀態，則仍恆常不變。恆常之氣化流行，亦是藉此聚散不已，知其為實有者。理一即是生生實有之體，所化生分殊之萬物，自亦以此生生實有為其體性，於是分殊中有理一，任何分殊之用，皆是同一理一之發用，而非獨立互異的分殊之用。注重彼此之同一性，化解差異性，可化解人之自愛自利，進而愛人如己，此處重在理一之為體。朱子注西銘「天地之塞吾其體，天地之帥吾其性」一語有云：

---

26 朱建民：《張載思想研究》（臺北：文津出版社，1989年），頁36。
27 〔宋〕張載撰：《正蒙・太和》，《張載集》（臺北：漢京文化公司，1983年），頁7。

乾陽坤陰，此天地之氣，塞乎兩間，而人物之所資以為體者
也。故曰「天地之塞吾其體」。乾健坤順，此天地之志，為氣之
帥，而人物之所得以為性者也。故曰「天地之帥吾其性」。[28]

朱子以乾陽坤陰為天地之氣，人即稟賦之以成人形的體質。以乾
健坤順為天地之志，而為主宰人道德行為的心性。然而朱子是理氣二
分論者，所以把乾陽坤陰屬形氣層，把乾健坤順屬性理層。唯張載是
主張天地一氣流行的，所以不可依朱子將陰陽與健順截然分作兩層，
而是一氣流行中即有此二層。如唐君毅先生云「氣只是一流行的存在
或存在的流行，而更不問其是吾人所謂物質或精神。此氣乃一無色彩
之純粹存在、純粹流行」[29]。張載亦云：「氣聚則離明得施而有形，氣
不聚則離明不得施而無形。」氣聚有形可見為形下，氣不聚無形不可
見為形上，可知一氣貫通有形與無形，形上與形下。所以氣化流行以
乾陽坤陰之氣為形下世界，以就乾健坤順為形上道體，一氣通徹陰陽
與健順之兩間而無分。但健順為無形之生德不可分解，可分解為萬殊
的，則是陰陽之氣。故理只唯一，氣有分殊。分殊雖有別，但因理一
在分殊中，所以任一分殊的展現，亦即是理一的展現。分殊與分殊，
彼此應一視同仁，視人若己。不強調人我之別，以生分別對立!朱子
注西銘「民吾同胞，物吾與也」句有云：

> 人物並生於天地之間，……然體有偏正之殊，故其於性也，不
> 無明暗之異。惟人也得其形氣之正，是以其心最靈，而有以通
> 乎性命之全體。物則得夫形氣之偏，而不能通乎性命之全，故

---

28 〔宋〕張載撰，〔宋〕朱熹注：《張子全書‧西銘解》，頁2。
29 唐君毅：《中國哲學原論‧原道篇（一）》（臺北：臺灣學生書局，1986年），頁91。

　　與我不同類，而不若人之貴，然原其體性之所自，是亦本之天
　　地而未嘗不同也。[30]

　　所以有民、吾、物等萬殊不同，在因理一之乾坤本無不同，但乾
坤之道落實後，萬物之所稟賦受氣質清濁順滯不同的影響而有偏正之
異。如張載即云：「氣本之虛則湛一無形，感而生則聚而有象。有象
斯有對，對必為其反；有反斯有仇，仇必和而解。」（《正蒙‧太
和》）面對此氣化必有分殊之事實，若強調彼此堅持對立於一點上，
則是氣化之停頓。反之，「仇必和而解」，才為氣化聚散分合不已之常
道。亦即乾坤之體超越長幼、聖賢等分別，而展現儒家仁體之全量。
此所論的仁體，是由分殊說的整體，因仁體不能言說定義，故由體之
分殊如老幼、聖賢、君臣、宗子、家相等共構成一具體又無限的整
體。此共構所以成立乃源自一氣流行，凝聚為萬物，統合所有萬物之
生成化育，才可具現乾坤之道的真實流行。亦即世界之所以為真實，
是由同具陰陽之氣與健順之德的分殊萬物所證立的。西銘又云：「知
化則善述其事，窮神則善繼其志。」張載曾解釋神化之義，有云：

　　神，天德；化，天道。德，其體；道，其用，一於氣而已。[31]

　　此由一氣流行生化不已，說神為乾健坤順之生德，是體，而化是
乾陽坤陰之氣的化成，是用。乾健坤順必有生用，此生用又必然在一
氣流行中活動化成，所以乾坤是即體即用，既有本體義，亦有生生
義，完成義的體。而此體在各各分殊中展現其用，自可使分殊與分殊
間互相涵攝。人由盡己之性而盡人之性而盡物之性，以體現各分殊中

---

30 〔宋〕張載撰，〔宋〕朱熹注：《張子全書‧西銘解》，頁3。
31 〔宋〕張載撰：《正蒙‧太和》，《張載集》（臺北：漢京文化公司，1983年），頁15。

本原的乾坤之道，而化掉人我間互異之位階與氣質，如此人我間可以一氣之清通彼此互相貫通互相為體了。此即張載所謂「我體物未嘗遺，物體我知其不遺也」（《正蒙・誠明》）。上段論理一而分殊，本段則論分殊與分殊間之互體，下段續言由分殊而統歸於理一。西銘有「存，吾順事；沒，吾寧也」之結語，乃因張載以為「太虛不能無氣，氣不能不聚而為萬物，萬物不能不散為太虛」（《正蒙・太和》）。此乃由太虛之體化生萬物之為用，再由分殊之用回歸太虛之氣化宇宙論的模式。亦即由體生用後，仍要由用返體。由分殊之萬物，返歸乾坤之理一，以證立乾坤是超越的、普遍的最高之體。朱子有云：

> 以乾為父，以坤為母，有生之類，無物不然，所謂理一也。而人物之生，血脈之屬，各親其親，各子其子，則其分亦安得而不殊哉？一統而萬殊，則雖天下一家，中國一人，而不流於兼愛之弊。萬殊而一貫，則雖親疏異情，貴賤異等，而不梏於為我之私。[32]

「天下一家，中國一人」視人如己的胸懷之所以能達成，在於可藉由諸多的分殊，體現其中具普遍互通義的理一，愈多的分殊，愈可體現無限理一的存在。但分殊再多，仍屬有限，不能真正全現普遍的理一。唯可在長期工夫修養的過程中，及其一旦豁然貫通而有超越層的體悟，則可不再受限於分殊，而能體現人我相同的理一，此為「一統而萬殊」。然而現實上若無具體之分殊，作為漸次誘發體悟理一之憑藉，則理一仍是虛的理一。所以現實上分殊愈多，愈易提供體悟理一的憑藉。所以西銘才有君臣、宗子、家相、高年、孤弱、聖賢、鰥

---

32 〔宋〕張載撰，〔宋〕朱熹注：《張子全書・西銘解》，頁7。

寡等分殊之不同。亦即有這些分殊之存在，才有體悟證立理一全量的可能，此乃「萬殊而一貫」之旨。此等證體之工夫，唯在窮神知化工夫的實踐中完成，此即張載云「窮神知化，與天為一，豈有我所能勉哉？乃德盛而自致爾。」（《正蒙・神化》）之緣故。

六 結語

本文先說墨子的天之義是公的、利的，故天之志是有限不全的愛，非無限之愛，但進一步說我愛人，人亦報我以愛，來成就兼愛，此比利他之愛更周遍，彼此皆浸潤在互愛互利之中，以互利滿足人之自私，而非去掉人之自私。張載則以變化氣質窮神知化的工夫化掉自私，求得情欲與道德之和諧統一。二者系統進路不同，一滿足情欲，不說人文化成，直接訴諸天志，一調和情欲，說人文化成的工夫，以求得超越與現實的和諧。二者進路不同，但皆由超越面來對治現實面的工夫形態則相似。墨子以人格神之天志為體，以兼愛為用，以義通貫天人之間。而西銘以乾坤為體，以人倫為用，以陰陽之氣、健順之德為貫通體用之間者。而形態相似之因，則因此形態為諸家調和形上與形下間差距的共法。但重點是由此形似之共法，反顯出此超越與現實彼此聯結的主體，必然引出超越為理一，現實為分殊之發展。但因超越貫穿現實中，所以彼此又不相離。

墨子的愛無等差是形上的理境，愛有等差是因形下的分殊。對任何人投以愛利是兼愛的目標，但各各示愛之君臣、父子位階不同，故表示無物件限制利他之兼愛乃有君之惠、臣之忠、父之慈、子之孝等在現實表現上之差異。但統括所有君惠、臣忠、父慈、子孝，仍為現實上無所不愛的世界。如西銘的老幼、孤弱皆吾兄弟之胸懷。此互愛之世界乃因我愛人，人亦報我以愛，彼此會有感應的，如同西銘以為

氣化中萬物皆以清通之一氣通徹人我上下，而彼此互以為體。但墨子以人格神為絕對普遍之體，西銘則以乾坤為絕對之體，二者內在之本質則截然不同，故二家論體用之形態及最後無所不愛的理境相同，但體用之本質，則決然不同，彼此是無法對話的。

　　另外本文以為二家皆重分殊，皆以分殊為證體立極的作用。只是西銘是顯說，墨子則是隱說。西銘強調等差之別，進而由萬殊重新共構成一具體的，由乾坤之氣以成形，由乾坤之德以成性，由君臣、宗子、家相、聖賢、老幼在自我位階上以行仁所重構成的道德世界。此說是先分解由理一而分殊，再言理一在分殊中，分殊可由理一統合而成。但在工夫之實踐上，則非一步一步分解構成，而是在天人一氣的本源上，同時完成即體即用，即用即體仁體全現之理境的。墨子以天志欲行兼愛於君王三公諸侯將軍大夫庶人等差別之中，是用人格神權威之意志行兼愛，使兼愛之推行超越在君臣土人的自我意識之上，而直接行兼愛於彼此之間，此種直接將體貫注於異質層的分殊之用中，是要在行兼中去掉等差之限制，及私心自我，直接展現人我無別；甚而損己利他的大我精神。可說亦是借著分殊來展現一無私之大我，此則二者對分殊之位置及實踐之工夫，看法亦多有異同。

　　（本篇發表於2008年中國山東「第七屆國際墨子魯班學術研討會」會議論文）

拾貳　徐三重《信古餘論》之理氣論

一　前言

　　徐三重字伯同，明朝清浦（松江華亭）人，松江府志記載其祖壽父沛並潛德勿耀，見獨行傳。三重萬曆二年進士，五年廷試第二甲，授刑部主事。時政尚綜覈，三重獨持平恕。操行端潔，門庭蕭穆，坐無雜賓，少博洽工詩文。潛心性命之學，以朱子為宗，學者稱為鴻洲先生。所著有《庸齋日記》、《信古餘論》、《牖景錄》、《采芹錄》、《鴻洲雜著》、《徐氏家則》，年七十八卒。[1]華亭縣志記載其子禎稷字叔開號厚源，萬曆二十九年進士，除刑部主事，父子後先為刑官，皆稱平允，屢薦不出，以名德重於江南，兄禎秩以孝謹稱。禎稷子銘常，禎秩子銘敬，皆登賢書。[2]其學在前朝可擬薛文清公，羅整庵似猶不及，若高顧諸公恐瓊難頡頏耳。[3]

　　《明史》〈儒林傳〉，及《明儒學案》皆無徐氏之記載。所著亦多散失，故今只以《信古餘論》為論據，析論其理學思想。前述其學以

1　〔清〕宋如林修；〔清〕孫星衍、莫晉纂：《松江府志》（二），卷54，收入《中國方志叢書》10（臺北：成文出版社，1970年），古今人傳六，頁1207。

2　〔清〕馮鼎高等修；王顯曾等纂：《華亭縣志》（二），卷15，收入《中國方志叢書》45（臺北：成文出版社，1970年），人物，頁1129。

3　〔明〕徐三重：《信古餘論》，收入《四庫全書存目叢書》編纂出版工作委員會編：《四庫全書存目叢書》（臺南：莊嚴文化公司出版，1997年影印北京圖書館藏清鈔本）子部、儒家類第十三冊卷首，頁2，總795。

朱子為宗，然統觀其書，徐氏論學亦多徵引濂溪、橫渠、明道、易傳，非只獨尊朱子。惟細疏其文，覺其為理氣並重一路，未必全同於朱子。若將其學置於朱子理氣二分、王廷相理在氣中二路觀察，發現於朱、王二端互有輕重。故闡述其學，試圖於理本論及氣本論外，說明另有理氣渾一之路。

二　太極與陰陽、五行

> 陰陽即其動靜也，自太極之動靜而分陰陽，以陰陽之變合而有五行，然陰陽非獨行五行，亦初非異物也，自此氣之漸易，乃環運而相承，分言之則互有生長盛衰，合言之則皆能相感相息，於是隨其變化自為生成，又不無分別氣質之殊，而五行之性所以各一也。[4]

作為天地萬物之生成化育與存在根據之太極，非限太極只為形上之作用主體，而是將此作用主體結合具體天地之化育而說太極。而其內在則是二氣五行之交感流行。此段是由太極之動靜來分陰陽，陰陽有變合作用，陽是生發變化，而陰則是收合。所以陰陽交感就會有五行，因為陰陽是相生的，絕對不會獨陰或獨陽，而五行也是由陰陽之變合老少生成的，所以五行也會相生交感。相生的方式是「環運而相成」且是漸漸發生的。分開說，二氣五行不斷互動有無窮之生長與盛衰；合而言之，任何生長與盛衰，都是由二氣之「相感相息」而產生。可知二氣五行會共同變化生成，但彼此也有所分別，所以才有各種可能之萬化。亦即因二氣五行之氣質不同，當然所生五行之性也就各一不同。所以陰陽與太極的關係，從「全體渾然」言，則二氣相生

4　〔明〕徐三重：《信古餘論》，頁1-2，總874。

只是一太極；從「闔闢相生」言，則二氣交錯相旋，生化不已，故統天地萬物言莫非由太極所生成。崔銑亦云：「夫乾陽也，坤陰也，乾則靜專而動直，坤則靜翕而動闢，皆於生物驗之，言其迭運曰道，言其妙用曰神。夫太極者陰陽之全，陰陽者太極之分，故以已判未判言太極，不知太極者也。」[5]此亦由乾之剛健不變說陽，由坤之柔順完成說陰，而陰陽迭運不論由已判形氣，或未判渾然論之，皆是將陰陽視為太極生生之作用，而太極則是總攝陰陽之主體。故太極與陰陽為一，只體用不同。

> 在天地只此太極，而二氣五行化生萬物，在人道亦只此太極，而形生神發，五性感動，出為萬事，此其分總體用同也。若皆循是太極而動，便無非至善，惟人纔動，便不能無差，所以有不善。天地二氣運行亦有差卻處，如寒暑災祥之失，正所生人物之有不類，要之亦是於太極本然道理，到此處卻差了也。[6]

　　太極為天地所以成立之理，但理由形氣而見，太極非形氣亦非功用，故不可直接以太極為理。亦即太極為統攝無形氣化，與有形形化二層之生化主體。由總體言，太極既在天地，亦在人道；由分用言，太極在天地，指二氣五行化生萬物；太極在人道，指形生神發，感動為萬事，故循太極而動於天地人道間，便無不善。但因具體之二氣生化流行，於天地有寒暑之變，於人道自亦有善惡之異。且此二氣運行有差，故人動便有惡，則因違太極而有。此彰顯太極為一至善之主體，但亦反顯出太極與天地人事，有段落差，非全然密合。以上二段說太極。

5　〔明〕崔銑：《士翼》（明嘉靖已未平陽刊本，國家圖書館善本書室），卷2，頁4。
6　〔明〕徐三重：《信古餘論》，頁6，總801。

本一氣也，由動靜而分陰陽，由陰陽變合而生五行。變合者，
陰陽二氣相承並運，各於消長之間，陽動主變，陰靜主合，初
互根而為水火，已化成而為土金木，蓋二氣流行變化有此五
者，及旋生共濟而歲功物候，皆由此成。……夫論五行得氣，
雖分屬陰陽，然二氣迭運不得相離，故變皆是陽，合皆是陰，
非獨成者，但屈伸盛微，氣自有別，故五行各一其性。[7]

　　陰陽變合，迭運循環，是太極為真實主體之內容，天地生化之原
則與運作，即此陰陽二氣。一氣之動為陽，一氣之靜為陰，陰陽變合
則生五行。所以二氣五行變合「相承並運」，而自有消長於氣化之
間。因為二氣屈伸交感，循環迭運，陰陽互根，陰為陽根，陽為陰
根，氣凝質聚自然生出水火，而水火又變合承運化成土、金、木三
者，此乃二五「旋生共濟，歲功物候」之結果。細論五行之產生，乃
是因為陰陽二氣迭運旋生不離，所以在陽變陰合共濟過程之中，會有
「屈伸盛微」不同氣化之可能，而此妙運不測之差別自然造成五行各
有一性。如此陰陽屈伸成五行，五行妙化生萬物，所以陰陽五行可謂
太極氣化流行之具體妙用。王廷相亦云：「陰陽之精，一化為水火，
再化而為土，萬物莫不藉之以生之，而其種則本於元氣之固有，非水
火土所得而專也。」[8]此亦以陰陽為生化之真實作用，故陽極盛為
火，陰極盛為水，此二基本狀態，進而彼此有屈伸盛微之互動，遂生
出木、金、土等陰陽比例不同之五行。而此二氣五行比例互異的各種
可能，即太極妙生萬物之內在原因。

7　〔明〕徐三重：《信古餘論》，頁10，總803。

8　〔明〕王廷相：《慎言》《王廷相哲學選集》（臺北：河洛圖書出版社，1974年），頁
　　6。

> 靜而生陰，動而生陽，由微而盛，皆以漸至，無絕然為陰為陽
> 時也，動極而靜，靜極復動，纔消即息，間不容髮，無絕然無
> 陰無陽時也，其間絪縕參和交感變化，潛易於一氣之內，而不
> 失其往來之常，此陰陽不測之神，莫知其所以然而然者。[9]

陽之動極而靜，靜而生陰。陰之靜極而動，動而生陽。如此陽動
生陰靜，陰靜生陽動，循環不已，即造化消息所以不已之原則。同時
造化能消息之條件，既是陰陽不離，非孤陽獨陰之可為；亦是動靜循
環，陰陽缺一不可的。如此陰陽相感，循環不離，即是氣化不測之神
用。崔銑亦云：「吳幼清曰：天地間，陰陽二氣而已，聖人合卦象、
蓍數而名曰易者，取陰陽互相更易之義，此專言陰陽二字，見易者此
也，一陰一陽，循環無端也。銑曰：孤陽不成，孤陰不生，二者迭運
化生無窮，故謂之道。」[10]此亦主張天地生物只以陰陽為基本條件，
但二氣無孤陽獨陰分立之可能，必是陰極而陽，動極而靜，陰陽動靜
互為其根的。同時陰陽互根非有限單一，而是由微而盛，才消即息循
環不已，才有無限氣化不測之神用。此上二段說陰陽。

> 陽即陰之動者，陰即陽之靜者，動則為陽，靜則為陰，陰由動
> 極而靜，是陰根陽也；陽由靜極而動，是陽根陰也。動之始終
> 與靜之始終，常相環合而無間斷不離，是陰陽無一息獨行之
> 時，所謂交感互藏者，皆此理也。[11]

此段主言動靜，因為陽是陰所以會發動的作用，所以動指陽；陰

9　〔明〕徐三重：《信古餘論》，頁7，總801。
10　〔明〕崔銑：《士翼》卷4，頁9。
11　〔明〕徐三重：《信古餘論》，頁7，總801。

是陽之所以會凝合的作用，所以靜指陰。由動之陽可知陽是由靜極而動，所以可說陽是以陰為根。由陰之靜可知陰是由動極而靜，所以陰是以陽為根。如此陽為陰之動根，陰為陽之靜根，則不論動靜之始終，便如陰陽般旋生循環不已。又因陰陽不離，故動靜也不離，如此陰陽動靜循環不離，自會走向「交感互藏」化生萬物之道。而不會有只動不靜，只靜不動一息獨行的狀況，否則一陰一陽之謂道的宇宙論便不成立。魏校亦云：「天地者，陰陽五行之全體也，故許多道理，靜則沖漠渾淪，體悉完具，動則流行發見，用各不同，人物之性，皆出於天地。」[12]二氣五行化生天地萬物，其所以化生之理序存於渾淪之靜中，動則二五各種理序具體流行而成天地。靜之理由動而有神用，動之用因靜而各異，如此動靜互根，理氣交感互藏而萬物生。

> 金木水火土其為物者，是凝聚之質，氣則總為陰陽。謂之五行者，陰陽之運行各因老少以自為性，而沖和者常在其中，於是即其順布生成之序，而五行之位列，性亦殊焉。雖總此一氣，而又非無所分別者，故其流行化育渾成之內，自有條分。人物稟受二氣，便自足此五者，驗之法象形氣無不昭然。[13]

　　陰陽二氣相感相承，沖和者又在中，如此交錯旋生，變化中自有差別及凝聚為質，而有金木水火土五物之生成。而陽為動陰為合，且陰陽又有老少之別，如此迭運循環，如同客觀機率排列下，自有水火生木金土之異，與五行位置之先後序列。可知陰陽氣化有各種可能性，此各種可能性又皆由動靜老少之動能與位階，及凝為形質等條件

---

12 〔明〕魏校：《莊渠遺書》卷13，收入〔清〕永瑢、紀昀：《文淵閣四庫全書》（臺北：臺灣商務印書館，1983年），頁928。

13 〔明〕徐三重：《信古餘論》，頁1，總906。

所決定，故二氣凝質為五，其中渾化之條分，便是五性。但五行之條
分理序，皆在實然層之流行化育中說，非只以生生原則論述。

> 二氣之動靜，即一氣之所流行，而陽所變化，陰便凝合循環之
> 中，又各以生長分數，而別為五行之性。要之，稟於氣不越乎
> 陰陽，定於質不越乎剛柔，此天地之所以成化，人物之所以有
> 生，仁義道德之所由立，修身治世之所由準也。[14]

　　一氣流行生化萬物是由陰陽二氣動靜之作用而成，亦即由陽之變
化為動，陰之凝合為靜，彼此作用循環不已。如此二氣自有生長之分
數，自形成不同五行之性。五行之性是稟受陰陽屈伸盛微之性而來，
同時也就定質為剛柔，而萬物或剛或柔之質亦由此來決定。所以二氣
五行化生無窮，則天地可化成萬物，人物亦會生生不已，而仁義道德
的人倫世界，也由二五生生之理序而建立。魏校亦云：「渾沌之時，
理氣同是一個，及至開闢，一氣大分之則為陰陽，小分之則為五行，
理隨氣具各各不同，是故在陽則為健，在陰則為順，以至為四德為五
常，亦復如是，二五錯綜，又分而為萬物，則此理有其萬殊矣。」[15]
天地未闢前，理氣混沌只一，及二氣五行具體開闢，則陽健陰順之
理，乃隨氣具足成四德五常之行。亦即由氣化言，由二而五，由五而
萬。由生德言，由健順而四德而五常。皆此二五錯綜所妙成，若只二
氣交感無五行，則天地只偶不奇；若只五行無二氣，則天地只奇不
偶。唯二五交感旋生奇偶參和，才渾成無限又具體之天地。以上二段
說五行。

14　〔明〕徐三重：《信古餘論》，頁8，總802。
15　〔明〕魏校：《莊渠遺書》卷13，頁927。

> 鬼神陰陽造化之跡於天地間，只是聚散兩端。精氣為物至而方
> 伸者，聚也；遊魂為變返而漸屈者，散也。此鬼神之情狀也。[16]

此由聚散說氣化。因天地萬物以氣為形，以理為性，故生生之理
自有生生之形。但理無限而形有限，所以生生之理於形體自會產生聚
散不同之情況。而鬼神陰陽之作用具體造化之跡在天地之間，便有聚
指「精氣為物至而方伸」之神用。因為「精氣為物」是指形氣具體形
成而有具體的表現，此種具體的表現，自然是二氣之神用。而散指
「遊魂為變返而漸屈」，因生生之理凝為具體形氣之後，等到形氣消
散，但生生之理仍存在氣化中，所以形氣消散即為鬼。鬼者，歸也。
也就是氣有循環漸消的作用，如此以二氣相生漸盛為主，自然會聚為
萬物生生不息。以二氣循環漸消為主，則萬物會散入無形！故氣化生
成萬物，即是透過動靜相生，以及氣有聚有散等情況，具體完成氣化
萬物的過程與目的。

> 形化未蕃，氣必絪縕厚，故自然凝結成形而為氣化。形生已眾，
> 氣亦漸分，故托於形而滋息，以續相生焉。夫禽魚卉木無而忽
> 有者，氣化也；有而日益繁衍者，形化也。[17]

此言氣化、形化有別。因為氣化之初二氣鬱勃，自然會凝合形體
生出萬物，此乃忽而有者。而托形滋息，乃所謂有限事物之形化，此
乃有而日益者。因形化未蕃氣自絪縕厚時，便會凝結成形為天地間之飛
潛動植，此為萬物形成之初始。而形氣所以漸分，是氣化藉不同形體
繼續滋息相生而有。所以像禽魚等忽而有者，指氣化；而有而日益者

---

16 〔明〕徐三重：《信古餘論》，卷7，頁10，總895。
17 〔明〕徐三重：《信古餘論》，卷8，頁3，總907。

則指形化。雖然天地陰陽氣化無窮，但化為形體之形化後則屬有限且
具體。所以萬物具體形化之後，自然就無所謂氣化。因為既然萬物也
有形體，則氣化便全部都於形氣之中顯現，自然就只有形化，而不會
再有無而初形之氣化。可知，氣化為無形生生作用之具體成形，而形
化則指具體萬物之繁衍日眾。氣化為形化提供二五相生之理為其存在
之根據。形化則讓氣化之無限可能，在具體實然層面真實呈現。

三　道

> 聖人言道，從實有始，未嘗言無，蓋不無也。太極即是實理，
> 言實理則雖非有跡同形氣之粗，而實能主宰成造化之德，此正
> 宇宙萬有之所自來，聖人因所有者而溯極於此，是道之大原而
> 物之總體，更無向上可言矣。[18]

「從實有始」指道是具體的氣化，故是實有而不能說無。道是具
體氣化，則其中陰陽旋生之理則，也就是太極妙化之理，此理自亦是
實理。氣化之實理並非形氣之粗跡，但卻能主宰造化之生成，此無形
跡卻具體主宰之作用，正是宇宙萬物之所從出處。可知如此之陰陽二
氣化生流行，透過旋生之作用，於萬物間會有盈虛消息，屈伸往來等
變化而成之生成功用，便是所謂的氣化之道。

> 天地絪縕，萬物化淳，造化發育之象宛然。張子所謂太和者，
> 與陰陽只是氣，一陰一陽便是為道，辨之則不雜，合之則不
> 偏，天地萬物莫之能違者，道也。若舍氣而言，則無所謂道，

---

18 〔明〕徐三重：《信古餘論》，卷1，頁2，總799。

> 只以氣言，又不得謂之道，故繼與成皆是氣，善與性莫非道，
> 氣與道不得有二。[19]

　　由天地莫能違言道，指二五絪縕化淳，造化發育皆由此道而出。陰陽是具體氣化之條件，而一陰一陽是道，指二氣循環不離，萬物即以此二氣為其所以然之道。至於道與氣之關係，因陰陽是氣，故陰陽相生之道必不離氣而言。但若只以氣言道，不言一陰一陽相生不離之原則，則道只死氣，無生化功用。黃潤玉亦云：「蓋三極之道，一理氣而已。然理為體，氣為用，合體與用，斯名為道。且以天道言之，寒暑晝夜，氣也。寒往而暑來，日往而月來，則有理焉。」[20]寒暑之氣中有寒來暑往之理序，順此寒來暑往之理序，方有具體寒暑之往來。故主張理與氣不二是道。此說與徐氏主張道是造化發育無形之作用，氣是造化發育具體之完成。道由氣而見，由氣可識道，故道與氣不二說法相近。

> 天地之道，以一為主，以兩為化，然非一之外又別有兩，亦非
> 判然析一為兩也。蓋即一而兩，而一之用始全也。一陰一陽此
> 天地流行變合以成化工者，惟其為物本不二，故體立而用自流
> 行，因其用之相生而言，其對待則為兩，若析而兩之，如各立
> 然，則一之體息，亦無相生之用，何兩之有？故不有一則無
> 兩。[21]

19　〔明〕徐三重：《信古餘論》，卷1，頁19，總807。

20　〔明〕黃潤玉：《南山黃先生家傳集》卷33，收入《四庫全書》子部雜家類，1995年，第101冊，頁12。

21　〔明〕徐三重：《信古餘論》，卷7，頁10，總895。

　　道「以一為主」指道為萬物相生之主體，「以兩為化」則是指動靜陰陽，為二氣闔闢旋生之造化作用。一為主兩為化，指非一之外別有二，亦非一可分析為二，亦即一與兩不二，而一之相生作用因有兩則可全現。如此無一則無兩，即指陰陽相生不離，但若析兩，把陰陽二氣分為獨立的兩個，則不能相生，故於造化功用之中相生，才可對待為兩。如此一而二，二而一，故一則為體立，二則為相生之流行，故天地之道即以氣化之體為一，而以氣化陰陽相生之作用為化生萬物之作用。

> 易曰：一陰一陽之謂道。夫陰陽乃氣也，而謂之道者，蓋天道
> 流行，其實體正是此，故其合而賦物，則為天德，而云善。具
> 於人心，則為生理，而云性。大要天地生物惟此二氣妙合，太
> 和凝聚，萬物各得以正性命。[22]

　　天道流行之實體，正是陰陽二氣相生不已的氣化流行，此陰陽相生賦於形物則為形物之天德，此氣化生生不已之德，即所謂善。陰陽相生之作用具體賦於人心，則為人心中之生理，此心中之生理，即為人之本性。故天地萬物即由二氣凝聚形成萬物，而萬物得此二氣以各正性命，此中既有生生之理，亦有至善之性。如此天命生理之善為性，而人性即具此實德，此則為人道之所立。

> 夫理非有內外之殊，由心之寂感而有動靜，因以分道之體用。
> 心之靜而為主於內者，有性存焉，是為道之體；心之動而應物
> 於外者，性所發也，是為道之用，然其體無端，其用則可察，

22　〔明〕徐三重：《信古餘論》，卷2，頁1，總813。

學者因用而識其所為體，乃知由體而後達於用。[23]

　　心之寂然不動是靜，此中有理在內。此理雖無內外之分，但此理實內在於心寂然不動的狀況中。心之感則指心之靈明作用感於萬物而動，此時無內外之分的理，亦在感於物而動之感中。由心之寂感，可見道亦有體用，由體說道，則心之靜寂然是主於形氣之內，此時主內乃所謂的性，因為道體無限，所以只可由生化功用，來識其生化之體。由用來說道，用指心之動可應物於外，則此指性所發之用。然道體無端緒可掌握，只道用藉氣化而可察知，故可由用識體，若從本說則為由體達用。故由心之寂感說道，可知理無分內外，理既於心之寂中，亦在心之感中。由理既兩在內外，可知道亦有體用之分。惟體用之分在「由用識體」、「由體達用」實則道是體用為一。黃潤玉有云：

> 蓋天道流行，一理與氣而已，人之心稟是理氣，是曰性情。性具夫理，道之體也，情發乎氣，道之用也，體不外乎五德，用莫要乎五官。然耳目口體，各司其事，而心之官則思，又所以統乎百體者。[24]

　　此由理氣渾一說天道流行，天道流行於人而為心，此心亦稟理氣而發用。故心中具理為性，此性即道之體如性具五德。心由氣發為情，此情乃道之用，如情發五官。因心乃以情發性，故道亦是以理發氣的氣化主宰。此由性體情用說心，正見可由理體氣用說道。

　　聖賢明道，正要見得精粗、體用、本末，界段分明而實為一

---

23 〔明〕徐三重：《信古餘論》，卷6，頁14，總880。
24 〔明〕黃潤玉：《南山黃先生家傳集》卷42，頁2。

理，乃見親切。形上形下言道器，而理氣一也；未發已發言中和，而性道一也。[25]

「道之精粗」是指形上之道與形下之氣有分，但形上道形下氣又統一於理氣為一之中。而未發為中已發為和，中指體為性，和指用為道。故雖有理精氣粗，性中道和之別，但此皆道有精粗、體用、本末之分，實則仍是統形上形下為一的氣化之道。

> 未發之中，未可以言道，然卻是此中為主，以應事物而得其當然之理，乃謂之道，是理從此出也。豈有理從此出，而此獨無理者，但泯然未形，即太極未分之全體耳。[26]

未發非道，指道非形上虛玄之創生作用，而是氣化實然中，人倫日用所當如此者。實然中所當如此者，即氣化必如此之理的具體顯現，因未發中，眾理皆具，亦即理在道中，若順理以應事，而得其合當如此者便是道。故理由道而發，道為理發應事之具體著實處，而此即由氣化之內外論理與道之關係。但道與理又非截然二事。因太極乃理氣渾成、造化發育無形之總體，太極須由陰陽而顯行，道則是理氣渾成應事當理之功效的實體。故天地萬物即為太極以理為體，道為用而洋洋發育，各得其當所完成的。

> 人所行合當的，這是道，誠便是所存為主之心。聖人不言心而言誠，正須想個實字，非於心上，又別求個實之者，但看心之所以不實處，其間理欲公私孰為真，孰為妄，便識得無妄即

---

25 〔明〕徐三重：《信古餘論》，卷5，頁4，總861。

26 〔明〕徐三重：《信古餘論》，卷3，頁20，總838。

誠，故誠只是實心，心實則性無虧欠，便是吾心之實理，以實
理應事而各得其當然者，此所謂道。[27]

人所行合當的是道，是將真實無妄的氣化功用著實於人倫日用處
言。而作為心所存主之誠，便是此真實氣化功用之主體。故心之發，
既順氣化而有能發作用，同時心所欲發者，即此心存主的氣化之誠。
但心既未必能分別理欲判其為真妄，故若心能識得理為無妄即誠，則
心即真實，而心中性理亦真實無虧，如此心發內在真實性理應事，所
行自然合當而為道。

四　理

理豈有內外，因心之寂感，而分所存所發，理只是此心本然之
妙，寂感便是此理所乘之機。[28]

理本無形，可即物而形，及形則理即形矣。可知理同時存於無形
有形二層中，而無內外之別。心寂然不動，理存於中，心感而遂通，
理順感而發。故心有寂感，而理即為心寂感所存所發之理則。反言
之，無形之理即乘心寂感之機而形著。可知理通貫形上形下兩間，非
只一形上孤懸，與氣無涉之理。理既是無形生化之條理，此條理亦藉
形氣而形著。理由形而著則為無限之實理，氣因理存主於中而為具體
之實氣。王廷相有云：「萬理皆出於氣，無懸空獨立之理。造化自有
入無，自無為有，此理常在，未嘗澌滅。所謂太極，不於天地未判之
氣主之而誰主之耶？故未判，則理存於太虛，即判，則理載於天

---

27 〔明〕徐三重：《信古餘論》，卷2，頁28，總827。

28 〔明〕徐三重：《信古餘論》，卷4，頁1，總843。

地。」[29]萬理出於氣之說，決定氣在理在，氣化理順，理不離氣之模式，故具體氣化之無而有有而無中，自有無而有有而無之理在。可知理既存於未判之太虛，亦存於已判之天地。如此貫穿形上形下內外之理，才可為出入太虛與天地間，真實氣化之主宰。

> 自陰陽變化而有易，性命之理皆根本於此，因此而有人心秉彝以為百行萬善，所以周子說誠字，謂自天道賦命而各得以成性，完具於心體，妙運於神，發端於幾，而萬物之理無不是其所成，此是一直貫下有原有委的道理，在人自見之而自以身實體之，亦未嘗不易簡顯明也。[30]

　　易以陰陽變合為性命之理之本，順此乾健坤順，則洋洋乎發育萬物，心亦秉此發為萬善。而誠即指此天道賦命陰陽變化之理，是真實存於天地人倫間，此天命陰陽之理，可直貫通心性本質與神幾妙用中，於人身真實體驗，即可見理由心性神幾而顯。

> 夫天者，理之大原，而氣化形生之所為主也。命則氣化形生而理因以具，若降自天而畀諸人者。性乃人得所畀之理而完具於形氣之內者。心乃理之所在，而以神明統攝運用者。殀壽之數定於有初，是形氣雜揉賦命之所必不能齊者。修身之理乃我性固有，而心為之主，人皆可以自盡者。分其界限，則天與命屬天，性與心屬人，然天命之，人受之，其理初無二也。[31]

29　〔明〕王廷相，王孝魚點校：《王廷相集》：（北京：中華書局，1989年），頁596。
30　〔明〕徐三重：《信古餘論》，卷2，頁24，總825。
31　〔明〕徐三重：《信古餘論》，卷6，頁18，總882。

　　理是天氣化形生之主宰，理是命將生理界於人之內涵，理是性於形氣中完具之本質，理是心能統攝運用之神明。可知理遍在於屬天之氣化主宰，降畀賦命之天命中，及屬人之形氣本質、統運作用之心性中。而位階不同之天命心性其賦受源流即此一理，見理於天人兩間有無限遍在性。

> 理與氣不得看作兩物，理便是氣之理，氣有實體，理若為虛名。然氣實則理亦便實，故聖人遂以為實理，而目之曰誠。如水火之為寒熱，水火既是實的，這寒熱之性亦便實了。……這氣中之理便是形色之性，若於這形色間能盡其性，便是人道。凡人倫物理都在應接間顯出，卻都是以形盡性之事。[32]

　　理氣非二，因造化種種品彙是氣，而造化品彙之所以然則是理。故理便是氣之理，非離氣別有一理。氣是有品彙之實體，非同於粗跡之死氣。亦即理在氣中，氣有理而為生氣。氣中有理，理因氣化而為實理。如此理非形上而指導形下氣化之理，而是理即氣化內在真實之生理，避開形上理指導形下氣，理氣二分，氣未必順理之可能。可知理因即氣而為實而非虛，故此真實之理便遍在氣化中。如水火是實氣，水火有寒熱之性，此性不因寒熱無形而為虛，反因水火為實氣，故寒熱之性理亦實。如此於應接間顯之人倫物理亦是實的，則人倫日用乃真實之道德世界，非虛妄之光影。

> 盡天地之道，理與氣而已，理者即氣之所主，氣者即理之所乘。理非虛名，以氣為體；氣非塊然，乃理之實，其瀰漫布

---

32 〔明〕徐三重：《信古餘論》，卷2，頁7，總816。

濩，充塞罔間，何可言無？談者以其無聲無臭而為無，非有之外又別有無，以其一實萬分而為有，非無之後乃更有有。[33]

天地間只一理氣流行造化而已。理為二氣流行之主宰，氣為二氣生理之承運，亦即理氣雖一，但有主宰與承運之不同。因主宰之理若為死寂，自無生動之氣化。故主宰之理雖無聲臭卻是實有。承運之氣雖是具體的有，卻因有生理存主於中，而有一實而萬分的靈動變化。可知理即以無限遍在，真實靈動之特性，與流行變化具體承運之氣融為一體。高拱亦云：「人生則形色完而天性具，氣與理俱存也，死則形色毀而天性滅，氣與理俱息也。是氣即是理，理即是氣，不得以相離也。」[34]此由形完而性具，形毀而性滅處說生命是以理氣渾合為主體。理氣交感互藏則生，孤理獨氣則滅。而理氣相即為一，便是由理具則氣形，氣形則理具，說理氣既互為體用，又遍在兩間，而為氣化流行實有之主體。

天地至大，然總不外乎一理，理最完滿具足，若形氣則便有參差不足處。中庸謂人猶有憾者，只是形氣少偏錯，便於此理本分有所虧欠，明道詩：「道通天地有形外」，若通得天地之理，於形氣之外，便見天地尚有未盡此理處，而太極全體昭然在目矣。[35]

生理本賦於萬物而皆然，但因二五旋生使形氣雜揉，故此理賦於氣，必有不齊之發生。於是偏錯之形氣，自有與理不能全然密合之可

33　〔明〕徐三重：《信古餘論》，卷6，頁1-2，總874。

34　〔明〕高拱著，流水點校：《高拱論著四種》（北京：中華書局，1993年），頁219。

35　〔明〕徐三重：《信古餘論》，卷1，頁17，總808。

能。亦即氣全則與理全合，氣偏則理仍本一而不能與氣合。但偏錯之氣亦理主宰所生，故不能說理氣不合，而應說無限之理，與當下有限之氣有段落差。但若總攝時空中所有形氣，而為一無限又具體之氣化世界，則此氣化世界自又與理為一而不二。但只在當下看，則可言有限形氣外，尚有無限之理在。此由人猶有憾處見，理雖存氣中，但完足之理與具體形氣在真實氣化中仍有一段落差。

> 晦翁言未有此氣已有此性，這性字是通言天地萬物，即指太極之理也。性是箇一定不易的，惟性不易，故氣之流行變化，萬古常如此。理為氣之主，固當先言，且以氣之往來屈伸終不出此理範圍之內，則理亦原自在先也。[36]

　　未有此氣已有之性，是在氣之先為天地萬物主宰義的性，亦即遍在天地而為之主的太極之理。故若由理論上言先後，為主之理當在承運之氣前，而可言理在氣先。[37]此則合於朱子理氣二分，以理主氣之說法。[38]但若由前述理氣在理論上為一，只理無限氣有限有段落差而已，故可言有限氣之屈伸往來仍在無限生理之範圍中。如此似合於朱子形上理與形下氣二分的說法。[39]但徐氏已確認理見於氣，氣自有

36　〔明〕徐三重：《信古餘論》卷1，頁17，總806。

37　如朱子有言「理與氣本無先後之可言。但推上去時，卻如理在先，氣在後相似。」〔宋〕朱熹著，黎德靖編：《朱子語類》（臺北：文津出版社，1986年），卷1，頁3。

38　如朱子有言「蓋氣則能凝結造作，理卻無情義，無計度，無造作。只此合凝聚處，理便在其中。」〔宋〕朱熹著，黎德靖編：《朱子語類》，卷1，頁3。

39　如朱子有言「天地之間有理有氣。理也者，形而上之道，生物之本；氣也者，形而下之器，生物之具。是以人物之生，必稟此理，然後有性。必稟此氣，然後有形。雖不外乎一身，然其道器之間，不可亂也。」〔宋〕朱熹：〈答黃道夫〉《朱文公文集》卷58，收入張元濟主編：《四部叢刊初編本》（臺北：臺灣商務印書館，1975年）第58冊，頁1039。

理，理氣非兩的說法。所以徐氏此處說理在氣先，恐非朱子理論上，先有理才有氣的說法。而是由理氣非二的基礎，說有限氣之屈伸，仍在無限生理之範圍中，而說理在氣先。此則雖言理氣非兩，但仍客觀認知二者有所差別。

> 比如庭中這桃樹，其發生凋謝是氣，他合當如此的便是理。惟合當如此之理一定，故其氣發生凋謝自然常如此。理卻是先定的，氣卻是順他的，故云先有此理。[40]

桃樹之生發凋謝有其合當如此之理，知此理乃由樹具體之生發凋謝中，指認出無形又所以如此之理，特點是已由形上層論理先，轉為由形氣層論理先，非如朱子由形上層論理本體的先在性。故一立基於氣化層，一立基於本體層，所論之理先氣後似同，實則論述理基各自不同。此仍為徐氏由客觀實然立場對理氣落差所作另一面向之檢討。

> 易稱天地之大德曰生，蓋二氣交運，惟主生物，而以生為德，即乾坤之善。故元為善之長，元者，萬物有生之本，乃理氣渾成之目。首乾德而統亨利貞故曰統天。可知亨利貞即元之眾善，如是而後元之理始備，元之為德始全。蓋一元之中，眾善完具，此元之所以為善長也。人由此生，即全此理，而其理便名仁。渾言則一仁，分言則具仁義禮智。[41]

易以二氣交運主宰萬物化生，物皆由此而生有其公平性，與應然如此之義，故可以此二氣之生為德。而二氣又受老少與變合等條件影

---

40 〔明〕徐三重：《信古餘論》卷1，頁21，總808。

41 〔明〕徐三重：《信古餘論》卷6，頁4-5，總875-876。

響，而有元亨利貞等不同。而元為生氣中有生理之始創者，順二氣交
錯旋生所生之亨利貞，亦為生氣中有生理的不同之生德。此由易言元
統亨利貞，轉為仁統義禮智之說，則生生之長的元，便是做為萬物有
其必然如此、應然如此條理秩序之道德之首的仁。亨利貞不同位向之
生化統於元，而義禮智等不同位向之生德亦統於仁。孫應鰲亦云：

> 仁者，人也。有此人身，便有此天理，乃與生俱生，與形俱
> 形，不可須臾離者。合而言之，則仁之理在人之身，人之身全
> 仁之理。[42]

仁為人之所以為人之天理，此仁理既具於生生作用中，亦存於靈
頑各異之形中。故合生生與形氣而成之身，此仁自完具於人身。此與
徐氏以元既為生生者，此生又含創生與完成二義，且生又為德之全，
故仁具義理智之義可互證！值得注意的是徐氏由理氣渾成具體的說生
生之為德，已較單由易說生生之理為德，更為貼近具體氣化之世界。

五 性

> 性者，人所得於天以生之理，不離於氣，不雜於氣。以其不離
> 於氣，故聖人指氣質而言善；以其不雜於氣，故孟子指天理而
> 言善，然非二性。蓋天理之因氣質而稍有不齊者，非天理之異
> 也。是以前賢立教，以天理本同而氣質又可變化，故只言善。[43]

---

42 〔明〕孫應鰲：《四書近語》《孫應鰲文集》，收入《陽明學研究叢書》（貴州：教育
出版社，1990年），頁315。

43 〔明〕徐三重：《信古餘論》卷2，頁1-2，總813-814。

性是人所得於陰陽相生之理而為人之本質者，此生生之性雖由陰陽二氣相生而來，但此陰陽相生之性又並非只指氣。故言性不離氣，指由陰陽二氣生生而說性，如此陰陽之氣質之生生自可說善。性不雜於氣，則指性亦為生生不已之天理，此生生之理自亦為善。故性可即氣質而言善，性亦可即天理而言善，不可言性有二，而當言性之生生即指氣質，性之生生亦可指天理。但天理只是生生之條理不會改變，氣質雖生生但有不齊的產生，如此性不離氣，指氣質之性會因氣化而有差別，性不雜氣則指氣化中生生之性，即生生之天理是不可改異的。呂坤有云：

> 義理固是天賦，氣質亦豈人為哉？無論眾人，即堯、舜、禹、湯、文、武、周、孔，豈是一樣氣質哉？愚僭為之說曰：「義理之性，有善無惡；氣質之性，有善有惡。」氣質亦天命於人，而與生俱生者，不謂之性可乎？程子云「論性不論氣不備，論氣不論性不明」將性氣分做兩項，便不透澈。[44]

此亦由性與氣非二來論性。蓋義理與氣質同為天所賦與人者，只是義理乃陰陽交感必如此相生之理序，故為人我皆同者，但氣質雖亦有二氣相生之理，但其中二五錯綜之各種可能，一凝為氣質，自受限於氣質，而有屈伸盛微之不同，故氣質是人我不同者。故人我皆同順生生而有之義理，因不雜於氣自是有善無惡。人我不同凝二五而成之氣質，可能雜於氣而拘限內中之生理，而有善有惡。

仁義禮智正是性，性乃總名，四者便是性之全德，如言元亨利

---

44 〔明〕呂坤：〈性命〉《呻吟語》卷1（台北：志一出版社，1994年），頁28。

貞，便是乾之全德處。程子曰：「性即理」。[45]

人性是天道流行所賦予之實理，而人心之靈明知覺會因感而順應於人倫物理之中，此即是由理來說性。但凡人若只以心知看做性，則以為善是性發以後具體的事情，會以為性中本無善，但心知本為形氣之靈，形氣之心知能發五性，五性之發即可表為五常之德。知五性之中必有五常之德，如此才能形生神發，表現為五常之德，故心知所表現之五常之德，即指心是順五性而表現者，可知仁義禮智即是性之內涵。而元亨利貞為乾德，即指陰陽二氣生化不已，亦完成不已，而此完成生化不已之乾德，即是性於人倫日用中所表現的仁義禮智。高拱亦云：「言天之生人，既與之氣以成形，就賦予他慈愛之仁，裁制之義，節文之禮，辨別之知，誠實之信，渾然全具而不待外求，這便是人所稟受的德性，所以說『天命之謂性』。」[46]仁義禮智等性是天賦人受之德性。此生理由其生生而有必然性，而彰顯此必然性，即為道德義上之應然如此。故天既由元亨利貞生化，性便有仁義禮智。

> 性是人本心之德，只心去應事，這性便發出萬事之理，故五常百行皆是性所發，即所謂道。性是體，道是用，性非虛言，道非外索也。誠則性體既實，運用處無非天理，故日用應務，都只是此理流行著見。以不隔於內外物我，所謂體用一源，顯微無間，非有兩截事也。[47]

由性是本心之德可知，能應事之心，其所遇物而感通之內涵，即

45 〔明〕徐三重：《信古餘論》卷2，頁4，總815。
46 〔明〕高拱著，流水點校：《高拱論著四種》，頁27。
47 〔明〕徐三重：《信古餘論》卷2，頁8，總817。

心中之性德，知心能發，性為所發。但性發出萬物之理，則指性固為所發之德，但本身亦有能發之作用。亦即性非死體，而是即存有即活動之道德主體。如此說心應事，性發理，是強調此理氣渾成之性固有形上道德義，亦重形下日用間事。故此理氣渾一，道德氣化無隔之性，所發之五常百行，自是真實之德行即道。故由氣化之道德日用言，應事能發合當之理的性，是本具萬理的体，五常百行具體實現的道，是道德天理之用。亦即氣化真實之性體，發為日用無非天理之運用，如此乃心性無分內外，理氣体用一源之義。

> 橫渠所謂天地之性，以本於天地者言之，所以別於形而後有者，然此性亦非形氣不能成，故氣質之性即是此性之成於形氣者。但因形氣而微有差池耳，非別為性也。然則性自一以形氣而異，雖形氣有異而終是此性，故不甚懸殊，而聖人云相近。[48]

天地之性是指它根本於天地之生生而來者，此自然與形而後於氣質中所有者不同，但此天地之性亦須由形氣才能具體成形。而此天地之性成形於形氣中者，即所謂氣質之性。如高攀龍亦言：「形而後有氣質之性者，人至受形以後，天地之性已為氣質之性矣，非天地之性外復有氣質之性也。」[49]可知氣質之性雖指天性成於形氣之中者，但因人賦天命而為性，使性是形而後所有者，性便為此形氣所侷限，此天地之性雖無有不同，但是承載表現此天理之氣質，則在分量多寡上會有所差別，故在形氣中的天地之性，自然也會有所差別。此言天地之性雖本一不變，但依形氣有別，故氣質之性之表現亦有不同，但氣質

---

48 〔明〕徐三重：《信古餘論》卷2，頁14，總820。

49 〔明〕高攀龍：《高子遺書》，卷1，收入〔清〕收入〔清〕永瑢、紀昀：《文淵閣四庫全書》（臺北：臺灣商務印書館，1983年）第1292冊，頁341。

之性雖有不同，但本質仍是不變的天地之性。故聖人云此為性相近。

吳廷翰有云：

> 蓋天之生人，以有此性也。性成而形，雖形亦性。然不過一氣
> 而已。其氣凝而有體質者，則為人之形，凝而有條理者，則為
> 人之性。形之為氣，若手足耳目之運動者是已。性之為氣，則
> 仁義禮知之靈覺精純者是已。然而形有長短、有肥瘠、有大
> 小、雖萬有不齊，莫不各有手足耳目焉。故自聖人至於眾人，
> 苟生之為人，未有形之若禽獸也。其性之有偏全、有厚薄、有
> 多寡、雖萬有不齊，莫不各有仁義禮知焉。故自聖人至於凡
> 人，苟生之為人，未有性之若禽獸者也，故曰「相近」。[50]

吳氏以為氣凝成質為形，凝有條理為性，不論形性皆以氣化為其
主體。因性是無形生理之具於人者，故有其不變性，而可為氣之主
體。形是具體氣質之成於人者，故有其拘限性，而有長短大小之不
同。但因形與性皆以氣化為本，故形雖各異但仍與不變之性共一氣為
本。如此人雖皆有耳目口鼻但卻人各不同，至於仁義禮智則為人所本
同之性，故合性與形言，可知本同之性在各異之形中，形雖各異，不
礙其性之為本同，此由一氣而論之「相近」。

> 理氣分別各言，則理自言理，氣自言氣。若說成性，則理氣便
> 分開不得，理無不善，卻從氣中便具得差別來，如水出於地，
> 便從地脈中帶得氣味來，卻有不純處，然不可謂不是水，此氣

---

50 〔明〕吳廷翰：《吉齋漫錄》，收入〔明〕吳廷翰撰，容肇祖點校《吳廷翰集》（北
   京，中華書局，1984年），卷上，頁23-24。

質之性當兼言善惡之意也。[51]

　　因為氣有二五流行所生之不同，所以人稟受二五之氣自然也有偏全粹駁之不同。另外性又是由理氣所形成，而理本生生自然無不善，而氣質則因二五之迭運而有偏盛之不同。如水是理，而水從地出自雜有地之味，而地則是氣之味，故不變之水會帶有可變之氣，而為不純之水，所以氣質之性是善惡皆有的。

　　　　濂溪曰：「形既生矣，神發知矣，五性感動而善惡分，萬物出
　　　　矣。」蓋形生之後，此心有神明知覺，自是能感能應的，所稟
　　　　二五之氣亦乘此作用，故觸遇事物心知有應，五性便從此感動
　　　　出來。爾時已有形體嗜好，不能一一順應五性，遂時有偏勝，
　　　　不全中和。或憑氣質而偏，或徇意向而溺，錯雜處亦自不能
　　　　免。[52]

　　形氣因二五之氣迭運相生而有不同，是有五性。此五性隨感而應便有五德彰顯之妙用，此即指人形體完具後，心之靈明知覺，能有感知之作用，但所稟二五之氣，也會承此感應知覺之作用，遇物即有所感發。而五性便由心知遇事之感發表現出來。於心知感發之際，此時已有形體嗜好來干擾，使不能一一順應五性而感發，而有偏盛不中和的可能，如此五性感發能循理順應則為善，否則即為惡。

　　　　五性感動發而中節者為善，不中節者為惡。未發之中是未有感
　　　　動，五性雖具而心體寂然，固是太極渾成未分之境也。已有感

51　〔明〕徐三重：《信古餘論》卷2，頁9，總817。
52　〔明〕徐三重：《信古餘論》卷2，頁17，總821。

動，則人事參差，故五性所發便分得失，大抵有得失皆在動
時。[53]

二氣相生之理賦予人即性，故由生生言性是生理。由生之為德
言，性又是仁義之理。羅汝芳亦云：「性所統宗，惟是生化之仁，合
宜之義，舜之明物察倫，而性無不盡者。因性之仁，由之為仁，初不
知其為仁，而乃行乎仁；因性之義，初不知其為義，而乃行乎義。」
[54]亦即由生化之仁，合宜之義說性，而此仁義及此性之本，亦為此性
於人倫物理所當盡者。能盡之因便在心寂然不動，便指生生與仁義之
理具於性，此時是無感的未發之中，此中只是二氣相生之條理，及仁
義之乾德，尚未發為日用百行之太極未分狀態。及心應事感通，性之
生生與仁義之理便發為五常百行，因所發皆生生與仁義之理，故自然
中節而為善。但發於形氣，不免因氣質意向有所偏錯，此則為惡。可
知徐氏雖云理氣渾成，但又主理先氣後，其中隱含理無限氣有限，故
理氣有段落差之可能。故若受有限氣質意向之拘限，則五性順理而發
之善，自受拘限不得順理而為惡。此與朱子異同處在，朱子由理氣二
分說形下氣當順形上性理而發，發時不受氣質困限則為善。徐氏則由
理氣渾成說，氣性順氣之生理發為善，惡則由不合理之氣質意向生，
因徐氏整體論述是以氣化流行及仁德流行為主，故不可直言氣為惡之
生，只能以氣動不合理處為惡，氣動性發合理者則仍為善。此與朱子
稍有異處。

性原無內外，情即性之動，情亦何嘗離性，但以存心應事而分

---

53 〔明〕徐三重：《信古餘論》卷2，頁18，總822。

54 〔明〕羅汝芳：《訏壇直詮》（臺北：廣文書局，1977年，明萬曆37年己酉曹胤儒刊
   本）下卷，頁80。

　　為體用，然事即心之所應，卻是體用一源者，若必亡用以存
　　體，則性亦難言合外矣。[55]

　　「性原無內外」指性不分在內之性為內，而在外之情則為外，亦
即性為情之本，而情為性之動，性情兩者是一而不離。及所謂存心應
事，性情才分體用，故體指性為存心之理，用指心以理來應事。如此
性之存主為內，性之運用為外，此時性即指內外是一之性。王夫之亦
云：「性自行於情之中，而非性之生情，亦非性之感物而動則化為
情。」[56]性生情指性情為相對二物。情非性感物而化，亦指性情非一
物化為另一物。性行情中，實指性為情之本，情乃性之動，性情實
一。故性由體言，可云性中蘊涵有仁義禮智之德；性由用言，則指性
發為惻隱羞惡之情。如此性為根本，情為具體之發用，發用必來自於
根本，根本必展現為發用，性情只有體用之別，而實為一氣流行，其
中只是無形之生生，與有形具體之生生的差別而已。

六　心

　　人有此生，身中便有此心，是自靈覺，只要檢束他向裡不妄走
　　作，此是存心事。若論性，則自天道流行物與無妄者，識得個
　　自然至善的。有觸之而即顯者，然亦只在不走作處識取此無妄
　　者，乃是眾善之源，本心之德，則性可明。[57]

55　〔明〕徐三重：《信古餘論》卷3，頁20，總838。
56　〔明〕王夫之：〈孟子・告子上〉《讀四書大全說》卷10，收入〔明〕王夫之著，船
　　山全書編輯委員會編校：《船山全書》（長沙：嶽麓書社，1988年）第6冊，頁
　　1066。
57　〔明〕徐三重：《信古餘論》卷2，頁5，總815。

　　心為人生而有之靈明知覺，此靈明知覺之心能隨性感應而發，因性本為天道流行物與無妄之至善，此至善會因感物而顯。故心知靈覺既可檢束不向妄走作，亦可在不走作處識取至善之性，故性在人心之中。如吳廷翰亦言：「人生而有心，是氣之靈覺，其靈覺而有條理處是性。」[58]如此則心所發，必將至善之性隨識而發，故自有其合當之處，此乃由心顯善性也。

> 晦翁曰：人之所以為學，心與理而已。或有謂不得分心與理為二者，要之應物的是心，應於物而各得其當處，則以理目之。理從本心發，本心所應便自有天理流行，此理之貫體用而為一源也。故理不可外心而別有，然心實不可遺理而獨言。故前人言心，欲知應物之理所以為主。言理，欲知心之應物所以能當。[59]

　　心有應物之作用，而所應便是應天理之流行，由心言，既欲知應物之理，心又以理為主，故心以理為應事之主。由理言，既欲知心之應物，又須合理為當，故理為心應物合當之標準。如此理為心之體，不可外心而別有。而心為理之用，又不可別理而獨存，如此理由本心而發，心有天理存主，此即心與理體用而一也。

> 蓋有天地之氣化形生，而人有是心，即有此理，以為本心之德。若不累於形氣嗜欲，則與賦畀之真原無少異。橫渠即以為天地之性者也。夫人以心為主，天地無心也，而理為氣之主，

58　〔明〕吳廷翰：《吉齋漫錄》卷上，收入《吳廷翰集》，頁25。
59　〔明〕徐三重：《信古餘論》卷3，頁2-3，總829。

故即以理為天地之心。人既具此理以為心，則人心與天地之心，理本至一，而氣亦罔間。[60]

因人有此心之靈覺感應，而即有此氣化形生感應之理在，故心之感應即是生理之應用，而生理之流行便是心中條理之表現。而人以心為主，心又以此理為主。而天地雖然無心，但以理為氣之主，故天地之心亦以理為主。如此人心與天地之心皆以理為主。故理在天地之心與人心之中，而可云心與理為一。

人心之德為仁，而曰心之全德，便知仁備眾理。凡言性命道德，只一仁便可貫之，故元為善之長，其斷制為義，品則為禮，明覺為知，於行仁中具有之，不然亦無以見仁為美德也。故聖門教人求仁為先，蓋收斂得這根窠，其餘都是此元氣充足處，縱各自有分理疏通，亦不大段離析也。[61]

性是天道流行賦命於物之實理，心是形生神發之靈覺，此靈覺隨感應事，便發為性命之實理。而造化消息，即以二氣迭運必然如此之生化理序為德。元為理氣渾成，化生萬物之本，仁則為二氣相生理序所蘊涵之生德。故仁既貫於元中為善之長，亦貫於靈覺發用中而為斷制之義，品則之禮等。而靈覺發於道德實踐中之善長、斷制、知覺等作用，即為心所發之性中的仁義禮智諸德。值得注意的是，徐氏以行仁是元氣充足處，亦即心發為仁，非定位於形上心體層次，於此絕對自主層次，言心體自有生發不已之作用。而是將心定位在元氣流行層

60　〔明〕徐三重：《信古餘論》卷6，頁17，總882。
61　〔明〕徐三重：《信古餘論》卷3，頁12-13，總834。

次，而靈覺之發用，便是二氣流行在氣化實然層次上，具道德義的感
通作用。

> 中正仁義只是理，理一則萬事可以此而定。主靜者心體也，心
> 體無欲而常主於靜，則大本既立，達道自行，所謂道心常為一
> 身之主，而人心每聽命焉者。太極只是理，言心亦須是主於
> 理，心與理一，則太極在我，人極之所以立也。[62]

　　理是萬事必定如此之中正仁義之道德秩序，心於無欲狀態則常主
靜，主靜即心存中正仁義之理，故道心指一身之主，此主即指中正仁
義之理。而心所發為中正仁義之理即為道心，亦即在我之太極是理之
表現。人心乃聽命於道心，故人心若主於理，則人心亦與太極之理為
一，如此太極之理在我心之中，此即人極之所立。道心乃順天地之性
而來，雖落於形氣之中，本身卻毫無雜於氣化而有差別之可能。人心
則是順氣質之性而來，人心中雖亦以太極之理為主，但人心若沾染氣
質，則心與理不一，人極自然無所成立。

> 人心道心，程子以理欲分說。晦翁謂言欲太重，以性命形氣別
> 之，便是天賦人受本然之良心。以其道所從出，故曰道心。形
> 氣自有生後，不免有身體嗜好，便生意念，此則由人而有，故
> 曰人心。道心自降衷稟具，隱於人心而無端，則自不覺，故云
> 微。人心發於感應，物交紛紜，而稍不自主易為擾動，故云
> 危。[63]

---

62 〔明〕徐三重：《信古餘論》卷2，頁18-19，總822。
63 〔明〕徐三重：《信古餘論》卷3，頁2，總829。

　　前以道心為天理，人心為道心在人間之表現，人心無欲時天理道心自現。人心有欲時，則天理道心不現，此則為溺於欲之人心。此段則由性命形氣之分別來說道心人心之不同。道心指性命為天道之所賦予人所受之良心，此良心自天命降衷而隱於人心，但人不易自覺，所以說「道心惟微」。人心指由形氣言人有之心，因有生以後便有嗜好欲念，故人心受外物紛紜擾動易有所感念，故曰「人心惟危」。因天道生人氣凝即理聚，人即有表現靈明知覺之良心與善性，故人將靈明知覺之心用於性命之正處，即為道心；將靈明知覺之心，溺於形氣之私處，即為人心。湛若水有云：

> 人只有一個心，曷嘗有義利兩個心來，但一念得正時，則為仁義之心；一念不得正時，則為功利之心。利心生於物我之相形，在軀殼上起念頭；仁義之心生於物我之同體，在本體上起念頭。[64]

　　心順氣化生理而有靈覺，此靈覺執於軀殼而起念，則為計較相對有限之利心。此靈覺若於本體上起念，則為絕對無限生理生德之仁心。故生生靈覺順性命，便是表現物我同體之道心，若依形氣，則成物我相對之人心，此則二氏之所同。

> 喜怒哀樂是情，乃心之所發，若略著己私，便不純出於本心。若只從本心發者，決不大段失事理之正，故發而中節只是合得事理之正。而從本心發者，卻可見即是性之動。以此知性原無

---

64 〔明〕湛若水：《甘泉先生文集》《甘泉全集》（臺北：臺灣大學圖書館善本書室，清同治5年資政堂本）卷20，頁30。

不中不正，而所發乃有不中不正，卻是因己私而違其本心耳。[65]

　　性是二氣相生不已之理，此性之發便是二氣旋生生物不測，於氣化中有各種實然表現之情。而心則是指性中仁義生理發為各種實然之情的感通作用。徐氏如此論心性情，是將三者皆立基於理氣渾成之實然層次言，非如朱子由理氣二分說形氣之心須認知形上性理，發為形下之情才正。而是由天地間元氣流行立論，性指天地氣化於人之生理，心指天地氣化於人之靈覺感通作用，情指天地氣化於人各種實然之言行。此中同於朱子的是在心性情三者關係之架構下，皆主張性由心發，心順理發為情。而異於朱子者則是理氣為一之性，由理氣為一之心發，心又順二氣之生理發為理氣為一之情。論述已由朱子理氣二分轉移到理氣為一的立場。

七　結語

　　本文先論太極與陰陽、五行之關係，確立太極為以二氣五行相生的方式，同時存於無形與形氣兩間之真實主體。而二氣因動靜有相生作用，又因互有老少變合而有五行，二五交感則生萬物，如此證成太極至萬物間之過程與位置。就中同於朱子的是太極還是主體，異處則在太極雖無形，藉天地萬物而為實。

　　次論道與理。以道為氣化流行之實體，是統宰形上形下兩間，是理氣渾一之實有。此與王廷相主張氣化流行，理在氣中為惟一真實主張相近。理是以理體氣用之形態，作為天道流行之真實理序。不似朱子只以理為形上之理，但與王廷相以氣為本，理只是氣化之條理亦未全同。

65　〔明〕徐三重：《信古餘論》卷3，頁12，總834。

　　論性則主張性為義理落於氣質之中，故其本不變，而承運義理之二五有變，故氣性亦不同。此較朱子只強調義理之性外，徐氏加強義理與氣質是一不二的說法。但與王廷相等氣本論相較，性中之道德義又明顯較強。心是氣化人身之靈覺，同時理從心發，心以理應事，如此便偏離朱子形下心認知形上理，心與理為二之路。其雖順朱子由性命形氣論道心人心，但朱子是性命與形氣二分，徐氏之性命形氣則在同一天道流行中。

　　總論其學，則是將太極、道理、心性皆立於理氣渾一之立場論述，非純以理為本，亦非純以氣為本者。

　　（此篇發表於2005年12月《書目季刊》第39卷第3期，頁55-76。）

拾參　吳廷翰的格物致知論

一　前言

　　吳廷翰《明儒學案》不具著錄。其生平著作據容肇祖先生於「吳廷翰的哲學思想概述」一文述云「吳廷翰字崧伯，號蘇源。生於明孝宗弘治三年（西元一四九一年），卒於明世宗嘉靖三十八年（西元一五五九年），南直隸無為州（今安徽省無為縣）人，卒年七十餘。著作有《吉齋漫錄》二卷，《櫝記》二卷，《甕記》二卷等」[1]容肇祖先生於《吳廷翰集》之前言又云「吳廷翰反對朱子的客觀唯心主義和王守仁的主觀唯心主義思想。他的著作，在他死後，雖印有蘇原先生全集，在中國卻很少流傳。而在日本，他的著作深受學術界的歡迎，流傳甚廣，影響也很深遠。值得尋思的是吳廷翰的著作在中國卻湮沒不著，四百多年來很少有人知道，這是值得重視的問題」[2]。「以氣即理，以性即氣」為廷翰思想之主旨。主張氣即是本體，亦即是道是理是太極是陰陽是性，視一切形上形下、內外之物皆只是一氣的說法。本文則由其物本論立場，對吉齋漫錄中所顯示的中庸格致、明德之學，及對朱子、陽明諸家的取捨，作一論述與探討，試圖對吳廷翰的思想能有一初步的認識。

1　容肇祖著，《容肇祖集》，（山東：齊魯書社，1989年9月1版），頁317。
2　〔明〕吳廷翰著、容肇祖點校，《吳廷翰集》，（北京：中華書局，1984年2月1版），前言，頁1。

二 明明德、親民、至善

> 明德，即是至善。以得之自然曰德，以理之本然曰善。善曰
> 至，德曰明，其義一也。……蓋人有此德乃有此身，有身則有
> 心、有意、有知、有物，而家、國、天下皆己德分內。故於物
> 則格，於知則致，於意則誠，於心則正，於家、國、天下則
> 齊、則治、則平，皆所以明此德。[3]

　　廷翰云「明德，在天為明命，在人為明德，而其本體則至善」[4]。
「明德」即至善本體，以得於天命自然為人之本質，故曰德。德曰
明，乃德極明之義，此明非有加於德之義。「至善」乃指出明德之本
體。至善源頭是『繼之者善，成之者性』，其上著至字，……謂善之
至，非有加於善」[5]。知至善乃善之至義，而善是源於繼善成性之天
道本體，是「理之本然」自為明德之本體！故明德乃人得於自然之至
善本體，而至善乃命於人為人明德之天理本然。朱子亦云「說明德處
云『所以應乎事物之間，莫不各有當然之則』，說至善處云『所以日
用之間者，莫不各有本然一定之則』」[6]。明德為應事之理則，此理則
來自天理。本然之至善；至善為日用本然之理則，此理則即命於人之
明德，故二者繼善成性之價值義相同，只一在天曰理之本然，一在人
曰天命明德。「人有此德乃有此身」，廷翰雖為物本體論，但仍以至善
為物本體之價值，以明德為人有此身價值上之先決條件，亦即在物本

3　〔明〕吳廷翰著，《吉齋漫錄》，收錄於〔明〕吳廷翰著、容肇祖點校，《吳廷翰
　　集》，（北京：中華書局，1984年2月1版），頁42。

4　〔明〕吳廷翰著，《吉齋漫錄》，頁52

5　〔明〕吳廷翰著，《吉齋漫錄》，頁42。

6　〔宋〕黎德靖編，朱熹撰，《朱子語類》，（台北：文津出版社，1986年12月初版。）
　　（二），頁378。

體論下，人仍是一道德的存在。進而心意知物家國天下，皆以至善為其本體，亦即莫非己德分內事。而格致誠正修齊治平，皆是明此德，即止至善之工夫，故不論由本質或工夫上言，明德即是至善。

> 「親民」只從程子作「新民」為是，或從古本作「親」。……夫百姓不親，乃其自相不親，敬敷五教，所以使之相親，非謂舜自親之。孟子「親親而仁民」豈有親民之理？「人倫明於上，小民親於下」亦是自相親意。……又曰「明明德必在於親民，而親民乃所以明德」。夫謂「親民所以明德者，必謂吾之父兄與人之父兄同一民，親吾之父兄與親人之父兄皆同一親，是墨子無父之道。[7]

廷翰從程朱而反陽明，以「親民」當作「新民」。其理在於「事吾之父兄是明德，而能盡孝弟有以及人之父兄而使人能孝弟，便是新民。民之孝弟，是人之自盡，吾有以教之」[8]，即以盡己孝弟為明德，亦教人使能盡其為孝弟之明德為新民，新民以教民之義為主。朱子釋新民有云：「上之人既有以自明其明德，時時提撕警策，則下之人觀瞻感發，各有以興起其同然之善心，而不能已」[9]。此亦以新民為盡其明德後再教民盡其明德，廷翰又云「若平天下章，則正是有以養其民而興教處。……蓋教養一理，自有先後。若說『新民』，則自能兼養；若止於說養，則遺卻教之一節」[10]知新民非僅教民亦兼養民之義！廷翰既以親民作新民，則對陽民據大學古本作「親民」之說深致

7　〔明〕吳廷翰著，《吉齋漫錄》，頁43。
8　〔明〕吳廷翰著，《吉齋漫錄》，頁44。
9　〔宋〕黎德靖編，朱熹撰，《朱子語類》（二），頁319。
10　〔明〕吳廷翰著，《吉齋漫錄》，頁44。

不滿。首先陽明對「敬敷五教」、「克明峻德」等大學文句釋為「親之」之義!廷翰則以為因百姓不自相親,舜才「敬敷五教,所以使之相親」[11],舜並未去親民。孟子亦只是親其親而無親其民之說!「小民親於下」亦是小民自相親之義,可知此諸「親」字皆非對百姓說親!陽明親民堂記有云:

> 人之欲明其孝之德也,則必親於其父而後孝之德明矣。欲明其
> 弟之德也,則必親於其兄而後弟之德明矣。……故明明德必在
> 於親民,而親民乃所以明其明德。[12]

陽明以為欲明其孝之明德,必親於其父而孝德始明,故先親民而後德明,即盡人性便是盡己性。可知陽明之親,指盡己與他人同之明德。廷翰之親指新有教養義,如「親民亦是明明德,即盡性;親民即盡人之性」[13],可知新民是先盡己明德本性,再使人盡其明德之性。故陽明與廷翰皆以至善為明德外,陽明是以良知上盡人我之明德為親民,廷翰則由現實上教養人我之明德為新民,故反對陽明「以親民為明德」,以為如此則必先親民而後可明德,違反大學「在明明德,在親民,則是自明明德而推以及人,先後之序曉然明白」[14]之旨。若親民作新民,則由明其明德進而推以及人,由盡己之性進而盡人之性,則合大學先明明德後新民之秩序。

> 親民之止至善,只在盡乎天理之極而無人欲之私上,不是必到

---

11 〔明〕吳廷翰著,《吉齋漫錄》,頁43。
12 〔明〕王守仁撰,《陽明全書》,(台北:台灣中華書局,1985年9月台四版),卷七,頁17。
13 〔明〕吳廷翰著,《吉齋漫錄》,頁42。
14 〔明〕吳廷翰著,《吉齋漫錄》,頁44。

> 天下平處言為至善。到則天下平處為至善，若堯舜亦是。蓋新
> 民而至天下平，則其教化浹洽深厚，時雍風動，亦自可見。然
> 堯舜新民，一念純乎天理，絕無人欲，乃為至善之實。[15]

廷翰又以兼教養之新民能至天下平處，批評陽明之親民至善不能至天
下平處！若堯舜既能純天理去人欲而為至善，又因其新民具教民養民
義，故可以到天下平處為至善！若如陽明親民說，只以盡天理絕人欲
為至善，不以至天下平處為至善，是因其親民不具教養義，故只停留
在內聖修為上，而欲達外王事功，尚須有現實之教民養民，如「新
民」之說者方為可能。綜上可知，廷翰將盡己性之明明德、盡人性之
親民，此與作為明德親民本體之至善，皆視為一。同時親民說又將純
理去欲等內聖修為與外王之天下平結合，同為至善之內容，此即其合
物我內外，形上形下為一之思想特色。

三 格物

> 蓋物固是事。物必有理，所以不曰格事、格理，而必曰物者，
> 蓋事涉作為，而物乃本體，理虛而物實，物有萬殊，而理則一
> 而已。夫格物若求一理，豈不簡易，然而萬殊則一理之變動，
> 亦不可不察。只於作為上求，亦不見物之本體，所以大學說格
> 物。[16]

明道以「物」為事，而格物乃至事之理，廷翰則以為「物」不當訓事
物之理。因事指涉種種作為，只於作為上求，只見各事之理是末，是

---

15 〔明〕吳廷翰著，《吉齋漫錄》，頁48。
16 〔明〕吳廷翰著，《吉齋漫錄》，頁45。

不見作為本的物之本體，且「只謂之物，事便在其中」[17]，所以「不曰格事」。又因「理虛物實，物有萬殊，理一而已」。若只求一理甚易，但萬殊乃一理之衍生變動而有萬理，故求一理而忽視萬殊有萬理，是求諸形上之虛忽略形物，各有其理之實，且「說理字便虛，便無物是實，便無許多條件，所以只說物為有著落，便實，便有許多條件」[18]本體之物雖亦有理，但只說理易偏形上玄虛，說物則如心意知物等萬殊皆是具體有條件可著實下工夫的物，故亦不曰「格理」而曰「格物」。知「事」偏作為是末，少本體之義，「理」偏形上之一，忽略形物之多，只有「物」既有形物之多，亦有本體之一的意義。故大學曰格物，不曰格事、格理。

> 夫物理在心，物猶在外。物之理即心之理，心之物即物之物。萬物皆備於我，天下無性外之物，故求物之理，即其心之理，求心之物，豈有出於物之物哉。若謂格理者為在外，則萬物非我，而天下之物為出於性之外矣。求為一本，而反為二本。[19]

廷翰以為若以物之理在心，則表示物在心外，是心物為二。因「天下之理一」，故物之理即心之理，心與物所具之理是一，又因「萬物備我，天下無性外之物」，所以心中之物與外物之物亦同，如此心與物之理是一，心與物之物亦一，則所求心中之物，自然和心中之物相同的外物之物是一。故曰「求心之物豈有出於物之物」。若如陽明所云「格理者在外」，則求理者在外，違反廷翰心之物即物之物，故心物為一的原則。因內心與外物在皆出於物本體之原則下，自

---

17 〔明〕吳廷翰著，《吉齋漫錄》，頁46。
18 〔明〕吳廷翰著，《吉齋漫錄》，頁45。
19 〔明〕吳廷翰著，《吉齋漫錄》，頁45。

無格理者在外之可能，否則便是有物出於性之外，不合「天下無性外之物」之旨。然陽明雖亦言心理合一，實則思想結構與廷翰大有不同，所言「格理者在外」之心，實與所格之理是一而非在外。如云：

> 朱子所謂格物云者，在即物而窮其理也。即物窮理是就事事物物上求其所謂定理者也，是以吾心而求理於事事物物之中，析心與理為二矣。……若鄙人所謂致知、格物者，……致吾心良知之「天理」於事事物物，則事事物物皆得其理矣，致吾心之良知者，致知也。事事物物皆得其理者，格物也。是合心與理為一者也。[20]

陽明以為朱子以個人氣之靈的心知去求普遍涵且於事物中之天理，去求之人心與被求之天理，明白為二。而陽明則主張致其具普遍性之吾心良知之天理於事物，使任一事物皆得此合於吾心良知之天理為格物。如此天理既在吾心，亦在事物中，則心理是一。綜上所言，廷翰是以物為本體，故物之物與心之物同，而心之理與物之理亦同，是無內外分別的心物為一。陽明是以心為本體，使心之理與外物之理同的心理為一。朱子則是由形下心知透過格致工夫去接近形上理的心理為二。但因廷翰以物為本體與陽明以心為本體在本質上有差異自會由合內心之物與外物之物為一的物本論心物是一論，批評陽明內心之理與外物之理為一的心本論心理是一者為「格理者在外」，又云「明道曰『致知在格物。格，至也，窮理而至於物，則物理盡』，亦有未備處」。[21]因而對明道以「窮理至物」為格物說法，亦有所修正。其云：

20　〔明〕王守仁撰，《王陽明傳習錄與大學問》，（台北：黎明文化事業公司，1986年11月初版），頁68-69。

21　〔明〕吳廷翰著，《吉齋漫錄》，頁45。

格物只以為至物為當。……但程朱之訓與此少異。蓋格只當訓至，不必以為窮至；物只當作物，且不必為事物之理。蓋物必有理，言物則且言格，言理則當言窮。格物工夫有漸次，窮理工夫無漸次。格物正是自知而行，有先後；窮理則是合知行而一，更無先後。[22]

廷翰以為格訓至，不必如明道作窮至；物即物不必如明道作「事物之理」。因物是萬殊之事物對象，須「至」到此事物對象上才能見得此理。理則是形上之一是虛，不如物著實有工夫下手處。如此便可「使致知者一一都於物上見得理，才方是實，……故必驗之於物而得之於心，乃為真知，此正聖賢之學，所以內外物理合一處」。[23]致知者能使其知至於物，而驗於物，使物之理得於心，此乃聖學之真知，特色便在訓格物為至物，使知由外至於物而得物內之理，而成「內外物理合一」。然「明道云『窮理而至於物，則物理盡』」[24]是以格物為至物窮理。廷翰則以為物必有理，言物須言格，言理當言窮。格物與窮理不同──因「致知在格物」指須先致其知至於物，才是驗於物得於心之真知，是「自知而行」，此中工夫有先後秩序！「窮理是聖人分上事，格物是學者分上事。窮理自一理上便了，格物須物上見得此理，有實地，然後漸次可進。凡學，皆為學者言，故大學自格物、致知以至於平天下，皆有節級。」[25]因窮理工夫「合知行而一，無先後」秩序，故理雖當窮，卻只有窮理盡性至命是一的不須學之生知聖人，才可自一理上便了。而格物工夫是由格物致知之知進而誠意正心修身的

22 〔明〕吳廷翰著，《吉齋漫錄》，頁47。

23 〔明〕吳廷翰著，《吉齋漫錄》，頁45。

24 〔明〕吳廷翰著，《吉齋漫錄》，頁45。

25 〔明〕吳廷翰著，《吉齋漫錄》，頁45-46。

行，則是學者有節級漸次以進的為學工夫。廷翰以大學本是聖人為學者立教處，故對學者言，言格物，較明道云之格物窮理為佳！對廷翰思想有影響之王廷相亦有云：

> 格物之訓，程朱皆訓至字。程子則曰「格物而至於物」此重疊不成文義。
> 朱子則曰「窮至事物之理」是至字上又添出一窮字。聖人之言直截，決不如此。[26]

此亦明白不以窮理訓格物。唯朱子亦不以格物為窮理，朱子云：

> 《大學》所以說格物，卻不說窮理。蓋說窮理，則似懸空無捉摸處。只說格物，則只就那形而下之器上，便尋那形而上之道，便見得這個元不相離，所以只說格物。[27]

朱子以器上尋理為大學格物之旨，以窮理為懸空，是近於廷翰以驗於物得於心的著實工夫為格物，反對生知聖人不須學即可自一理便了之窮理的看法。廷翰又云：

> 理字虛，物字實，不言物而言理，則致知工夫猶無著落。……夫萬物皆備於我，天下之物何一而非我？我之身何一而非物？原無內外彼此之可言也。若疑傳註格物之訓為在外，是以物為

---

26 〔明〕黃宗羲編撰《明儒學案》（下）：收錄於《黃宗羲全集》：（台北，里仁書局，1987年4月出版），第八冊，頁1177。
27 〔宋〕黎德靖編，朱熹撰，《朱子語類》（四），頁1498。

外也。物在外，格之者將亦在外乎？[28]

致知工夫用於物是有條件可著實的，用於形上之一理則無條件無著
落，偏於虛一邊。而物則因「萬物備我」，故物我是一，不分內外彼
此。所以若如陽明以物為在外，則格之者亦在外，則格者，物字皆在
外，不合物我無內外分別之則。故物既是事，亦是理又能為致知工夫
實下手處，且無內外彼此分別之偏，故不曰格事、格理，而以曰格物
為當。廷翰又云：

> 格物之物，自《大學》之道言之，則道是一物，學亦一
> 物。……自道字一路言，則即物是物；自學之一路言，則即事
> 亦物，要在活看。致知在至物，則自誠意以至於平天下，物皆
> 在其中。[29]

前已言物無內外彼此之分，故作為本體之道是一物，作為工夫之學亦
是一物。以至明德、新民、誠意、正心、修身、齊家至平天下等皆是
一物。唯物雖無內外之分，然自本體之道看，明德、新民，任一物皆
是物本體之物！故曰「即物是物」，指心意知物任一物皆是物本體是
道，無物我之分。自工夫之學看，格致誠正任一事，皆物本體之事，
故格致等工夫用在事上，即為真實的用在物本體之工夫，故曰「即事
亦物」。但不論「事」或「物」皆指物本體之事或物。亦即說物，則
道、學皆是物，說本體工夫，則道是物之本體，學是物之工夫，合言
之，則物無內外彼此之分，要在活看立言之角度。可知廷翰格物說從
朱子言格物不言窮理之說，不採明道以格物為窮理之說，更不採陽明

28　〔明〕吳廷翰著，《吉齋漫錄》，頁46。
29　〔明〕吳廷翰著，《吉齋漫錄》，頁46。

格物者在外之說。但由其物本論觀之，所言格物是至物本體得物本體之理之合內外物理為一的模式，仍與朱子由器上尋理有形上下分別之說法有異。

四　致知

> 蓋「致知」之「致」，與「知至」之「至」不同。「致知」是推極其知，乃用功字；「至」字則知已到極處，是成功字。……「物格」但言知至於物，言知之有物，乃知之著實處。「知至」則極其知之謂。[30]

廷翰以為「致知在至物，物至而知亦至」[31]故欲「物格而後知至」須先「致知」。朱子云：「致知，是推致到極處，窮究徹底。……如這一個物，四陲四角皆知得盡，前頭更無去處，外面更無去處，方始是格到那物極處。」[32]對物之知推致到四方內外無餘蘊之極處才是致知。而窮究徹底之推致便是致知之用功義，故「致知是推極其知」。而知「至」則指所致之知已成功到達「眾物之表裏，精粗無不到，而吾心之全體大用無不明。此謂知之至」[33]的地步。另外「格物」之「格」訓「至」、又與知至之「至」訓「極」亦不同。因「物格」指知至於物，而「知之有物」言知能著實「至」到其對象之物，與知已到極處的知「至」有不同。可知致知之「致」乃用力推極之義；知至之「至」乃成功已極之義；而格物之格訓「至」是因「吾之知若不至

---

30 〔明〕吳廷翰著，《吉齋漫錄》，頁47。
31 〔明〕吳廷翰著，《吉齋漫錄》，頁46。
32 〔宋〕黎德靖編，朱熹撰，《朱子語類》（二），頁390。
33 〔宋〕朱熹撰，《四書章句集註》，（高雄：復文圖書出版社，1990年9月初版），頁7。

物，則是空知，正是有一個知，須有個物」。[34]即知有一對象物，才可致此知「至」於此物。而「不必以為窮至」[35]如程朱之訓。同時亦批評陽明訓為正物。其云「人方為學之始，知尚未致，何從而知物之正與不正？況其為說『正其知之物，正其意之物』夫一切既已正之矣，然而格物之前，不知曾下何等工夫？乃能使物之能正如此也？」[36]因大學之教以格物為用功之始，再及致知、誠意、正心等，故物未格知無從致，自無從「正」物。羅欽順亦曾批評陽明云：

> 致吾心良知之天理于事事物物，則事事物物皆得其理矣。致吾心之良知者致知也，事事物物各得其理者格物也。審如所言，則大學當云格物在致知，知至而後物格。[37]

致吾心之良知於事物使皆得其理，是先致知而後物格！如此陽明雖然於格物有前致知工夫，避免廷翰以為格物前無從知「物之正與不正」之惑！命又改變了大學格致先後之序，故欽順、廷翰仍主以格物為大學工夫之始。以致知為推極其知，是要「致知者一一都於物上見得理，才方是實。蓋知己是心，致知只求於心，則是虛見虛聞，故必驗於物而得之於心，乃為真知，⋯⋯所以內外物理合一處。」[38]致知若只求於心如陽明所云「致吾心之良知者，致知也。」[39]則是虛見虛聞，是不知心之理即物之理，不知須驗於物得於心，使致知者一一都於心意知物上見得理，使內外物理合一者才是真致知。故云「致知在

34　〔明〕吳廷翰著，《吉齋漫錄》，頁47。

35　〔明〕吳廷翰著，《吉齋漫錄》，頁47。

36　〔明〕吳廷翰著，《吉齋漫錄》，頁50。

37　〔明〕黃宗羲編撰《明儒學案》（下），頁1139。

38　〔明〕吳廷翰著，《吉齋漫錄》，頁45。

39　〔明〕王守仁撰，《王陽明傳習錄與大學問》，頁69。

格物者，以見致知即是至物，至物乃為致知，……言知只在物，則不可求知於物之外。」⁴⁰意指用力推極其知即是知至於物。亦即致知此工夫必用在至到心意知物等「物」上，才是真推極其知，是著實於「物」上的致知實學。且因物無分內外彼此，故知只須至在此物本體上，而不須求知於物之外，否則知不能至物只是空知。故在其物本論立場，反對陽明一切只求於心，不肯向物上體察的致良知說。

> 大學之教：「欲誠其意者，先致其知，致知在格物」蓋謂致知不至於物者，則想像無實，恐流為虛。誠意不致其知，則察識不真，恐流為妄。夫其曰格、曰致，已是在物與知上用工夫，便已收斂近裏。故程子曰：「格物者，適道之始，以收其心而不放也」。又曰「格物者，但立誠意以格之」。……況格物致知，……即是切蹉之學，即是惻憯，有不必言誠而敬亦無不在者。⁴¹

廷翰從朱子以大學為學，秩序是格、致、誠、正、修、齊、治、平，循此節級漸進用功。反對陽明以誠意為大學首要工夫，反置格物、致知於誠意之後的說法。故從大學原文秩序為說，以為當先至物後再推極其知，知才著實不虛；欲誠其意必先推極其知，才能使察識真切不妄。如此格工夫用於物，致工夫用於知，都有收斂於專一方向用功之義！程子以格物為大學適道之始，即因收斂其心於適道之路是為學之首要工夫！而立誠意以格物，亦有專一收斂之義。可知格致之學本即有收斂專一，有不必言誠而敬亦無不在」之義。朱子亦云「伊川謂『學莫先於致知，未有致知而不在敬者。』致知，是主善而師之；

---

40 〔明〕吳廷翰著，《吉齋漫錄》，頁47。
41 〔明〕吳廷翰著，《吉齋漫錄》，頁48-49。

敬，是克一而協之」[42]此亦以格致工夫當以主一之敬為主。然陽明於
大學古本序中則以格致工夫當以誠意為主。其云：

> 大學之要，誠意而已。誠意之功，格物而已。至善者心之本體
> 也，意者其動也，物者其事也，致其本體之知而動無不善。然
> 非即其事而格之，則亦無以致其知。故致知者誠意之本也，格
> 物者致知之實也，物格則知致意誠而有以復其本體。故不務於
> 誠意而徒以格物者謂之支，不事於格物而徒以誠意者謂之虛，
> 合之以敬而益綴，補之以傳而益離。[43]

陽明以致知指致至其本體之知，使其知動無不善！即誠其意之義。格
物指即其事而致其本體之知以正事，即致知之實。合言之，格物是為
有以致其本體之知，而致本體之知是為使本體之知動無不善，亦即
「物格則知致意誠有以復其本體。知陽明以誠意為格致之本，故對朱
子不主誠意而以敬為格物之本謂之支。對朱子不即其事以致其知誠其
意，而只以敬為誠意工夫謂為虛；對朱子以敬為格致誠正之工夫，批
評為「合之以敬而益綴」。

> 朱子以敬為《大學》之本，其曰：「敬者一心之主宰，而萬事
> 之本根也。蓋此心既立，由是格物、致知，……則所謂『尊德
> 性而道問學』；由是誠意、正心以修其身，則所謂『先立乎其
> 大者而小者不能奪』；由是齊家、治國、平天下」《大學》之八
> 條目，敬蓋無一時而不在，無一事而不有也。然則其為格物致
> 知之學，必有所謂主一無適者焉，必有所謂其心收斂不容一物

---

42 〔宋〕黎德靖編，朱熹撰，《朱子語類》（二），頁402。
43 〔明〕王守仁撰，《陽明全書》，卷七，頁12。

者焉，必有所謂常惺惺者焉。思慮精明而不雜，心體管攝而不放，如此而致知格物、誠意正心修身，又何支離之有？《古本序》謂「合之以敬而益綴」……而何綴之有？[44]

廷翰從朱子以敬為格致誠正之本。使敬既無事不有，無時不在八條目中，自然無陽明所謂支離之病。同時又不須變動大學格致誠正秩序，所謂「《大學》以明德、新民、止至善，統言其道，其下八者明是條目，一節一節各有工夫，各有次第」[45]。故自然反對陽明以誠意為格致工夫之主的說法！唯朱子以性為形上天理，心為形下氣之靈。廷翰則以性為物之本體，心為由性出之血氣精靈，所謂「心之初生，由性而有」[46]。二氏之性不同，但心之內質則相近，故廷翰仍從朱子以專一凝攝清明之敬為心之主宰。無時無事不以敬通貫於格致誠正修齊治平之工夫中，自無「益綴」之病！朱子曾釋敬云：

> 主一無適，又說個整齊嚴肅。整齊嚴肅，亦只是主一無適意。且自看整齊嚴肅時如何這裏便敬。常惺惺也是敬。收斂此心，不容一物也便是敬。試自體察看便見，只是要教心下常如此。[47]

體察此心專一嚴肅，不之東不之西是敬，收斂此心使之清明不容一毫私欲是敬，使「思慮精明不雜，心體管攝不放」亦是敬。廷翰又云：

> 如切如磋者，道學也。如琢如磨者，自修也。瑟兮僩兮者，恂

44　〔明〕吳廷翰著，《吉齋漫錄》，頁49。
45　〔明〕吳廷翰著，《吉齋漫錄》，頁52-53。
46　〔明〕吳廷翰著，《吉齋漫錄》，頁23。
47　〔宋〕黎德靖編，朱熹撰，《朱子語類》（二），頁371。

慄也。」……是恂慄也，以之學者此也，以之自修者此也。所
謂學，即是……格物致知；所謂自修，即是誠意正心修身，以
此可見敬之一字該《大學》之八事。然此恂慄亦只〈文王〉之
詩之所謂敬止」。……夫仁、敬、孝、慈、信雖有五者，在聖
人則只是一個明德，一個至善，一個敬；學者為之，則只是一
個學，一個自修，一個恂慄。[48]

恂慄是格致誠正修之門學自修工夫，且恂慄又是敬，故敬自該大學八
條目。仁敬孝慈信雖不同，對窮理盡性至命合下便了，工夫無漸次之
生知聖人，卻只是一明德一至善、一敬而已。對先格致以學再誠正修
以行，工夫有漸次的學者言，大學八條目亦仍只是一個學、一自修、
一恂慄。因學、自修、恂慄工夫只一敬，可貫八條目中依序漸次達到
聖人學行合下便了的境界。故生知聖人、學知困知之學者，工夫亦只
須一個敬，自無支離、益綴之病。

> 《傳習錄》謂……「誠意的工夫只是格物致知，若以誠意為
> 主，去用格物致知的工夫，即工夫始有下落……，無非是誠意
> 的事。如新本先去窮格事物之理，即茫茫蕩蕩都無著落處，須
> 用添個敬字，方才牽扯得向身心上來，然終是沒根源。」……
> 此說似是而非。傳曰：「穆穆文王，於緝熙敬止」。此敬字原是
> 《大學》有的，……不曾有人添如格物致知，則敬在格致字
> 上，如誠意，則敬在誠字上。……今必以是二者置於誠意之
> 先，是必誠意之先不可無此格致。況敬用于格致不須添；誠意
> 用於格致反為添。[49]

---

48 〔明〕吳廷翰著，《吉齋漫錄》，頁51。
49 〔明〕吳廷翰著，《吉齋漫錄》，頁50。

陽明批評朱子新本之窮格事物之理，是無著落而以格物為至物而非窮理的廷翰，對此亦無異議。唯陽明以誠意為格物致知工夫的主腦，亦即意誠才可致知，致知才可正物，如此格物致知即是為善去惡，無非是誠意的事。故反對朱子不以誠意為工夫根源，而憑空添個敬字作為格致之工夫。廷翰則舉大學經文所引之「緝熙敬止」[50]句，證明敬字為大學本有，非朱子外添者，以反駁陽明。並以為敬之工夫可直接通貫大學八條目中，不須改動秩序，故云「大學八者明是條目，一節一節各有工夫，各有次序，安得倒行逆施？」[51]。但若如陽明以誠意為主，則須先誠意才可知致格物，則是顛倒大學經文明白以格致「置於誠意之先」的秩序。故廷翰云「大學之誠意要先致知，……而今說格物以誠意為主，則反越致知而必尋誠意以為主」[52]意即知致而後意可誠，若不言知致，直以意誠即可正物，則少了致知一關，不知其意果能誠否？所發之知果真善否？故不如以敬貫格致誠正上為著實有序，不易顛倒失據！可知廷翰在其物本論的思維下，視陽明大學古本序以誠意為主之說，是改動大學格致誠正原本之秩序者！而以朱子之敬貫格致誠正，為不更動大學原本秩序者，故主張以朱子之敬取代陽明之誠意為工夫首腦。

五　慎獨

　　《大學》、《中庸》只是一個學，一個工夫，自格物以至於平天下，自戒懼以至於致中和，一而已矣。但《大學》是直去的工

---

50 《禮記・大學》收錄於《十三經注疏》、（台北：藝文印書館，1976年5月6版，頁984。
51 〔明〕吳廷翰著，《吉齋漫錄》，頁50。
52 〔明〕吳廷翰著，《吉齋漫錄》，頁52。

夫，故有秩序；《中庸》是橫貫的工夫，故無秩序。其實格致
誠正修齊治平，到底只是個戒懼，其所用亦只在格致誠正修齊
治平上見得。若慎獨，亦只在戒懼裏面的，為幾之發動處，又
為緊要所以提出。[53]

廷翰以聖人是窮理盡性至命合下便了故不須學。大學中庸則是聖人為
學知、困知者所立之學、工夫。即無論大學之格致誠正修齊治平有節
級秩序之直去工夫，或戒懼慎獨而致中和，無節級秩序之橫貫工夫，
皆是學者為學「一而已矣」之工夫，所謂「大學自格物以至修身，乃
其自然之序，順而施之經也。若戒懼慎獨，則格致誠正自然之功。橫
而貫之緯也。」[54]格致誠正與戒懼慎獨雖有工夫上順秩序與無秩序之
差別！但經緯縱橫只工夫方向之不同，自工夫主體自身言，仍同只是
一個學，一個工夫。亦即格致誠正若不論其先後秩序，則與戒懼便皆
是著實於明德、至善的修養工夫。故廷翰不強調格致與戒懼之秩序或
方向，只強調二者同為學者問學自修的一個工夫！二者並行不悖。互
資為用，以期達到聖人窮理盡性至命，知行是一，無內外物理之別，
只是一個明德、一個至善、一個敬的境界。「慎獨為幾之發動處」指
慎獨是慎其幾之發動，遏人欲於將萌，較用在不睹不聞之道體的戒
懼，須更加敬謹的工夫，廷翰又云「所謂恂慄，非即戒慎之謂
乎？……此恂慄亦只是文王之詩之『敬止』。」[55]以戒懼慎獨合為恂
慄，因恂慄於學者只一個格致之學，一個誠正修之自修。如此大學之
格致誠正與中庸之戒慎致中和，與淇澳詩之學、自修、恂慄皆是學者
為學之工夫。又因恂慄亦是「敬止」，故在學者之格致、戒慎、恂慄

---

53 〔明〕吳廷翰著，《吉齋漫錄》，頁51。
54 〔明〕吳廷翰著，《吉齋漫錄》，頁53。
55 〔明〕吳廷翰著，《吉齋漫錄》，頁51。

之工夫，在合下便了的聖人，便亦只是一個明德、至善、敬而已。如此格致戒懼之工夫，便是至善、敬之本體；至善、敬之本體便亦是恂慄、學自修之工夫，本體工夫充拓到自然純熟亦只是一而已！可知廷翰在形上下內外為一的物本論的思維下，自會合大學中庸之工夫為一，進而合本體工夫亦為一！

> 《大學古本問》謂：「誠意是慎獨工夫，在格物上用，猶《中庸》之戒懼。」……又謂「誠意工夫實下手處，惟在格物，……以『瞻彼淇澳』詩當之。」……夫既以誠意只是慎獨工夫，在格物上用，則所謂「如惡惡臭，如好好色，此之謂自慊，故君子必慎其獨」，乃其所謂工夫實下手處，即是格物。……夫淇澳之詩，所謂切磋琢磨，道學自修，是格致、誠正、修身之事，未見專為格物言也。[56]

陽明有云：「無事時固是獨知，有事時亦是獨知。人苟不知於此獨知之地用力，只在人所共知處用功，便是作偽，……此獨知處便是誠的萌芽」[57]。指不論有事無事皆當慎此獨知，因此獨知處便是良知本體便是誠其意之始，故曰誠意是慎獨的工夫，猶如中庸戒懼於不睹不聞處之工夫。而欲致其良知使意之動無不善，必即事以正之，如淇澳詩所引切磋琢磨之事，便是即事以致其良知，使意之動無不善的誠意工夫下手處。唯廷翰以為陽明以誠意是慎獨之工夫，那麼惡惡臭好好色的慎獨工夫用在於惡臭與好色之事上，便是格物。故不須再取淇澳之詩為格物。蓋因淇澳詩所引之切磋是格物致知的問學工夫，琢磨是誠正修的自修工夫，是格致誠正修身之事，非專為格物而言！朱子

---

56 〔明〕吳廷翰著，《吉齋漫錄》，頁52。
57 〔明〕王守仁撰，《王陽明傳習錄與大學問》，頁56。

亦云「『如切如磋道學也』，卻以為始條理之事；『如琢如磨自修也』，卻以為終修理之事」[58]。指切磋是問學工夫，是格物致知，屬知是先，為始條理之事，琢磨為自修工夫，是誠正修屬行是後，為終條理之事。如此為學之知行，條理先後一貫，格致誠正次第有序，正大學不易之張本。

綜言之，陽明以淇澳詩之切磋琢磨，便是即事以正使意動無不善之慎獨工夫，便是格物。然廷翰則以為淇澳詩之切磋，是有先後秩序之格致誠正修之工夫，不能專視為格物之工夫！另外廷翰合大學中庸工夫為一，亦以格致、戒慎、恂慄工夫與明德、至善、敬本體是一與陽明視誠意為慎獨亦是格物，以之合大學中庸之工夫，在本質、工夫進路上皆有不同。

六　知行

> 知行常在一處，自有先後。故謂知得一分便行一分，知得二分便行二分，知到十分，蓋進得一分知，則自進得一分行。如是則知至而行，即次之，固未嘗必要知到十分然後行，方從一分而始。……所不取以致知為力行之說者，謂其知得一分便以為行得一分，知得二分便以行得二分，其始也以行為知，其流也以知為行，……其終只成就得一個虛偽。[59]

廷翰的知行觀，以知行常在一處，但非陽明之「知一分便行一分」的知行是一說，而是先知後行的。以為知得一分，自會行得行一分，亦即知已到極處的「知至」後，才知如何行，知為行之先導判準。但知

---

58 〔宋〕黎德靖編，朱熹撰，《朱子語類》（二），頁389。

59 〔明〕吳廷翰著，《吉齋漫錄》，頁54。

行又不可截然分為二物，因「天下只是一個道理、一個學問，但其工
夫自有知行兩端。其兩者正所以為一」。[60]天下學問只一故知行只是一
個工夫之先後，其兩端仍只是一。又云「必須誦詩讀書，多識前言往
行，以我之心求古人之心，以古人之心感我之心，方才有得」，「此聖
人之教所以必是格物致知以至於誠意正心修身，其尊德性亦須道問學
而後得」[61]。廷翰以學者為學知非生知者，故須格致以學知才可知
道。薛瑄亦云「知理而行者，如白晝見路分明而行，自無差錯；不知
理而行者，如昏夜無所見而冥行，終未免有差」[62]。知行須兼盡只一
工夫、但須知先行後，否則必積累知到十分才行一分，會有知行互相
等待甚或中斷之弊，則知行仍是二非一。因廷翰以為人受氣稟所限，
有聖人生知，學者學知困知等分別，非如陽明所謂人皆有天德良知
般。但學者可由格致誠正等道問學工夫上達聖賢尊德性境界，故主先
知後行，由道問學而尊德性。實則先知後行是工夫是過程，目的則是
明至善之境界。亦即道問學是尊德性之工夫，尊德性由道問學工夫而
來，故道問學尊德性與知行，其實只是一個天理，一個學的先後兩端
工夫！

> 蓋知行決是兩項，如治骨角者一切一磋，以為切不可不磋則
> 可，以為切即是磋則不可，治玉石者一琢一磨，以為琢不可不
> 磨則可，以為琢即是磨則不可。……則知之與行，自有先後，
> 自有作用，但不可截然為二途，豈可混而一乎？[63]

60　〔明〕吳廷翰著，《吉齋漫錄》，頁55-56。
61　〔明〕吳廷翰著，《吉齋漫錄》，頁55。
62　〔明〕薛瑄撰《讀書錄》，收錄於《薛瑄全集》，（山西：人民出版社，1990年第1
　　版），下冊，卷四，頁1108。
63　〔明〕吳廷翰著，《吉齋漫錄》，頁56。

廷翰又以治骨角之先切後磋工夫喻知行。治骨角須先切再磋，此不易
之理序，若以切即磋則將工夫先後秩序混淆泯沒。然先切後磋之工
夫，正如知行關係，須先明理才知如何行，有格致的作用，行有誠、
正、修的作用，知行同為聖人教人格致誠正修，雖各有先後之秩序，
但又是知一分便行一分的一個工夫！又云「知行兩處用工，而本則
一。若以知即是行，則人之為學只是力行便了，又何必致知？其以為
必用致知者，正以即行有不當，欲求其當，非知不可」[64]。因欲求其行
合理，故須先致其知，知其所行者合理再去行，則所行無不當，故知
行是一個完整工夫的先後兩端。「吾儒則人倫物理色色都在眼前，皆
是吾性吾心，實有此物，……故不離乎外而自得乎內是為一本」[65]。
指外之人倫物理與內之古今同然之心，只是一個理、一個學的內外，
而「知行兩處用功、亦雖有先後，內外分別，實則在廷翰內外物理為
一之論點下，仍只是一個理、一個學，只是一本而已。陽明有云：

> 今人學問，只因知行分作兩件，故有一念發動，雖是不善，然
> 卻未嘗行，便不去禁止。我今說個知行合一，正要人曉得一念
> 發動處，便即是行。[66]

陽明以人皆有天生良知，致其良知固是知，良知一動念便亦是行了。
由陽明主觀之良知，知行皆良知之表現，自然是一。但廷翰是客觀之
格致論，主張「知至而行」，即先知其理才不至冥行，故既以知行分
兩端以與陽明知行是一區分，又以先知後行表遠其重視朱子之道問學
工夫，而非陽明之尊德性。基此立場，自然批評陽明的以知為行。因

64　〔明〕吳廷翰著，《吉齋漫錄》，頁56。

65　〔明〕吳廷翰著，《吉齋漫錄》，頁57。

66　〔明〕王守仁撰，《王陽明傳習錄與大學問》，頁126。

為必致良知適表其行有不當，故須良知以正之。又因知行是一，行有不當則表知亦不當矣！復批評陽明「知良知者只是良知」[67]之說，以為能知良知之良知，唯生知聖人才可能，學知困知之學者受氣稟限制無法知其良知之果良否？故良知說不可行。在有氣稟的限制下，對學者言，先有格致之知，再有誠正修之行，才是知本之學。

> 若謂「真知即所以為行」，則曾子即是孔子，子思已是至誠聖人。……若謂「不行不足謂之知」，則孔孟於此猶有未知乎？……又說「知之真切篤實處即是行之明覺精察處即是知，此為知行本體」。《書》曰「知之非艱，行之惟艱」，明知行難易。……孟子：「始條理知之事，終條理聖之事」明言知先行後。[68]

廷翰以為真知不須行，因由耳目見聞實以德性之知才是真知，不須行便可知！故批評陽明「真知即所以為行」，良知固是知，良知一動便是行的知行合一說！又以為未行也可知，因由格物以致知即可知，未必要篤行才可知，故批評陽明「不行不足謂之知」知念雖惡，但未行惡，便非良知之說。實則廷翰是先求知識再進至實踐道德的路數，自對陽明直接由實踐去體證道德的路數不滿。而對陽明「見好色屬知，好好色屬行，只見那好色時已自好了，不是見了後又立個心去好」[69]亦即知之真切即是行，行之明察即是知的知行是一本體說。則舉書孟子之言為例，以為當是知行為二。如書謂知易行難，故先由易之知下手，而知得一一分便會行得一分，而行之難因已先知，故可預

67　〔明〕吳廷翰著，《吉齋漫錄》，頁56。
68　〔明〕吳廷翰著，《吉齋漫錄》，頁62。
69　〔明〕王守仁撰，《王陽明傳習錄與大學問》，頁6。

先由格致工夫對治之。若孟子謂知先行後，乃因須先知此條理，此條理才可被明確實行。綜言之，知行雖是一個工夫之兩端，有先後難易之分別，但又因其知一分便行一分，故其本則仍只是一。

七　德行之知

> 德性之知，必實以聞見，乃為真知。蓋聞見之知，自是德性所有。……嬰孩始生，以他人母之而不識，長則以他人為母，終其身不知。……故嬰孩之知，必假聞見而始知。其呼父母與飲食，皆教詔之。以此可見德性之知，必由耳目始真。[70]

廷翰對宋明儒學常論及之德性與見聞之知的課題，亦本其內外物理是一的物本體論，以為「聞見之知，自是德性所有」。因為聞知是外是格致之知，德知是內是本心之知，當合外之格致見聞，與內之德性心知才是合內外之道的一本真知，故舉嬰孩之知父母，皆由見聞教詔為例，「可見德性之知，必由耳目始真」。此因人心由耳目以見聞思慮，故由耳目而知之知才是不虛玄而可著實的，且只有心而無耳目，則心知亦無管道可得知！故若以見聞實於德性之知，使見聞之知由德性而發，此方是合內外一本的真知。亦可消除陽明以內在德性為真知，忽略外在聞知而有一偏之病！王廷相亦有云：

> 父母生之，孩提而乞諸他人養之，長而惟知所養者親，塗而遇諸父母，視之則常人焉，此可謂天性之知乎。近儒好高之儒，則出德性之知以為知之至，而卑學問思辨之知為不足而不

---

70 〔明〕吳廷翰著，《吉齋漫錄》，頁60。

至。」⁷¹

知王廷相亦以所謂父子之親的德性之知，須由見聞之知而來，否則無見聞思慮與天性之知相合，亦不成其為德性之知。實則廷翰物本論之心，只是血氣之靈，自無陽明之德知有價值上分判是非善惡之能力，即廷翰之心本不能有如陽明般的德知。但仍順王廷相之說，將陽明所謂之德知加上外在之聞知，成其異於陽明本義之另一種物本論之德知。如陽明即有云：

> 主意頭腦專以「致良知」為事，則凡多聞多見，莫非致良知之功，蓋日用之間，見聞酬酢，雖千頭萬緒，莫非良知之發用流行，除卻見聞酬酢，亦無良知可致，故只是一事！⁷²

陽明以見聞乃良知之發用，良知非由見聞而有，亦不離於見聞，如此見聞亦莫非致良知之功。然陽明重在致其良知於日用之間，非指欲致其良知須求之於見聞上。即陽明之良知是以見聞為其所發用，良知是本，日用是末。而廷翰「德性之知必實以聞見」則是無內外本末之分的物本體論的德性之知，二者在本質、作用上皆有不同！廷翰亦對象山之「先立其下」有所批評，其云：

> 孟子蓋曰：「心之官則思，思則得之，不思則不得」。夫思則心也，思豈心乎？故心思而得之，然後心為可立，則思而立者心也，思而得之者非心也，性也。故曰「仁義禮智非由外鑠我，

71　〔明〕黃宗羲編撰《明儒學案》（下），頁1176。
72　〔明〕王守仁撰，《王陽明傳習錄與大學問》，頁97。

我固有之，弗思耳」。以此見得必此心能思，而盡心而知性，
然後為能立乎其大者。陸子但求本心，於思字尚欠一格。[73]

廷翰以思為心之作用，思本身並非心。心由思的作用可得性此才是
立。即心由思以得性，是心所以立之目的。但思而得者是性而非心。
故心能思以知性，便是盡心以知性，知性便是知天道大本，如此方可
謂「先立其大」！但象山不知由心之思以立大本之性，而直以心為天
道大本，忽略當以性為天道大本，此失即來自對思之作用不解而有。
廷翰又云「蓋其求與立須是學問，從性上頭來。從性上頭來，然後知
所以立知，所以求。其實立之求之雖只是心」[74]。求放心與立此心皆是
學問工夫，但工夫須植基天道大本之性上頭才真實有据。此因能立能
求之心由性出，心既由性出，故心思之作用，便在知心所以立者是
性，所以求者是性。如此能立能求者雖是心，但心所以能立能求，必
須在知性養性上用工夫，才能有盡心存心之功。唯象山只求本心，其
失在既不知本心如孟子般有思之作用，更不知心之思而得者是性而非
心。羅欽順亦有云：「所貴乎先立其大者，何以其能思也？能思者心，
所思而得者性之理也。是則孟子喫緊為人處，不出乎思之一言」[75]亦
以能思者心，思而得者，乃大本之性理。同以思為先立其大之要緊
處！故廷翰雖批評「陸子論學，獨於性上不甚發明，人謂其似禪」[76]。
其實象山少論性是因其心性是一，所立與所以立者是一之故。而廷翰
是心性二分，心由性出，故須特別強調以思之作用來縮合心性之關係。

---

73 〔明〕吳廷翰著，《吉齋漫錄》，頁59。

74 〔明〕吳廷翰著，《吉齋漫錄》，頁61。

75 〔明〕黃宗羲編撰《明儒學案》（下），頁1117。

76 〔明〕吳廷翰著，《吉齋漫錄》，頁61。

八　一貫

> 天下之理不出乎一，故自一而得天下之理。所謂「易簡而天下
> 之理得」者，即此一貫之本旨。然此自聖人事。大賢以下，未
> 能如此，故必於貫上用功，久則「一以貫之」。……孔門弟子
> 尋當用工，多是隨處隨事，腳踏實地，使之積累以俟貫通，乃
> 因其學力、資質之常分。[77]

廷翰對「一貫」的看法，亦依先知後行其本則一的模式而來。天理只
是一，一即易簡，只是一個明德至善。然唯生知之聖人能之，一般困
知學知者須用貫之工夫才能得一，如同先有格致之知，才有誠正修之
行。而孔門貫之工夫只在言行忠信詩書執禮等事上，隨時地落實用
功，不斷積累，循序漸進，便可有得于貫而漸悟乎一」[78]。廷翰自其
氣定論立場，以為一般學知困知者，須克服種種氣稟之限制，才可下
學而上達，是積漸的道問學一路。而非陽明良知自由開展的尊德性一
路。又曰「有一才有貫，無貫不成一。有本才有末，然無末不成本。
所以聖門之學，只在逐事逐物，一言一行上用功。蓋以事物言行，不
離乎貫而為一，不離乎末而得其本」[79]，有博篤切實之貫的工夫，才
可能明天理條暢之一。在言行事物上用工夫是貫、是末，因此而可上
達天理，便是一、是本。故有貫有末才可得一得本。由貫工夫上達一
本體，是「無貫不成一」，此時本體中有工夫，是「有一才有貫」，此
時言行事物徹上徹下，只是本末一貫。又云：

77　〔明〕吳廷翰著，《吉齋漫錄》，頁68。
78　〔明〕吳廷翰著，《吉齋漫錄》，頁68。
79　〔明〕吳廷翰著，《吉齋漫錄》，頁53。

> 學者當於貫上用工者。……蓋天下之理具于吾心而散在萬事，
> 凡做事皆是此心，所以心上工夫必于事上得之。如有愛親之
> 心，必做出愛親實事，……方有下落。若只說我有愛敬之心，
> 而無其事，則只是個空虛。所以說予嘗「無貫做不成一」。[80]

「當於貫上用工」是因天下諸理皆具於吾心，而諸理又散在萬事。發
為行事用工夫的是心，故心有愛親之意，便用工夫將愛親之理由心中
表出，便須於事上做出愛親之實事，此即「心上工夫於事上得之」亦
即先有將心中愛敬之理用工夫表出之「貫」，便會有愛親之理實現為
愛親之實事的「一」，故曰為學「無貫做不成一」。廷翰又曰「聖人之
一，以一統乎貫也。異端守一而已，曾何貫之有？……故聖人之學必
『一以貫之』，蓋合內外之道」[81]。「以一統乎貫」，使內心諸理與外在
言行事物結合，是「合內外之道」，亦即透過貫之工夫，使心中諸理
在事物上具體落實，使事與理合而為一。如此既無舍貫求一之偏於釋
氏守心之病，亦無舍一求貫之泛濫無歸。

九　尊德性道問學

> 中庸「尊德性而道問學」，正是知行工夫。……若首章戒懼云
> 云，則兼德性問學而一之。蓋德性而非戒懼不可言尊，問學而
> 非戒懼不可言道，工夫兩端而實一致。下文「致廣大而盡精
> 微」與「溫故知新」，正道問學之事；「極高明而道中庸」，「敦
> 厚崇禮」正尊德性之事。而以致廣大、盡精微在極高明道中庸

80　〔明〕吳廷翰著，《吉齋漫錄》，頁68。
81　〔明〕吳廷翰著，《吉齋漫錄》，頁68。

之前，溫故知新在敦厚崇禮之前，則知先行後，而德性之尊由
於問學，其序不紊。[82]

廷翰對尊德性道問學的定義與先後關係，仍沿其知行說之模式。先道
問學後尊德性，二者「工夫兩端而實一致」。廷翰曾云「戒懼、慎
獨，則格致誠正自然之功」[83]故戒慎與格致之知、誠正修之行為一，
而知行又是德性問學之工夫，故德性問學亦是戒懼，尊之道之亦只一
戒懼之兩端工夫。進而致廣大，極高明等亦皆戒懼之工夫之德性與問
學的兩端，此即廷翰「大學中庸只是一個學、一個工夫，自格物以至
平天下，自戒懼以至於致中和，一而已」[84]。舉凡本末、內外、一
貫、工夫本體皆為一之物本體論的特色。廷翰又自其知行觀，以致廣
大盡精微、溫故知新是道問學屬知是先，而極高明道中庸，敦厚崇禮
是尊德性屬行是後，因知先行後，故德性之能尊由於問學之，唯廷翰
尊德性道問學之先後與內容則有異於朱子。朱子曾云「致廣大、極高
明、溫故、敦厚，只是尊德性，盡精微、道中庸、知新、崇禮只是道
問學」[85]。朱子是以尊德性等項目為知、道問學等項目為行。雖亦是
知行關係，但與廷翰由其知行觀發展的尊德性與道問學之關係，在內
容、先後上皆有不同！廷翰對其異於朱子之新說有釋云：

　　「致廣大而盡精微」，……何以為問學？蓋上言尊德性由于問
　　學，故下句皆先言問學而後及尊德性，以見「由之」之
　　義。……廣大者，此理之大而無外者也。……精微者，此理之

82　〔明〕吳廷翰著，《吉齋漫錄》，頁69。
83　〔明〕吳廷翰著，《吉齋漫錄》，頁53。
84　〔明〕吳廷翰著，《吉齋漫錄》，頁51。
85　〔宋〕黎德靖編，朱熹撰，《朱子語類》（四），頁1588。

小無內者。致廣大即博學工夫，……盡精微即審問慎思明辨工
夫。……若極高明、道中庸、敦厚崇禮，于尊德性尤明白。蓋
致廣大而盡精微，又必極高明而道中庸。然極高明、道中庸，
非致廣大盡精微不能也。……其先後之序，知行之功皆相吻
合。[86]

《中庸》有云：「君子尊德性而道問學，致廣大而盡精微，極高
明而道中庸，溫故而知新，敦厚而崇禮」[87]。廷翰即順此尊德性由于
問學先後之序，故先致廣大盡精微再極高明道中庸；先溫故知新再敦
厚崇禮。亦即知先行後，先道問學再尊德性，以見德性之尊，由于問
學之義。「致廣大盡精微」是盡其大而無餘之博學工夫，與極其精而
不亂之審慎明辨之工夫，而博審慎、明皆道問學之工夫屬知！「極高
明道中庸」乃因「此理之具于吾心者，本自高明，本自中庸，本自敦
厚，本皆天理，乃性之全體，得之于天，故曰德性。……曰極曰
道，……正見尊之之意，……便是篤行工夫」[88]。德性本是高明中庸
之天理，曰極曰道，皆為尊此德性之工夫屬行。有致廣大之知必有極
高明之行，而極高明之行又非致廣大之知不為功。故致廣大即極高
明，知即行；極高明故先致廣大之道問學，後極高明之尊德性，才是
「君子尊德性而道問學」之正解。

尊德性道問學兩處工夫，只是個戒懼。戒懼，只是個敬。此個
工夫，即尊字、道字皆有，非謂尊德性是戒懼、是敬，而問學
中原無，必尊德性以道問學也。……大學或問「此心既立，由

---

86 〔明〕吳廷翰著，《吉齋漫錄》，頁69-70。
87 《禮記‧中庸》，《十三經注疏》，頁897。
88 〔明〕吳廷翰著，《吉齋漫錄》，頁70。

是格物致知以盡事物之理」，則所謂尊德性而道問學，其說之
誤正坐此。……聖賢為學，正由問學以尊德性，故尊德性必道
問學。……知行雖二，而敬則一而已。[89]

廷翰以其知行說為基，主先道問學後尊德性，批評朱子大學或問「尊
德性而道問學」之先尊德性再道問學之秩序。朱子曾云「蓋能尊德
性，便能道問學，所謂本得而末自順」[90]。先立此心是尊德性是本，
再格致以盡事理是道問學是末。而先尊德性以道問學，便是本得而末
順！實則敬既用在尊尊亦用在道之上，則尊之行與道之知，因知先行
後，故先道之再尊之，然二者同為敬慎工夫則一。反之若如朱子尊是
本道是末，因本得末自順，則敬慎工夫只須用在尊之不須用在道之
上。是不知敬慎工夫可同用在德性問學兩端上，非謂問學中無，而以
問學為末，遂生「必尊德性以道學問」之誤！然「不知不道問學無以
為尊德性之始，不尊德性無以為道問之終，而尊之道之末有不由戒懼
慎獨」[91]，先道之再尊之如知先行後，工夫必先後有序；尊之必由道
之如行由知來，工夫必著實有據！因知先行後其本則一，而德性之尊
正由問學，德性問學為敬慎工夫之兩端，故仍是「工夫兩端而實一
致」的思維模式！可知廷翰雖多受朱子影響，但其物本論，及由之產
生之知行觀等，則仍堅持其自成體系之說法。

十　結語

廷翰由其物本論觀點，視明德至善之德善為一物，但仍以源於繼

89　〔明〕吳廷翰著，《吉齋漫錄》，頁71。
90　〔宋〕黎德靖編，朱熹撰，《朱子語類》（四），頁1589。
91　〔明〕吳廷翰著，《吉齋漫錄》，頁71。

善成性之至善為最高價值，不脫儒學以價值為導向之本旨，只是與朱子、陽明在立說的方法進路上有別，展現出另一種思考的方向！其論述最力的格物致知，雖強調落實日用工夫，似偏朱子一路，但仍不採明道之窮理說，與朱子亦有析心理為二或為一的不同。對陽明正物致良知之論，更是壁壘分明，多予批評。知其不因程朱、陽明之學養與盛名，而模糊或轉變其學說的一貫性。另外其以知先行後之思維模式，作為貫穿知行、一貫、尊德性道問學等思想中之共同模式，亦見其堅持學說一貫與完整之用心。然如此內縮且一致的思維，亦將成其學說不易多向開展的限制。

　　（此篇發表於1996年南台科技大學主辦「儒學與現代管理研討會」會議論文。）

著作集叢書·王俊彥氣論叢刊　1604002

「備包有無，本在於有」的氣論

——以由經學而理學為範圍

著　　　者	王俊彥
責任編輯	蘇　軼

發 行 人	林慶彰
總 經 理	梁錦興
總 編 輯	張晏瑞
編 輯 所	萬卷樓圖書股份有限公司
	臺北市羅斯福路二段 41 號 6 樓之 3
	電話 (02)23216565
	傳真 (02)23218698

發　　　行	萬卷樓圖書股份有限公司
	臺北市羅斯福路二段 41 號 6 樓之 3
	電話 (02)23216565
	傳真 (02)23218698
	電郵 SERVICE@WANJUAN.COM.TW
香港經銷	香港聯合書刊物流有限公司
	電話 (852)21502100
	傳真 (852)23560735

ISBN 978-986-478-547-6
2021 年 11 月初版
定價：新臺幣 480 元

如何購買本書：

1. 劃撥購書，請透過以下郵政劃撥帳號：
   帳號：15624015
   戶名：萬卷樓圖書股份有限公司

2. 轉帳購書，請透過以下帳戶
   合作金庫銀行 古亭分行
   戶名：萬卷樓圖書股份有限公司
   帳號：0877717092596

3. 網路購書，請透過萬卷樓網站
   網址 WWW.WANJUAN.COM.TW

大量購書，請直接聯繫我們，將有專人為
您服務。客服：(02)23216565 分機 610

如有缺頁、破損或裝訂錯誤，請寄回更換

國家圖書館出版品預行編目資料

「備包有無，本在於有」的氣論——以由經學
而理學為範圍 / 王俊彥著. -- 初版. -- 臺北
市：萬卷樓圖書股份有限公司, 2021.11
　面；　公分. -- (著作集叢書；1604002)
ISBN 978-986-478-547-6(平裝)
1.中國哲學　2.文集

120.7　110018382